현직 치과의사가 말하는
공부의 모든 것

공부의 시대,

인생을 일으키는 하루 1시간 공부법

현직 치과의사가 말하는
공부의 모든 것

공부의 시대,

인생을 일으키는 하루 **1**시간 공부법

안호석 지음

 현재와 미래를 가르는 성장의 열쇠,
★★★ 지식의 원을 넓혀라! ★★★

바른북스

공부의 본질을 통해
삶의 지평을 넓혀라

　살면서 '공부, 공부해라, 공부해야 성공한다, 공부 열심히 할걸….' 등등 공부와 관련된 수많은 말들을 듣고 삽니다. 하지만 공부란 무엇인지, 그 본질과 실체에 대해 막연하게만 아는 경우가 많습니다. "공부 안 하면 더울 때 더운 데서 일하고, 추울 때 추운 데서 일한다. 공부 안 하면 저렇게 된다. 공부해야 맛있는 거 먹는다. 공부 열심히 해야 미래 배우자의 얼굴이 바뀐다." 등 표면적인 말들만 난무하죠. '공부란 무엇인가'에 대해 제대로 다룬 책들이 많이 없는 것 같아 이 원고를 써야겠다고 생각했습니다. '공부'의 여러 가지 측면을 고찰하여 앞으로 무슨 공부를 어떻게 할 것이며, 왜 해야 하는지, 어떤 동기부여가 필요한지 등등 여러 가지 측면에서 도움을 주고자 펜을 들게 되었습니다.

　운동과 공부를 한번 비교해볼까요. 운동과 공부 모두 많은 에너지를 필요로 한다는 공통점이 있습니다. 하지만, 많은 분들이 운동보다 공부를 힘들어합니다. 그 이유는 무엇일까요? 운동은 그 과정이 고단할지라도, 건강한 몸이 만들어지는 것을 두 눈으로 확인할 수 있습니다. 반면 공부 자체를 재미있어하는 사람은 극히 드뭅니다. 결과를 명확하게 알기 어렵기 때문입니다. 공부의 본질을 알게 되고, 그 방법을 터득하고, 공부를 함으로써 얻을 수 있는 것들이 명확해진다면 동기부여가 되어 즐거움을 느낄 수 있을 것입니다. 목적 없는 막연한 공부는 강한 의지를 불러일으키지 못하며 포기하게 될 가능성이 높습니다.

많은 사람들이 나이가 들면서 열심히 공부하지 않은 것에 대해 후회합니다. 학창시절을 끝마치고 사회생활을 하거나 경험을 많이 쌓을수록, 왜 공부를 해야 하는지 몸소 느꼈기 때문입니다. 그 후회를 자녀들에게 대입하는 경우가 많습니다. 하지만 막상 또 자녀들에게 왜 공부해야 하는지 명확하게 설명해주지 못합니다. "왜 공부 해야해?"라는 자녀의 질문에 명확하게 답을 하기 위해서 이 책을 읽는 것을 추천드립니다. 그러기 힘들다면 아예 자녀에게 이 책을 읽게 하는 것도 큰 도움이 될 것입니다.

대부분의 사람들은 '공부'라는 단어를 들으면 지루하고, 괴롭고, 고통스러워합니다. 대한민국의 지옥 같은 입시 제도에서 시험을 수없이 치렀고, 부모님과 선생님의 잔소리로 인해 이미 이 책의 제목부터가 짜증을 일으킬지도 모르겠습니다. 하지만 공부란 그런 것이 아닙니다. 국영수사과 말고도 공부의 의미는 굉장히 넓고, 나름의 재미가 있는 것도 많습니다.

공부와 운동은 평생 꾸준히 해야 합니다. 인생을 삼등분한다면, 1/3은 잠을 자고, 1/3은 일이나 생존에 필수적인 부분을 처리합니다. 나머지 1/3은 휴식을 취하고 노는 것도 좋겠지만, 하루 1시간씩만이라도 공부와 운동을 꾸준히 하는 습관을 들이는 것이 매우 중요합니다. 아무리 일이 힘들더라도 공부와 운동을 위한 1시간씩의 시간을 못 낼 정도로 바쁜 사람은 극히 드물다고 생각합니다. 앞으로 근로시간은 점점 줄어들 것이고, 그 나머지 시간을 잘 활용할 수 있는 사람과 아닌 사람은 세월이 지날수록 점점 차이가 날 것입니다.

또한 공부는 돈이 별로 들지 않습니다. 책도 인터넷으로 주문만 하면 구할 수 있고, 요즘은 강의나 영상 등도 쉽게 접할 수 있습니다. 과거에 비하면 지금처럼 공부하기 좋은 시대도 없습니다. 제 책이 독자들의 인생을 바꾸는 데 조금이라도 도움이 되길 바랍니다.

저는 듣기 좋은 달콤한 말을 좋아하지 않습니다. 모든 것을 분석적으로 깊이 있게 이해하려고 노력합니다. 그 통찰력을 바탕으로 사람들이 모호하게 알고 있는 것들을 명확하게 설명할 때 보람을 느낍니다. 그런 과정에서 다소 불편한 진실을 마주하기도 합니다. 어떤 사람들은 무릎을 탁 치며 공감하는 사람도 있겠지만, 누군가는 당연한 소리를 한다고 생각할 수도 있습니다.

이 책은 이런 분들께 추천드립니다. 왜 좋은 대학을 가야 하는지, 그게 큰 의미가 있는지 고민하는 초중고 학생들이나 그 자녀들을 둔 부모님. 취업 후 공부를 해야 할 것 같은데 막상 시작을 못 하시는 분. 은퇴 후, 남는 시간을 어떻게 의미 있게 보낼지 고민이신 분. 그 외에도 공부가 무엇이고, 무엇을 공부해야 하며, 어떻게 해야 하며, 왜 해야 하는지에 대해 막연함을 가지고 계신 분들에게 도움이 되었으면 좋겠습니다.

차례

> PART 1 ◀

공부의 본질은
무엇인가

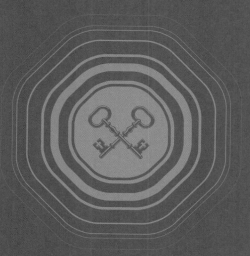

공부의 시대,
인생을 일으키는 하루 1시간 공부법

공부에 대한 인식

우리나라는 세계 그 어느 나라보다도 공부를 많이 하는 나라입니다. 국영수사과 중심의 대입을 위한 공부. 그리고 대학을 가서도 취업을 위한 학점관리와 토익 등등의 공부. 이런 시험 위주의 공부를 해오다 보니 '공부'라고 하면 이미 엄청난 스트레스를 유발하며 질려 있습니다. 물론 이런 교육 현실도 나름의 이유가 있긴 합니다. 중국과 일본 강대국 사이에서 경쟁도 치열하고, 자원이나 관광으로 돈을 벌기도 힘들고 오로지 인적자원으로만 승부해야 하는 나라에서, 산업을 육성하지 못하면 망해도 전혀 이상할 것이 없기 때문입니다. 이런 현실을 고려했을 때 어쩔 수 없는 부분도 있는 게 아닌가 싶습니다. 국영수사과 중심의 교육이나 취업을 위한 공부가 쓸데없다고 생각하는 분들이 많은데, 생각보다 인생이나 본인의 성장에 도움이 많이 된다고 생각합니다. 물론 그 시간에 다른 공부를 했다면 더 성장했을 수도 있었겠지만요.

대입이나 취업까지는 어쩔 수 없어서라도 열심히 하는 사람이 많기 때문에, 공부를 강조할 필요는 없을 것 같습니다. 하지만 공부라는 것은 그것에 국한된 것이 아닙니다. 공부는 '학문이나 기술을 배우고 익힘'을 뜻합니다. 어렸을 때부터, 대입이나 취업같이 꼭 필요한 공부가 아니면, '쓸데없는 것' 혹은 '나중 가서 하면 되는 것'으로 우선순위에서 밀려나는 경우가 많습니다. 그렇게 열심히 해서 취업을 하고 나면, 정말 스스로 하고 싶은 공부를 알지 못하게 됩니다. 뭔가 본인이 하고 싶은 것, 다른 공부를 찾아서 하면 어색한 것입니다. 취업하고도 일이나 결혼생활 혹은 재테크 등, 사람들이 생각하는 평균적인 삶에 맞춰 살거나 잘 먹고 잘사는 것에 목적이 맞춰져 있습니다. 취업 후에는 필요성을 느끼지 못해 공부의 중요성이나 방법을 모르는 경우가 많습니다.

일단 공부는 국영수사과 말고도 다양한 분야가 있습니다. 여러 학문이 있으며, 꼭 머리로 하는 공부가 아니더라도 여행이나 각종 다양한 취미생활, 운동, 악기, 요리 등등도 모두 광의의 의미에서 공부입니다. 재미도 있겠지만, 이러한 활동들은 인간을 성장시키고, 세상을 보는 시야를 넓어지게 만듭니다. 그냥 살아가다 보면(일하고 가족들과 시간을 보내고, 밥을 먹고, TV나 유튜브 게임 등을 하거나 그렇게 일상생활을 하면서만 살게 되면), 뭔가 인생이 별거 없는 거 같다는 생각을 하기 쉽습니다. 그렇게 살다가 가는 사람도 많습니다. 하지만 책 속의 풍부한 세상을 보면서 다채로운 세계를 접하게 되고, 다양한 사람들과 여러 활동을 하다 보면 내가 얼마나 우물 안 개구리로 살았는지 깨달을 수 있습니다.

취업 전까지 해왔던 공부는 타의에 의한 부분이 컸습니다. 시험을 잘 쳐야 미래에 좀 더 나은 삶이 보장된다는 퀘스트의 의미로서 기능했습니다. 공부가 아니더라도, 사람은 누군가 시켜야지만 하는 경향이 큽니다. 자의적으로 스스로 무엇을 공부해야 하며 어떻게 할 것인지 계획을 짜서 하기는 쉽지 않습니다. 본능적으로 그런 측면이 있기도 하지만, 그 중요성이나 방법을 모르기 때문에 시작하지 못하는 경우가 많습니다.

따라서 공부에 대한 관점이나 인식을 바꾸고, 공부를 했을 때 얻을 수 있는 중요성과 방법에 대해서 최대한 열심히 써보게 되었습니다. 공부를 열심히 해봐야 이게 왜 중요한지, 그 방법이나 계획에 대해서 알 수가 있는데, 처음에는 그걸 모르는 상태에서 막연하게 시작하니 쉽지 않습니다. 딜레마입니다. 이 책을 읽고 조금이라도 도움이 되었으면 하는 바람입니다.

공부에 재능이 필요한가

——————— 여기서 말하는 공부는 비단 대입을 위한 공부뿐만 아니라 독서나 강의 듣기 등등 이론적인 지식을 습득하는 능력 정도로 광의의 의미입니다. 공부뿐만 아니라 어떠한 분야든 재능은 굉장히 중요합니다. 물론 재능이 크거나, 저주받은 극소수를 제외하고는 크게 차이가 나지 않고 중간에 몰려 있으며, 열심히만 하면 최소 중간

이상에서 상위 10%까지도 가능합니다. 따라서 대입에서도 정말 재능이 없는 10~15% 정도를 제외하고는 평범해도 열심히 공부하면 상위 10% 안에 들어갈 수 있고, 그 정도면 나름 괜찮은 대학을 나와서 공부로 먹고사는 직업을 할 수 있습니다. 그렇지만, 최상위 레벨의 대학을 목표로 하고 있다면 이야기가 다릅니다. 공부 재능이 일정 이상 받쳐주지 않으면 이곳으로의 진학은 사실상 불가능에 가깝습니다.

세상 사람들이 말하는 것들 중에는 사실과 다른, 맞지 않는 이야기들이 많습니다. 그것들은 대부분 불편한 진실입니다. 듣기 좋은 진실과 불편한 거짓은 너무 뻔한 이야기라 말할 것도 없습니다. 중요한 것은, 불편한 진실과 달콤한 거짓입니다. 여러 부류의 사람들이 있고, 본인은 아니라고 하겠지만 실제로는 불편한 진실보다는 달콤한 거짓을 선호합니다. 어느 정도는 일리가 있습니다. 이런 불편한 진실의 대부분은 근본적인 해결책이 없는 경우가 많고, 아무래도 스트레스 많이 받는 세상에서 굳이 그런 불편한 진실을 언급하는 것을 좋아하지 않습니다. 그래서 사람들은 마치 달콤한 거짓이 보편적 상식인 양 행동합니다. 거기서 또 두 부류의 사람으로 나뉘는데, 실제로는 불편한 진실을 알면서도 사람들과 원활한 관계를 위해 언급하지 않거나 연기를 하는 경우가 있고, 어떤 사람들은 그 달콤한 거짓을 진짜라고 믿고 있는 경우가 있습니다.

따라서 공부를 하는 종목이 뭐가 되었든 간에, 정말 뛰어난 수준에 이르려면 재능이 있어야 합니다. 그렇다고 뭐든지 재능이 중요하다는 말을 불편하게 생각할 필요는 없습니다. 그것을 빨리 깨닫고, 공부가 아니다 싶으면 다른 길로 가고, 본인이 잘할 수 있는 분야를 빨리 찾아서 가는 것이 현명한 선택입니다. 재능은 크게 중요하지 않고, 무조건 노력하면 된다는 잘못된 믿음으로 수많은 시간과 돈을 낭비하고 스트레스와 고통으로 인생을 망칠 수 있습니다.

대입이 끝나고 나서 독서를 하든 경험을 하든 무엇을 해서 지식과 지혜를 업그레이드하거나 통찰력을 가지는 것도 어느 정도 재능이 중요합니다. 그렇게 꾸준히 독서나 강의 듣기를 열심히 해나가는 것 자체가 재능입니다. 재능이 없으면 재미도 없고, 그 과정이 고통스럽습니다. 재능이 없다면 도달할 수 있는 한계도 낮습니다.

하지만 중요한 것은 대부분의 사람들이 최종학교를 졸업하고 나서는 거의 공부를 하지 않는다는 점입니다. 대입이나 취업에서는 다들 열심히 하겠지만, 학교 졸업 후에는 자기 분야에 대한 공부도 소홀히 하며, 매번 지적인 성장을 위해 노력하는 사람은 굉장히 극소수입니다. 사실 1년에 책 열 권도 읽지 않는 사람이 태반입니다. 그 책 중에서도 제대로 된 책은 몇 권 되지 않을 것입니다. 일주일에 제대로된 책 한 권씩만 읽어도 그렇지 않은 사람과 엄청난 차이가 벌어집니다. 따라서 재능은 크게 중요하지 않습니다. 대부분의 사람들이 열심히 할 때 거기서 재능이 중요한 것이지, 먹고살기 바빠서 1년 평균 독서량이 열 권도 안 되는 이런 상황에서는 하느냐 하지 않느냐가 훨씬 중요합니다.

사실 종목이 뭐든 일단 시작해서 한 달 정도만 해도 전체에서 상위 10% 안에 드는 경우가 많습니다. 왜냐하면 하지 않는 사람들이 90%이기 때문입니다. 많이 하면 좋겠지만, 퇴근 후 딱 운동 1시간과 공부 1시간씩만 해도, 남들보다 훨씬 나은 삶은 살 수 있습니다. 그렇게 하지 않는 사람들이 훨씬 많기 때문입니다. 꾸준히만 하면 됩니다.

공부는 개념이다

———————— 대입 공부든 인생 공부든 어떠한 형태의 공부를 할 때, 암기가 아니라 이해가 중요하다고 했습니다. 물론 시험을 위해서 일부 암기를 해야 하는 것도 있긴 합니다. 하지만, 그 비율은 매우 적으며 대부분 이해를 해야 합니다. 암기 또한 이해를 해야 외울 수 있습니다. 이해 없는 암기는 휘발성도 강하고 많이 외울 수가 없습니다. 암기란 것은, 이해를 더 높은 차원에서 끌어올린다는 점에서 의미가 있긴 합니다. 본인이 이해했다고 생각했지만, 모호하게 이해한 경우 암기를 한번 해봄으로써 이해도를 더 끌어올릴 수 있습니다. 하지만 많은 경우 암기는 큰 도움이 되지 못합니다. 시험이 아니라면, 요즘 스마트폰으로 검색하면 다 나오는데 굳이 암기를 할 필요가 있을까요?

공부는 이해입니다. 그럼 무엇을 이해할까요? 공부라고 하면 범위가 넓으니, 정확히 말하자면 개념을 이해하는 것입니다. 공부란 것은 결국 새로운 개념의 확장, 기존 개념의 깊이를 더해주는 것입니다. 그리고 그 개념은 단어 안에 녹아 있습니다. 그 단어가 한국말이라면 대부분 한자로 되어 있고, 그 이외에는 영어입니다. 순수 우리말 중에서는 큰 개념들이 별로 없습니다. 학교에서 배우는 개념 중에 한자가 아닌 것은 찾기가 매우 힘듭니다. 한자가 아니라면 거의 영어입니다.

왜냐하면, 수많은 석학들이 개념을 단어로 만들 때 영어라는 언어를 사용했기 때문입니다.

따라서 공부를 할 때 새로운 개념이 나오면 반드시 사전을 찾아보고 그 뜻을 읽어보는 것도 중요하지만, 그 글자 하나하나가 무슨 한자로 되어 있는지 분석해보면 이 개념이 왜 그런 한자들로 표현되었는지 단박에 이해되는 경우가 많습니다. 그렇게 깊이 있게 하나하나 이해하면 막히는 것이 없습니다. 그리고 수업을 들을 때 필기하는 것도 물론 중요하지만 선생님이나 강사가 말하는 것을 전부 이해하려고 노력하셔야 합니다. 공부를 잘하는 학생들은 수업을 들을 때 최대한 집중해서 거의 100%에 가깝게 이해합니다. 수업시간에 다 이해를 했으니 나중에 따로 공부를 하거나 시험기간 때 훨씬 시간이 적게 걸리는 것입니다. 수업 중에 이해를 잘 못했다면, 교과서나 프린트 공부 교재 등등을 볼 때 새로 공부하는 기분이 들 것입니다.

아주 과거에는 암기를 중요하게 생각하던 시절도 있었습니다. 하지만 그것은 교육학적으로 큰 의미가 없고, 인터넷이나 스마트폰의 발달로 지식을 언제든 바로 찾아볼 수 있기 때문에 암기의 중요성은 점차 떨어졌습니다. 심지어 요즘은 이해를 넘어서 창의력을 기르는 쪽으로 바뀌기도 합니다. 공부는 이해입니다. 수업이든 공부든 모두 이해하려고 노력하셔야 합니다. 정말 어쩔 수 없이 외워야 하는 부분은 딱 시험 전날이면 충분합니다.

따라서 공부를 잘했거나 열심히 했던 사람들은 머릿속에 수백 수천 개의 개념들이 제대로 박혀 있습니다. 이해를 했기 때문에 기억도 잘 나고, 심지어 단어를 까먹더라도 그 개념이 담고 있는 원리나 이치를 본인도 모르게 알고 있습니다. 따라서 어떤 상황이나 대화를 할 때, 혹은 같은 것을 보더라도 보는 시야가 다릅니다. 수학이야 나중에 전공과 관련 있거나, 석사를 위해 통계를 사용하지 않는 이상 크게 쓸모가 없을 수도 있습니다. 하지만 사회과목은 물론이고, 국어나 영어 공부를 하면서 수많은 지문들을 읽게 되면 항상 한 가지 이상의 개념은 접하게 됩니다. 심지어 요즘 국어영역 지문들은 고등학생 치고 굉장히 고차원적인 개념들을 소개하는 글들이 많습니다. 국영 수사과가 인생에 아무 쓸모 없다고 생각하는 것은 정말 어리석은 일입니다. 사람에 따라서는 고등학교 3년 동안 열심히 배우는 공부 내용이, 졸업 후 평생 습득하는 지식의 양보다 더 많을 수도 있습니다. 막상 졸업 후에는 따로 시간을 내어서 공부하기도 힘들고, 공부할 때 하는 게 가장 효율적입니다. 간혹 공부와 담쌓고 지내다가, 수많은 경험들로 인해 굉장히 생각이 깊어지는 사람도 있지만 그런 경우는 극소수입니다. 아마 그런 사람들은 학창시절로 다시 돌아가 공부를 했었어도 성공했을 사람입니다. 결국 그 사람이 얼마만큼의 개념을 알고 있는가가 세상을 보는 눈의 한계를 결정하고, 그 사람의 수준을 결정합니다.

외나무다리라도 위태위태하게 건널 수는 있습니다. 하지만 이왕이면 넓고 안정된 다리가 다니기에 좋습니다. 여러 공부를 하고 수많은 개념과 이론을 알고 있는 사람은 아주 넓은 다리를 건너는 것과 유사한 삶을 살아가게 됩니다. 그만큼 공부는 풍요롭고 편안하게 삶을 꾸려나가는 데에 필수적인 요소입니다.

개념과 추상명사

─────── 비트겐슈타인은 언어의 한계가 그 사람의 세계의 한계라고 말했습니다. 그 사람이 알고 있거나 사용하는 어휘력의 양이 그 사람이 세상을 인식하는 한계라는 의미입니다. 어휘를 모른다는 것은 단순하게 단어를 모르는 것이 아니라 그 개념을 모르는 것이고, 그 개념에 해당하는 세상만큼을 인식하지 못하고 있는 것입니다.

언어학에서는, 어떤 것이 있어서 그것에 단어를 붙인 것이 아니라, 단어나 개념을 만듦으로써 비로소 세상을 인식할 수 있게 된다고 하였습니다. 물론, 상황에 따라 다를 수도 있습니다. 태양이나 바다, 동물 등등은 그것이 있어서 이름을 붙인 것입니다. 하지만, '자유' '관념론' '실존' 등은 그 개념을 생성함으로써 비로소 인식하게 됩니다.

좀 더 쉽게 설명하자면, 명사에는 고유명사, 추상명사, 보통명사, 집합명사, 물질명사가 있습니다. 여기서 고유명사, 보통명사, 물질명사 같은 것들은 주로 우리 '눈'에 보이는 것입니다. 눈에 보이는 것은 인식하기가 쉽습니다. 그냥 강아지를 보고 저게 강아지다, 저게 고양이다라고 하면 쉽게 알 수 있습니다. 하지만, 만약에 강아지 고양이가 멸종했거나, 아니면 시각장애인이거나, 강아지 고양이가 없는 나라의 사람들에게 이를 설명한다고 해봅시다. 매우 어려울 것입니다. 빨간색과 노란색만 있고, 주황색이 없는 나라에서 주황색을 설명하기란 매우 어려운 일입니다.

이렇듯, 인간이라면 누구나 인식할 수 있는 능력을 가지고 태어나므로, 눈으로 볼 수 있는 것들을 인식하는 일은 그리 어려운 일도 아

공부의 시대, 인생을 일으키는 하루 1시간 공부법

니며, 크게 문제 될 것이 없습니다. 하지만 눈에 보이지 않는 '추상명사'가 굉장히 중요합니다. "중요한 것들은 눈에 보이지 않는다."라는 말이 있습니다. 추상적인 명사, 정의, 사랑, 자유 등등은 그래도 쉬운 단어입니다. 반면에 패러다임, 유전, 자본주의, 실존주의, 관념론, 물자체, 인플레이션, 지니계수, 안나카레니나의법칙, 도그마, 헤게모니, 엔트로피, 삼권분립, 귀납법, 연역법, 무의식 등등의 단어는 한 번씩 들어는 본 것 같은데, 정확하게 설명하기란 쉽지 않습니다.

이런 단어들을 모르면 사람들과 대화하는 데 어려움을 겪게 되고, 평소에 열심히 공부해놓지 않으면 설명을 들어도 잘 와닿지 않습니다. 물론 위의 예시는 좀 어려운 개념들이긴 합니다. 하지만, 쉬운 것부터 어려운 것까지 수백 수천 개의 많은 개념들이 있습니다. '내 주위에는 아무도 그런 단어 안 쓰는데?' 하며 반문할 수도 있습니다. 비슷비슷한 사람들끼리 살기 때문에, 몰라도 먹고사는 데 크게 지장이 없을 수도 있습니다.

하지만, 이런 수많은 개념들과 추상명사가 머릿속에 많이 들어 있는 사람과 아닌 사람은 세상을 보는 눈이 다릅니다. 남들이 보지 못하는 것들을 볼 수 있고, 세상이 훨씬 풍부하게 보입니다. 반대로 그렇지 않은 사람들은, 세상이 굉장히 단순하게 인식됩니다. 꼭 책을 많이 읽지 않더라도, 고등학교 때 국어나 영어시간에 수많은 지문들을 풀다 보면 자연스럽게 알게 되는 것들이 무척 많습니다. 비문학 지문을 보면, 지문당 적어도 2~3개의 개념이 나오게 됩니다. 그냥 책을 읽는 것이 아니라 문제를 풀어야 하기 때문에 좀 더 집중해서 읽게 되고, 자연스럽게 공부가 됩니다. 특히, 그런 지문들은 엄선해서 골랐기 때문에 글도 훌륭하고 배워갈 수 있는 내용도 많습니다.

이 추상화 능력은 인간만이 가지고 있다고 생각됩니다. 사피엔스에서 호모사피엔스가 최종적으로 승리하게 된 요인 중 하나가 인지혁명, 추상화 능력과 관련된 것입니다. 따라서 이 추상화 능력을 잘 활용하는 것은 좀 더 뛰어난 사람이 될 수 있는 조건일지도 모릅니다.

불편한 진실은, 부모님의 어휘력과 내가 어떤 주위 환경에 있느냐에 따라 쓰는 개념과 어휘, 추상명사의 양이 다르다는 것입니다. 하지만 환경 탓만 하지 마십시오. 좋은 방법이 있습니다. 바로 국어사전을 사서 한 번 쓱 읽어보는 것입니다. 너무 굵은 책 말고, 2천 페이지 정도 되는 책으로 사서 처음부터 읽어봅시다. 정말 너무 쓸데없는 것들을 빼면 막상 공부할 것도 많지 않습니다. 단어 옆에는 한자로도 표시가 되어 있습니다. 그냥 한글과 매칭해가면서, '아 이런 뜻이었구나.' 외울 필요도 없고 이해하고 넘어가면 됩니다. 하루 1시간 공부, 1시간 운동 습관을 가지고, 평일에는 1시간, 주말에 3시간 정도씩 공부한다면 여섯 달 정도면 가능합니다. '에이, 뭘 국어사전이야.'라고 생각할 수도 있을 것입니다. 단언컨대, 인생에서 6개월 투자해볼 가치는 충분히 있다고 생각합니다. 읽기 전과 읽고 난 후에는 다른 사람이 되어 있을 것입니다. 장담합니다.

나이가 들면
뇌의 능력이 떨어지는가?

───────── 많은 사람들이 나이가 들수록 뇌의 능력이 급격히 떨어진다고 말합니다. 정말 나이가 들면 학습능력, 사고력, 분석판단, 추론 등등 여러 가지 뇌의 능력치들이 떨어질까요? 실제로 평균 24살을 기점으로 노화가 시작되기 때문에 그쯤부터 해서 내리막길을 걸을 것이라고 생각하는 사람이 많습니다. 하지만 저는 그렇게 생각하지 않습니다. 머리 회전 능력이나 단순 계산 같은 부분에 있어서는 떨어질 수 있습니다. 그러나 다른 대부분의 능력치들이 올라감으로써 뇌는 오히려 점점 발전합니다. 대부분의 사람들이 이렇게 생각하기 힘든 이유는, 꾸준히 공부하는 사람이 드물기 때문입니다. 꾸준한 노력을 하지 않는다면, 뇌뿐만 아니라 육체적인 근육이나 신체능력도 24살을 기점으로 내리막길을 걷다가, 어느 순간 급격히 하락합니다.

프로의 분야에서 탑 선수들을 보면, 24살쯤에 전성기를 맞이하고 그 이후에 폼이 떨어지는 경우가 많습니다. 하지만 우리는 프로가 아닙니다. 한 분야에 인생을 걸고 올인하지 않기 때문에 24살 때까지 최고 수준의 단계까지 갈 수가 없습니다. 실력이 늘어날 만큼의 한계에 있는 게 아니라 걸음마 단계인 것이 많기 때문에 꾸준히 성장할 수 있습니다.

가정을 한번 해보겠습니다. 어떤 사람이 성인이 되는 20살부터 꾸준히 운동을 시작했다고 생각해봅시다. 주 3회는 하루에 1시간씩 헬스를 하고, 주 3회는 1시간씩 격투기를 배웠다고 합시다. 그러면 40

살쯤 되었을 때, 과거의 20살 때의 본인과 싸운다면 누가 이길까요? 아마도 대다수가 40살이라 대답할 것입니다. 나이가 중요한 육체적인 능력에 있어서도 꾸준히 한다면 40대가 20대를 이길 수 있습니다. 즉, 20살 때부터 하루에 1시간씩 공부를 꾸준히 했다면, 20살 때보다 40살 때 본인의 뇌가 훨씬 더 뛰어난 능력을 가질 수 있습니다.

어떤 새로운 지식을 접했을 때도, 20대는 아는 것이 거의 없어서 생소하고 어려운데, 꾸준히 공부한 40대는 지식이 누적되어 아는 내용이 70~80% 정도고 나머지 모르는 것도 유추해서 쉽게 지식을 습득할 수 있습니다. 또한 많은 경험과 노하우로 좋은 접근법이나 여러 테크닉으로 현명하게 받아들일 수 있습니다. 문제해결능력 또한 훨씬 뛰어납니다.

대입이나 취업까지는 다들 노력합니다. 열심히 하는 사람과 덜 열심히 하는 정도의 차이는 있어도, 안 하는 사람은 많지 않습니다. 하지만 그 이후에는 열심히 하고 안 하고가 아니라, 하는 사람과 아예 안 하는 사람으로 나뉘어집니다. 독서와 운동, 정신과 육체를 꾸준히 단련하는 사람과 그렇지 않은 사람은 몇 년이 지나면 엄청난 격차가 나게 됩니다. 결국 도태되게 됩니다.

과거에는 주로 농사를 짓거나, 지식도 크게 바뀌지 않았기 때문에 젊었을 때 해놓고 그 이후로는 크게 새로운 공부를 하지 않아도 연륜과 소위 말하는 짬으로 충분히 젊은 사람보다 더 나은 사람이 될 수 있었습니다. 매년 같은 사이클의 반복이기 때문에 군대처럼 여러 번 경험한 사람이 더 잘하는 법입니다. 하지만 요즘은 워낙 세상이 빨리 변하고 있습니다. 학창시절이나 젊었을 때 배웠던 지식은 10년만 지나도 쓸모없는 지식이 되어버리기도 합니다. 젊은 사람들은 딱 그 시점에 맞는 업데이트된 지식을 배웠는데, 자신은 과거 낡은 지식만을 가지고, 학습능력까지 부족하다면 젊은 사람에 비해서 나을 것이 없습니다. 연륜과 지혜라는 것도 꾸준히 공부하고 경험해야 생기는 것입니다. 그렇지 않다면 그냥 도태된 사람에 불과합니다. 본인이 하는 일만 잘하면 된다고 생각해서는 안 됩니다. 세상이 빠르게 변화함에 따라 당신의 직업이 사라질 수도 있습니다. 항상 제2의 직업도 염두에 두어야 합니다. 현대사회에서 꾸준한 공부는 선택이 아닌 필수입니다.

통찰력을
얻기 위한 공부

———————— 세상의 이치를 깨닫기 위해서는 크게 다섯 가지를 공부해야 합니다. 이 학문들은 궁극적이고 다른 범위를 아우르는 상위 개념의 공부이며, 대부분의 학문들을 커버할 수 있어 누구보다 빠르게 현자에 도달하게 합니다. 비유하자면 전체 숲을 보는 것과 같습니다. 세부 학문들은 나무, 그 학문들을 이루는 과목은 줄기, 그 과목의 챕터들은 가지, 챕터의 중요한 개념들은 잎에 해당된다고 할 수 있습니다.

첫 번째는, 물리학입니다. 양자역학이라고 하는 것이 정확할 것 같습니다. 이 세상의 모든 물질들은 일단 원자로 이루어져 있습니다.

과거에는 더 이상 쪼갤 수 없는 물질을 원자라고 하였으나, 현재에는 소립자까지 연구가 되었습니다. 우주의 네 가지 근본적인 상호작용이 있는데, 이는 중력, 전자기력, 강력, 약력입니다. 과거에는 이 네 가지 상호작용보다 훨씬 많은 상호작용이 있다고 생각되었지만, 점점 통합되었습니다. 예를 들어, 전기와 자기는 다른 힘이라고 생각했지만, 전자기력으로 통합되었습니다. 물리학자들은 이 네 가지 힘도 결국에는 같은 힘일 것이라고 가정하고 연구하고 있습니다. 그중 초끈이론이 부상했습니다. 기본물질을 끈으로 가정하고 일정한 조건으로 맞추니 네 가지 힘이 통합될 수 있다는 가능성을 보여준 것입니다. 물론 아직 정확하게 밝혀지지는 않았고, 인류가 밝혀내기는 쉽지 않아 보입니다. 하지만 물질의 최소단위를 알고, 그것이 작용하는 원리를 안다면 그것으로 세상은 모두 구성됩니다. 저는 이것을 '신'이라고 부르고 싶습니다.

두 번째는, 생명과학과 진화입니다. 기본적으로 생명현상에 대해 이해해야 합니다. 무생물도 있지만, 인간을 비롯해 자연, 동식물, 세균, 고세균, 바이러스(생물과 무생물의 특성을 가지고 있어 엄밀히 말하면 생물이라 부를 수는 없음), 진핵생물, 원핵생물과 같은 생물에 대해 알아야 합니다. 그 생물을 이루는 기본단위인 세포에 대해서 이해해야 합니다. 우주의 기본단위가 원자 혹은 소립자라고 한다면, 생물의 기본단위는 세포입니다. 생물학(생물의 구조와 기능을 과학적으로 연구하는 학문. 대상 생물의 종류에 따라 동물학 · 식물학 · 미생물학으로 나누며, 대상 현상이나 연구 방법에 따라 분류학 · 형태학 · 해부학 · 발생학 · 생리학 · 생화학 · 세포학 · 유전학 · 생태학 · 생물지리학 · 진화학 따위로 나눈다)을 공부해야 합니다. 그리고 그 생물이 어떻게 진화해왔는가를 공부해야 합니다. 에드워드 윌슨은 《통섭》에서 생물학을 중심으로 학문을 통합해야 한다고 했습니다. 그 의견에는 반대가 많겠지만, 적어도 생물학이 통찰력을 갖기 위한 매우 중요한 공부라는 것은 동의합니다.

세 번째는, 인류문명사입니다. 역사, 우선은 한국사, 그리고 세계사, 나아가서는 인류문명사에 대한 흐름을 알아야 합니다. 어떤 사람을 알기 위해서는 그 사람의 과거를 전부 조사하면 됩니다. 인간과 인류에 대해 이해하기 위해서는 문명사에 대한 공부가 필수적입니다. 역사는 돌고 도는 것이며, 인간이 어떠한 존재인지 가장 잘 알 수 있습니다. 또한, 수많은 사례집이라고 볼 수도 있습니다. 과거의 사람들은 미개하고 이해가 잘 안된다고 생각할 수 있지만, 절대 그렇지 않습니다. "역사란 과거와 현재 간의 끊임없는 대화이다."라는 말처럼 그 시대의 관점으로 들어가면, 충분히 이해될만한 행동이며, 현재의 다른 사람에 대한 관점을 이해하는 데도 큰 도움이 됩니다. 주관적으로 역사란 무엇인가에 대해 잘 이해하고 통찰력 얻은 사람들이 할만한 글귀들을 소개합니다. 문명사를 꾸준히 공부하면서 감동받은 것들입니다.

- 마르크스 : "모든 사회의 역사는 계급투쟁의 역사이다.""하부구조가 상부구조를 결정한다."
- 토인비 : "역사는 도전과 응전의 결과."
- 신채호 : "역사란 인류 사회의 아와 비아의 투쟁."

네 번째는, 철학입니다. '철학은 무엇이다.'라고 딱 잘라 말하기가 어렵지만, '왜'를 연구하는 학문이라고 생각합니다. 모든 학문에 적용될 수 있으며, 베이스가 되어주는 학문입니다. 인간의 빅퀘스천,

즉 어디에서 왔으며, 우리는 누구이며, 어떻게 살 것이며, 어디로 가는가. 모두 철학과 관련이 깊습니다. 모든 것에 '왜'를 붙여 그 근저로 내려가게 되면 결국에는 철학의 문제로 귀결되지 않을 수가 없습니다. 모든 것에 깊이를 더해주는 학문이며, 근거를 만들어주는 학문입니다. 따라서 철학을 공부하지 않고, 삶의 깊이를 논하는 것은 절대 불가능합니다. 철학에 대한 오해들이 많지만, '왜 그럴까.' 고민해 보는 것입니다. '왜는 무슨 왜야 그냥 해.' 이런 생각으로는 절대 깊이 있는 삶을 살 수 없습니다. 항상 고민하고, 사색하며, 이유를 찾는 삶을 산다면 고민하거나 방황할 일이 없고, 삶은 뿌리를 깊이 내려 안정될 것입니다.

다섯 번째는, 정신작용입니다. 뇌과학, 심리학, 무의식 등등을 공부하는 것입니다. 유물론, 모든 세상은 물질로 구성되어 있다에 반대하는 사람들이 그 근거로 주장하는 것이 바로 '영혼과 정신'입니다. 다른 건 다 그렇다 쳐도, '인간의 정신은 물질만으로는 불가능하며, 영혼이라는 것이 있다.'라고 주장합니다. 저는 동의하지 않지만, 인간의 정신작용은 그만큼 신비로운 것입니다. 사실 정신과 이성, 뇌의 활동이 없다면 세상은 아무 의미가 없습니다. 내가 없으면 이 세상은 아무런 의미가 없듯이, 정신의 활동이 없다면 오감을 통해 세상을 받아들이는 일 또한 없을 것입니다. 즉, 세상을 받아들이는 공부란 것도 정신작용입니다. 아직 밝혀져야 할 것이 너무 많지만, 궁극적인 공부의 분야라고 생각합니다.

텍스트의
한계와 도식화

────── 책은 주로 글자, 텍스트로 구성되어 있습니다. 하지만 문자라는 것이 완벽한 도구는 아닙니다. 어떠한 진리나 원리, 이론을 설명하는데, 그나마 문자가 최선에 가깝기 때문에 그런 것이지, 진정한 이해와는 조금 차이가 있습니다. 그 진리, 개념, 원리, 이론이라는 것이 있고, 글은 그것을 그나마 구현한 것에 불과합니다. 즉, 글은 도구에 불과하며 글이 구현하고 있는 '그것'을 깨닫는 것이 중요합니다. 비유하자면 글은 달을 가리키는 손가락인 것입니다.

예를 들어, 강아지와 고양이를 구분한다고 해봅시다. 이것은 인간에게는 정말 쉬운 일입니다. 눈에 보이기도 하고, 직관적으로 알고 있습니다. 인공지능이 인간보다 뛰어난 능력을 많이 보여주지만, 의외로 인간들이 쉽고 당연하게 생각하는 부분에서 어려움을 겪는다고 합니다. 실제로 강아지와 고양이를 어떻게 구분할 수 있냐고 사람들에게 물어보면 쉽게 대답하지 못합니다. 아마도 대부분은, '그냥.' '딱 보면 알지.'라는 식으로 대답할 수밖에 없습니다.

강아지와 고양이를 구분하는 것 말고도, 우리는 눈으로 보이는 어떠한 상황을 '사태'라고 표현합니다. 사태는 그냥 오감을 통해 보면 바로 인식이 됩니다. 아마도 같이 본 사람이라면, 조금씩은 차이가 있겠지만 그래도 본 것에 대한 기억이나 느낀 점이 상당히 유사할 것입니다. 하지만, 그것을 본 사람이 보지 않은 다른 사람에게 설명한다고 하면 굉장히 어렵습니다. 말과 글로 어떻게 표현을 하긴 하겠지만, 흔히 하는 말 중에 '말로 표현할 수 없다.'는 표현이 적절할 정도로 난감합니다.

따라서 공부를 할 때도 글자를 쭉 읽고 이해하기보다는, 머릿속으로 그 사태를 구현해보는 것이 중요합니다. 그리하여 글이 구현하고 있는 진리, 개념, 원리를 더 정확하게 이해할 수 있고, 이 과정을 거치면 기억에 오래갑니다. 그것을 머리가 아닌 종이나 칠판에 어떤 그림을 그려서 남들에게 설명할 수 있게 하는 것을 '도식화'라고 합니다. 긴 텍스트가 아닌, 한 장의 도식화로써 설명하면 훨씬 이해가 잘 갑니다. 따라서 좋은 선생님은 이렇게 도식화를 이용하여 학생들을 이해시킵니다. 반대로 배우는 학생도 도식화하는 것을 습관화한다면 학습에 훨씬 좋은 영향을 미칠 수 있습니다.

부모가 되어 자식에게 훌륭한 교육을 제공하려면, 많은 경험을 하게 해주는 것이 중요합니다. 만약 여러 제약들로 힘들다면, 그림으로 보여주거나 유튜브를 찾아보게 하는 습관을 들이는 것이 좋습니다. 여러 번 말과 글로 표현하는 것보다, 이건 이런 거야 하고 보여주는 것이 훨씬 효과적입니다. 해외여행도 그중 하나입니다. 다른 나라를 한번 다녀옴으로써, 말로 표현하지 못할 많은 것들을 느끼고 올 수 있습니다. 그래서 해외여행을 다녀온 사람들이 꼭 한번 갔다 오라고 추천하는 경우가 많습니다. 물론 추천하는 이유를 묻는다면 대답하기 어렵겠죠. "어떤 나라는 어땠어?"라고 물으면 대답하기가 참 어렵긴 합니다.

흔히, 글로 접하는 문학작품이 영화보다 훨씬 훌륭하고 가치가 높다고 하는 사람들이 있습니다. 하지만 저는 그렇게 생각하지 않습니다. 물론 문학작품을 읽으면 글 읽기 실력이 향상되고, 어휘력이나 각종 표현과 비유 등등을 익힐 수가 있습니다. 그리고 좀 더 어렵기 때문에, 어느 정도 수준이 되어야 접할 수 있는 부분도 있습니다. 그렇지만, 문학작품이든 영화든 좋은 작품이라면 사람을 변화시키고 많은 깨달음을 줄 수 있다는 점에서는 크게 다르지 않다고 생각합니다. 문학작품이 더 고차원의 깨달음을 주고, 영화는 그것에 비해 좀 떨어진다고 말하는 것은 바람직하지 못합니다. 보통 영화는 누구나 쉽게 접할 수 있지만, 문학은 어느 정도의 진입장벽이 있습니다. 저의 개인적인 의견으로는, 문학을 즐길 정도의 진입장벽을 통과한 사람들이 그렇지 않은 사람들과 차별화되기 위해서 문학을 우월하게 여기는 측면도 있을 거라 생각합니다.

오감과 이성

──────── 사람은 대부분 오감을 통해서 정보를 받아들입니다. 오감이란, '시각, 후각, 미각, 촉각, 청각' 다섯 가지 감각을 말합니다. 우리는 눈으로 보는 것을 당연하게 생각하지만, 식물이나 눈이 없는 동물들도 많습니다. 그 생물은 나름의 기관으로 외계로부터 정보를 받아들입니다. 당연한 이야기 같지만, 사람은 크게 두 부류로 나눌 수 있습니다. 누구나 오감을 통해서 받아들이기는 하지만, 이 오감의 비율이 높은 사람이 있고 오감이 아닌 의식세계나 이성으로 주로 받아들이는 사람이 있습니다. 둘 다 사용하지만, 사용 비율이 다른 것입니

다. 이것에 대해 알면 사람이 이렇게 다를 수도 있구나라는 것을 느끼게 됩니다.

오감을 주로 사용하는 사람들은 이런 표현들을 자주 씁니다. 예쁘다, 멋있다(시각), 향기가 좋다(후각), 맛있다(미각), 부드럽다(촉각), 음악이 좋다(청각). 이들은 주로 오감을 좋게 자극하는 데서 행복을 느낍니다. 여행을 가거나, 맛을 보고, 좋은 음악을 듣습니다. 여행은 자주 가기가 힘들고, 맛도 하루 먹을 수 있는 양이 정해져 있지만, 음악은 계속 들으려고 합니다. 음식도 많은 양을 먹기보단 맛집탐방을 좋아하는 경우가 많습니다.

이런 분들은, '아니 사람이 당연한 거 아니냐, 그렇지 않은 사람도 있냐?'라고 생각할 수도 있습니다. 하지만 소수의 사람들은 그렇지 않습니다. 이들도 오감을 자극하는 것에서 행복을 느끼지만, 주로 사색과 생각을 많이 합니다. 기본적으로는 오감을 통해 일단 글을 읽거나 영화를 보거나 강의를 듣지만 그것에 대해서 생각을 많이 합니다. 같은 영화를 봐도 영상미나 영화가 주는 느낌과 분위기에 집중하는 사람이 있는 반면, 그 영화를 보면서 평소에 생각하지 못했던 것들에 대해서 느끼는 것을 좋아하는 사람도 있습니다. 이들은 자신만의 세계에 빠져 있는 느낌이 강합니다. 의식의 흐름이 바깥보다는 내면이나 머릿속으로 흐릅니다. 따라서 이런 사람들은 뭔가 빠릿빠릿한 느낌을 주지 못하고, 주위 상황이나 사람들에 대한 대처가 느린 경우가 많아 높은 평가를 받지 못하기도 합니다. 뭔가 명확하고 현실적인 이야기보다는 혼자만의 세계에 빠져 있는 경우도 많습니다. 상상력이 풍부하고 엉뚱한 생각을 많이 하기도 합니다. 이런 사람들을 보고 영뚱하고 뜬구름 잡는 소리를 한다든가 생각하는 것을 넘어서 답답하고 모자라고 멍청한 사람이라고 치부해버리기 쉽습니다. 물론 뭐가 더 뛰어난가 하는 우열의 문제가 아닙니다. 각각의 장점이 있고, 그 사람을 이러한 방식에서 이해할 수 있다는 사실을 알면 됩니다.

제 개인적인 사례를 들자면, 저는 여행을 좋아하지 않습니다. 살면서 여행을 별로 좋아하지 않는 사람은 거의 본 적이 없었던 거 같습니다. 음식도 굳이 맛집이나 멀리 가서 먹는 것을 좋아하지 않습니다. 집에 있을 때는 주로 약간 어둡고 조용하게 있는 것을 좋아합니다. 공부나 강의나 여러 가지 이론들을 접하고 혼자만의 생각과 사색을 하며 시간을 보내는 것을 좋아합니다. 그리고 잘 이해되지 않는 부분이 있을 때 그것에 대한 생각에 잠기다 그것을 알게 되었을 때 무지 행복합니다. 그리고 당연한 것에 대해서도 저것이 왜 저럴까 고민을 많이 합니다. 그것이 해결되면 또 그 하위로 들어가서 '왜'라는 질문의 꼬리에 꼬리를 무는 것을 좋아합니다.

오감을 주로 사용하는 사람들도 당연히 생각을 합니다. 하지만 딱 필요할 때만 생각을 하고 머리를 복잡하게 만드는 일에 대해서 생각하는 것은 좋아하지 않습니다. 별 특별한 일이 없다면, 뭔가 새롭고 좋은 자극을 줄 수 있는 경험을 하는 것에 관심이 많습니다. 반면에, 그 반대의 사람은 자꾸 잡생각이나 사색을 하는 경향이 있습니다. 이것에 대해 너무 이분법적으로 받아들이지 마시고, 이런 측면도 있다는 정도로 받아들이셔야 합니다. 사람을 알아보기 위해서는 수많은 요인들과 특징을 통해서 종합적으로 알아야 하고, 이는 그 수많은 것 중 한 가지 요인일 뿐입니다.

지식의 원

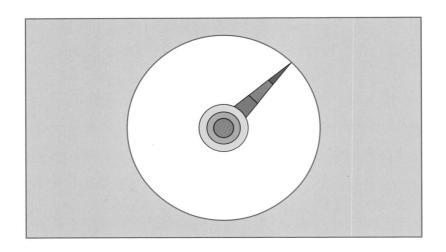

———————— 인류의 모든 지식을 원에 비유해보겠습니다. 물론 원 밖의 영역도 있겠죠. 사람이 공부를 하고 배운다는 것은 자신의 원을 조금씩 확장해나간다는 의미입니다. 인류가 아직 밝혀내지 못한 지식은 아무것도 보이지 않는 부분(바깥 검은색)일 것이고, 인류가 밝혀냈지만 아직 본인이 학습하지 못한 부분은 안개처럼 되어 있는 부분(회색)일 것입니다. 사람은 살면서 조금씩 그 안개를 걷어 나갑니다. 우선 초(빨강)중(주황)고등(노랑)학교에서 배우는 교육은 정말 최소한의 원입니다. 나라에서 이 지식은 한 인간이나 국민으로서 살아가는 데 크게 무리가 없을 정도의 꼭 알아야 하는 '의무'교육과정입니다. 꼭 대학을 안 가거나 중퇴를 하더라도, 고등학교 지식만 잘 갖추면 살아가는 데 큰 무리가 없습니다. 문제는, 고등학교는 졸업했는데

공부의 시대, 인생을 일으키는 하루 1시간 공부법

수업을 잘 안 들어서 잘 모르는 경우입니다. 심하면 중학교, 초등학교 부분도 모르는 사람이 많습니다. 보통 초중고 교과과정은 나선형으로, 중요한 개념은 계속 반복되어 나옵니다. 어쩌다가 한 번 나왔던 것은 잘 모를 수도 있겠지만, 중요한 개념은 꼭 알고 넘어가야 합니다.

여기에 더해 대학교까지 가는 이유는, 지식의 원을 넓히는 것이 아니라 한 분야를 택해서 깊게 배우기 위함입니다. 그림에서 학사(녹색), 석사(파랑), 박사(보라) 부분입니다. 보통 박사학위를 취득하기 위해서는 박사논문이라는 걸 쓰게 되는데요. 이 논문은 인류의 지식에 아주 살짝 흠을 내서 확장시킨 것입니다. 사실 취업이 정말 중요하지만, 박사학위까지 취득하면 공부와 학문이라는 것은 어떻게 하는 것인지 그 방법을 익힐 수 있어 큰 장점이 됩니다. 그 경험과 방법론으로 다른 분야도 남들보다 훨씬 잘할 가능성이 높습니다.

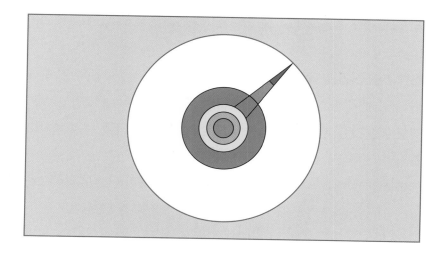

여기서 만약에, 타 전공서적이나 개론서까지 계속 공부하면 어떻게 될까요? 〈공부 순서〉에서 다루겠지만, 타 전공 기초필수와 전공 핵심 정도까지 공부하면 지식의 원이 위와 같이 확장됩니다. 녹색의 원이 더 넓어진 것을 확인할 수 있습니다.

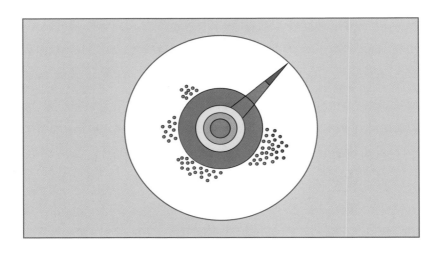

그다음, 여러 분야의 책들을 읽고 고전이나 관심사의 공부를 한다면 점점 안개가 걷히며 대략 위와 같이 될 것입니다. 지식의 원이 넓어진다는 것은 세상을 보는 해상도가 높아진다는 것을 의미하기도 합니다.

대화할 때 해상도가 높은 사람은 요지를 딱 캐치하는데, 해상도가 낮은 사람은 아무리 다각도에서 자세히 설명을 해줘도 이해를 잘 못합니다. 오히려 곡해해서 듣고 짜증 내면서 반박하기도 합니다. 벽과 대화하는 느낌이 들 때가 많습니다. 비유하자면 누구는 64색을 다 아는데, 24색, 18색, 12색, 심지어 누구는 빨노녹파 4색밖에 모릅니다. 주황색을 설명하기 위해서 빨강과 노랑 사이에 있는 색이라고 해도 표정을 보면 물음표가 떠 있습니다. 공부 열심히 해서 지식의 원을 넓혀나가는 건 훌륭한 거고, 최소한 모르는 게 생기면 알고 넘어가야 하는데, '몰라도 된다. 쓸데없다. 그게 돈이 되나. 맞춤법 뭐가 중요하냐. 수학은 사칙연산만 하면 된다.' 이런 식입니다.

다 본인 노력입니다. 학력, 학벌, 재능과 상관없이 여러 분야의 독서를 하루에 1시간씩 꾸준히 하면 사람이 달라집니다. 꾸준히 공부해서 저 두세 번째 그림처럼 지식을 가지고 있는 사람이, 주황색 원 수준(중학교 수준)의 사람을 보면 어떤 느낌이 들까요?

고전이란 무엇인가

──────── '고전'은 아무리 긴 시간이 지나도 그 가치를 인정받는 것을 일컫습니다. 특히 그냥 '고전'이라고만 하면 고전 서적을 말하는 경우가 많습니다. 고전의 기준은 명확하지 않으며, 무조건 오래되었다고 '고전'으로 부르지 않습니다. 보통은 시대가 지나서도 재평가되거나 계속 활용될 수 있는 것들을 말합니다. 즉, 광의의 의미에서 고전은 그냥 오래된 것 정도라고 할 수 있겠지만, 일반적으로 고전이라 함은 오랫동안 살아남을 만큼 그 가치를 인정받은 것 정도라고 할 수 있겠습니다.

과학같이 새로운 기술이 계속해서 발전하는 것에서는 고전의 의미가 크지 않을 수도 있지만, 문학, 역사, 철학 등등 인문 분야에서는 고전의 의미가 굉장히 중요합니다. 왜냐하면 인간은 문자가 발명된 몇천 년 전부터 크게 바뀌지 않았기 때문입니다. 과거와 현대의 인간은 삶과 죽음, 그리고 인생을 살면서 생각하고 고민하는 것들이 크게 다르지 않습니다. 비슷비슷한 고민들을 하고 살아갑니다.

여러 가지 학문에 있어서, 지금 보면 당연한 것이라고 여겨질 수도 있겠지만, 그 당시에는 당연한 것들이 전혀 아니었습니다. 학문적 진보는 서서히 이뤄지기도 하지만, 간혹 나오는 천재들이 새롭게 진보시키는 경우가 많습니다. 그 당시 사람들이나 보통의 사람들은 도저히 할 수 없는, 혹은 그 천재가 아니었으면 새롭게 나오기까지 몇십 년, 100년이 더 걸렸을 수도 있었을 말도 안 되는 진보를 이뤄냅니다. 그런 천재들이 족적을 남기고 갔기 때문에, 현대의 사람들은 그것을 상식으로 가지고 있을 수 있는 것입니다.

과학의 분야에서는 고전에 의미를 두기보다는 새로운 것들에 관심을 많이 가집니다. 뉴턴이나 라이프니츠가 미적분을 발견한 덕분에, 지금은 빠르면 초등학생도 미적분을 풉니다. 하지만 정말 유명한 수학자 피타고라스는 그 이전에 태어났기 때문에 미적분을 모릅니다. 유명한 과학자나 수학자의 이름은 알겠지만, 그것들을 고전이라 하여 되돌아보지는 않습니다.

하지만 문학, 역사, 철학 등등의 인문 분야에서의 고전은 그렇지 않습니다. 현재 나오는 베스트셀러 같은 책들보다 훨씬 깊이가 있습니다. 보고 또 보아도 새롭습니다. 물론 무지 어려울 수는 있습니다. 이러한 고전들은 소장할 가치가 있습니다. 가끔 살다가 몇 년이 지나서 다시 읽어보면 정말 새롭게 와닿을 때가 많습니다. 책장에 소장해 놓고, 가끔 쓱 훑어보면 '아 저 책 지금 다시 읽어보고 싶다.'는 느낌이 직관적으로 다가옵니다. 그때 읽어보면 그 전에 보이지 않았거나 이해가 안 되었던 부분이 더 새롭게 보입니다. 그리고 사실상 베스트셀러들은 고전의 내용들을 짜깁기한 내용들이 대부분입니다. 실제로 필자가 새롭게 생각하거나 추가한 내용은 극히 드뭅니다. 따라서 여러 가지 분야의 공부를 하고 고전을 많이 읽게 되면, 현재 나오는 베스트셀러들은 대부분 아는 내용들입니다. 그래서 저는 베스트셀러들을 잘 안 읽은 지 꽤 오래되었습니다. 고전들은 대부분 소장하는 편입니다. 언제든 다시 읽어볼 수도 있고, 그 책이 주는 느낌만으로도 웬만한 데코보다 훨씬 더 멋집니다.

무슨 책을 읽어야 할지 잘 모르겠다면 '서울대 지정 필독도서' 'KAIST 권장도서' 같은 권장도서를 검색해서 읽어보는 것도 좋습니다. 책의 목록들을 보면 대부분 고전들로 되어 있습니다. 겹치는 책들도 많고, 괜히 요즘 시중에 나오는 베스트셀러들을 보지 말고 고전들을 검색하거나 믿을만한 기관에서 지정한 필독서를 검색해서 읽는 것이 훨씬 낫습니다. 아니면 동서문화사에서 나오는 세계사상전집, 세계문학전집 등을 검색해서 읽어보는 것도 좋습니다. 책 한 장 한 장이 아주 깊은 내용을 담고 있지만, 역설적이게도 책의 두께 대비 가격을 보면 가장 싼 책이기도 합니다.

깨달음

─────── 공부를 할 때 이해했다는 표현을 씁니다. 하지만 범위가 꽤 넓은 학문이나 깊이가 있는 분야에서는 이해했다기보다는 깨달았다는 표현을 사용합니다. 불교에서도 깨달음을 얻었다는 표현을 자주 씁니다. 아니면 어떤 분야에서 오래 종사하거나 열심히 하다 보면 깨우침이라는 것이 오게 됩니다. 보통 이런 사람들을 전문가라고 하기도 합니다. 살아가면서 하나 이상의 깨우침을 얻는 사람과 그것을 한 번도 경험하지 못한 사람은 많이 다릅니다. 죽기 전까지 깨달음을 못 얻었다면 정말 안타까운 일이 아닐 수가 없습니다.

깨달음은 그냥 얻어지는 것이 아닙니다. 보통 하루 종일 공부나 일을 하며 최소 1년 정도를 정신과 에너지를 투자해 몰입했을 때 일어날 수 있는 일입니다. 공부를 예로 들어보면, 보통 대학교에서 학과 학부에 해당하는 범위 정도의 공부량을 하루 대략 10시간씩 1년 내내 공부하면 깨달음이 올 수 있습니다. 처음에는 개별 단원에 단편적인 지식들을 하나하나씩 공부하게 됩니다. 그렇게 한 번을 꼼꼼히 다 보는 데는 하루에 10시간씩 공부한다는 가정하에 6개월 정도가 걸립니다. 2회독은 생각보다 오래 안 걸리는데, 2~3개월 정도 걸릴 것입니다. 3, 4, 5회독은 점점 짧아져 1년에 5회독을 할 수 있습니다.

그렇게 정말 열심히 공부를 했다면 어느 순간 갑자기 '아, 이제 좀 알겠다.'는 생각이 들며, 그 모든 범위가 개별의 단원이나 내용이 아니라 모든 것을 관통하며 하나로 연결되는듯한 느낌이 들게 됩니다. '학문이란 무엇인가.'에 대한 답을 얻었다고 표현해도 될 것 같습니다. 그러면서 누가 학문에 대해 무슨 질문을 해도 나름의 답을 다 할 수 있을 거 같다는 자신감이 듭니다. 머리가 맑아지고 명확해지며, 그 깨달음이 오는 순간의 전과 후는 시간 차이가 얼마 안 난다고 하더라도, 밖에서 하늘을 보면 뭔가 구름이 달라 보이는듯한 느낌이 들게 됩니다.

꼭 머리로 하는 공부만 그런 것이 아닙니다. 자기가 종사하고 있는 분야, 혹은 취미생활을 하더라도 적당히 하는 것이 아니라 정말 몰입해서 열심히 했다면 짧게는 1년, 길게는 10년이면 어느 순간 깨달음이 옵니다. 그런 사람을 전문가라고 합니다. 명의는 환자가 병원으로 내원하는 모습만 보고도 어느 정도 병을 맞출 수 있습니다. 이세돌처럼 신의 한 수를 둘 수가 있습니다. 훌륭한 수리공은 손으로 한 번 두드려 소리만 듣고도 어디가 고장 난지 알 수 있습니다. 깨달음을 아직 얻지 못한 사람들이 보기에는 정말 신기할 정도의 깊이와 통찰력을 보여줍니다.

깨달음을 얻었을 때 그 짜릿함은 느껴본 사람만이 압니다. 일시적인 소확행이나 달콤함보다 훨씬 거대하고 여운이 오래갑니다. 이렇게 한 번 어떤 분야에서 깨달음을 얻은 사람은, 그 맛을 알았기 때문에 더 파고들어 가거나 다른 분야에서도 깨달음을 얻기 위해 노력하는 경우가 많습니다. 한 분야에서 성공한 사람이 다른 분야에서도 성공할 가능성이 높은 이유 중 하나이기도 합니다. 깨달음을 얻은 사람은 그렇지 못한 사람과 차원이 다릅니다. 세상에 공짜는 없고, 그만큼 몰입하고 노력했기 때문에 더 높은 단계로 발돋움할 수 있었던 것입니다.

본인이 종사하는 일에 대해서도, 돈을 벌기 위해 억지로 한다기보다는 내가 이 분야의 대가가 되겠다는 마인드로 해보는 것도 괜찮을 것 같습니다. 훨씬 덜 힘들고 재미있을 수 있습니다. 그런 프로, 장인정신은 어딜 가도 존중받을 수 있습니다. 대한민국은 직업에 대한 차별이 심하고, 알게 모르게 귀천이 있다는 인식이 강한 편입니다. 하지만 그것은 그 직업과 종사자에 대한 평균적인 인식이고, 그 분야에서 정말 대가가 된다면 모두의 존경을 받을 것입니다. 고액연봉은 당연히 따라오는 것이고요. 본인이 그 직업을 택하게 된 이유에는 적당한 타협도 있었겠지만, 적성적으로 나름 잘 맞는 측면이 있었을 텐데 소명의식을 가지고 누구보다 열심히 공부하고 깨달음을 얻기 위해 노력했으면 좋겠습니다.

또한 사람에 대한 깨달음, 즉 인간이란 어떤 속성을 가진 존재인지 깨닫는 것. 세상 돌아가는 이치에 대한 깨달음. 물론 사람마다 그 깨달음의 깊이가 다를 수는 있겠지만, 대부분을 관통하는 통찰력을 가지거나 일정 수준을 넘어가면 깨달음이라 할 수 있습니다. 인생을 살 때 소확행도 중요하지만, 통찰력과 깨달음을 얻기 위해 노력하는 삶이 좀 더 높은 단계의 삶이 아닐까 조심스럽게 생각해봅니다.

사람은 누구나 행복하게 살고 싶어 합니다. 현재 대한민국은 부의 차이가 심하며, 더 좋은 집에서 살고, 비싼 외제 차를 타며, 높은 연봉을 받고, 고급지고 맛있는 것을 먹는 그런 자본주의적 행복을 부러워합니다. 물론 이런 행복도 중요하고, 그렇게 성공한 사람들 중에 더욱 열심히 몰입하고 깨달음을 얻은 사람들이 많다는 것은 불편한 사실일 수도 있습니다. 다른 조건이 똑같다는 가정하에 기왕이면 누릴 수 있으면 좋다는 것도 맞습니다. 하지만 그런 삶을 부러워하기보다는 인생에서 깨달음을 얻기 위해 몰입하는 삶을 살아가는 것도 좋은 삶입니다. 어떤 행복이 더 크다고 함부로 말할 수 없고 사람마다 다르지만, 어떠한 측면에서는 몰입과 깨달음을 위한 삶에서 더 높은 차원의 행복을 느낄 수도 있습니다.

이론과 실전

———————— 이론을 완벽하게 습득한 다음에 문제를 풀어야 한다는 사람들이 있습니다. 그런데, 이론만 듣고 완벽하게 이해한다는 것은 사실상 불가능에 가깝습니다. 일단 집중해서 이론에 대한 수업을 듣거나 공부를 한 다음에, 바로 문제를 풀어야 합니다. 그리고 막히는 부분이 있으면 다시 이론을 찾아보고 문제를 풀어보고 왔다 갔다 해야 효율적으로 공부할 수 있습니다. 그러면서 점점 이론에 대한 이해도가 높아지고, 문제도 점점 난도 높은 것을 풀 수 있습니다.

예외적으로 이론이 엄청 중요한 학문이나 분야도 있고, 정말 천재라면 이론만 듣고도 완벽에 가깝게 이해할 수도 있습니다. 하지만, 대부분은 문제를 풀어보는 과정에서 이론을 완벽하게 이해할 수 있습니다. 그것이 시간도 적게 걸리고 효율적이며, 정신력이나 고통도 적게 들어가는 방법입니다. 최상위권 학생들도 처음에 간단한 기본문제는 풀 수 있겠지만, 어느 정도 난도 있는 문제를 처음부터 풀어내기는 쉽지 않습니다. 문제에 대한 유형을 익히고, 방법을 습득한 다음에 더 어려운 문제를 쉽게 풀 수 있는 것입니다.

공부와 시험뿐만 아니라 일이나 다른 종목도 마찬가지입니다. 종목마다 이론과 실전의 비중이 다를 것입니다. 많은 사람들은 이론에 대한 깊은 이해를 가지고 실전에 임하는 것을 너무 당연하게 생각하는 경향이 있습니다. 하지만 실제로는 실전이 더 중요한 경우가 많습니다. 일단 고수가 하는 것을 눈으로 보고 배우면서 따라 하고, 그것을 왜 그렇게 하는지 궁금증이 생기면 이론을 공부하는 것이 보다 효율적입니다. 도제식 교육(스승이 제자를 기초부터 엄하게 훈육하는 일대일 교육 방식. 제자는 오랜 기간을 스승과 함께하면서 스승의 전문 지식과 기술을 체계적으로 배운다)이 점점 줄어들고 있는 추세지만, 스승이나 사수가 하는 것을 눈으로 배우는 방식은 굉장히 강력한 장점이 있는 것도 분명합니다.

극단적으로 말하면, 이론 하나 없이 실전만 계속해도 되는 경우도 있습니다. 물론 깊이가 없고, 돌발상황에 대한 대처능력을 기르기엔 부적절하겠지만, 그래도 겉으로는 문제없어 보이는 경우가 많습니다. 이론과 실전 중 뭐가 더 중요하다고 딱 잘라 말할 수는 없습니다. 하지만, 이론을 훨씬 중요하게 생각해왔던 저는 그 생각을 완전히 바꾸게 되었습니다.

예를 들면, 경제학교수보다는 사업가가 사업을 더 잘하고 투자자가 투자를 더 잘합니다. 저는 이론에 얽매여 있기보다는 실전과 체험, 행동력 등등이 더 중요하다고 생각합니다. 아무리 좋은 책이나 조언도 결국 행동하지 않으면 큰 의미가 없기 때문입니다.

또한 체험으로써의 공부는 매우 중요합니다. 이론이나 방법론도 결국 글이나 그림 정도로 표현하는 것입니다. 하지만 체험이나 실전에서 느낄 수 있는 노하우나 테크닉 등등 미세한 부분까지는 이론으로 담아낼 수가 없습니다. 결국, 말과 글, 그림, 영상과 같은 것으로 그것을 표현하는 것에는 한계가 있기 때문입니다. 체험으로써 느낀 것을 보고 이론을 보면 텍스트 하나하나로 이해하기보다는, 무슨 말을 하려는 것인지 단박에 알게 되기도 합니다. 이론을 아무리 여러 번 집중해서 읽어보아도, 실제로 해보지 않으면 그 뜻을 완벽하게 이해하기는 불가능하지만, 실전을 한 번만 해보면 바로 이해되는 경우도 많습니다.

언제나 이론과 탁상공론만을 주로 하는 사람들이 있습니다. 물론 이렇게 교수급으로 이론에 완벽한 사람도 반드시 필요는 합니다. 하지만 실제 현장에서 몸을 담고 있는 사람들의 말도 굉장히 중요합니다. 보통 이론에 완벽한 사람이라고 하면, 명문대학의 교수와 같은 높은 권위를 가지고 있기 때문에, 실제 현장에서 일하는 사람보다 주장에 힘이 실리는 경향이 있습니다. 이런 측면에 대해 한번 생각해볼 필요가 있습니다.

경험이야말로 참된 지식

——————— 학문처럼 머리로 하는 공부도 있지만, 세상과 인간관계 속에서 삶을 살아가는 진리와 지혜, 지식 같은 것도 있습니다. 책을 읽거나 텍스트로 된 글을 보는 것, 아니면 누가 설명을 해주는 것보다 몸소 체험하는 것이 진정한 깨달음을 주는 경우가 많습니다.

실제로 해보고 겪어보고 그 과정에서 느끼는 것이 훨씬 중요합니다. 그래서 최대한 살면서 많은 경험을 하는 것이 좋겠죠.

하지만 사람이 모든 것을 경험하긴 힘듭니다. 내가 가는 인생의 길에서 비슷한 환경의 사람들과 어울리게 되고, 다른 부분은 접점을 만들기 어렵습니다. 삶의 진리는 장님 코끼리 만지기와 비슷한 측면이 있습니다. 최대한 여러 부분을 접하다 보면 그 진리에 가까워질 수 있습니다. 그 경험을 하기 어렵기 때문에, 많은 공부를 하고, 문학을 읽고, 최대한 다양한 사람들을 만날 필요성이 있습니다.

또한 공부를 많이 한다면, 내가 이미 경험했던 것에 대한 지혜가 좀 더 깊어질 수 있고, 미래에 경험할법한 것에 대한 예습이 될 수도 있을 것입니다. 이론과 실제 경험이 같이 갖춰진다면 좀 더 깊이 있는 깨달음을 얻을 수 있습니다.

어렴풋이라도 책을 읽어서 공부를 했다면, 그 당시에는 크게 와닿지 않았어도 다른 사람들의 상황이나 생각들을 추측이나마 해볼 수 있습니다. 그 공부조차 하지 않았다면, 그런 개념 자체가 없어서 이해 자체가 불가능할 수도 있습니다. 사람은 공부하지 않은 개념에 대해서는 스스로 떠올리거나 인식하기 힘듭니다. 즉, 경험으로 느끼는 것이 참된 지식이고 더 중요하다고 말할 수 있겠습니다만, 모든 것을 경험할 수 없기 때문에 간접경험으로써 지식을 쌓는 것이고 경험에 지식까지 더해지면 플러스 효과가 될 수 있습니다.

수많은 속담이나 고사성어, 혹은 시나 문학들을 학창시절 시험을 위한 공부로만 접한 경험이 많을 것입니다. 크게 틀린 말 같지는 않지만, 와닿지는 않았던 말들. 나이가 들고 삶을 살아가고 경험하면서 문득 그런 것들이 다시 떠오르거나, 다시 접하게 되는 경우가 있습니다. 아…. 이게 그런 뜻이었구나. 그만큼 성장했다는 뜻일 겁니다.

이론만 있는 지식은 흐릿한 안개와 같습니다. 뭔가 보일 것 같기도 하지만, 잘 보이지 않습니다. 그것이 경험을 만났을 때 비로소 안개가 걷힐 것입니다. 하지만 이론도 없었다면 흐릿한 안개가 아니라 깜깜한 어둠뿐입니다. 거기에 대충 뭐가 있는지 추측조차 할 수 없을 것입니다. 그래서 꾸준히 공부해야 합니다.

나이를 먹는다고 해서 모두 연륜이 쌓이지 않고, 쌓여도 깊이가 다릅니다. 이것이 차이가 나는 주된 요인은 꾸준히 공부하고 피드백한 사람과, 별생각 없이 살아온 사람들의 차이가 아닐까 생각합니다.

참된 진리는
말과 글로 표현할 수 없다

─────────── 인류가 글을 발명하고 나서부터 지식은 축적되기 시작했습니다. 현재는 그림과 영상물까지 다양한 형태의 지적재산을 축적할 수 있고, 집에서 거의 무료에 가깝게 간단히 다 찾아볼 수 있습니다. 하지만, 이런 글과 말, 그림과 영상물로 모든 것을 알 수 있는 것은 아닙니다. 실제로 인류의 족적을 남겼거나, 정말 높은 깨달음을 가진 사람의 핵심은 후세의 사람들에게 전달될 수가 없습니다.

4대 성인이라고 하면 예수, 석가모니, 공자, 소크라테스를 꼽습니다. 혹은 마호메트(무함마드)를 넣는 사람도 있습니다. 이 다섯 명의 공통점이 무엇인지 혹시 아십니까? 이분들은 본인들의 핵심사상을 글로 남기지 않았다는 점입니다. 그 제자들이나 측근들이 살아 있을 때 했던 말들을 남겼지만, 본인 스스로가 저서를 남기지는 않았습니다. 물론 남긴 저서들이 있긴 하지만, 핵심사상을 남긴 것은 아닙니다.

이것에 대해 해석하기 나름입니다만, 저서를 남기지 않았기 때문에 오히려 제자들이 엄청 부풀려 적을 수 있었다고 생각할 수도 있습니다. 하지만 저는 이분들이 저서를 남기지 않은 이유가, 그들의 핵심사상이나 진리를 글로 표현할 수가 없었기 때문이라 생각합니다. 평소에 제자들의 질문에 그것을 깨닫게 해주기 위한 답을 하기는 하였습니다. 이분들의 현명한 대답으로 깨달은 자라는 것은 주위 사람들이 알 수 있었지만, 그 참된 진리와 깨달음을 말로 표현하는 것은 애초에 불가능하였을지도 모릅니다.

불립문자라는 말이 있습니다. 이는 '불도의 깨달음은 마음에서 마음으로 전하는 것이므로 말이나 글에 의지하지 않는다.'는 말입니다. 즉, 어떠한 고도의 깨달음과 진리는 글로 표현할 수 없는 것이 많습니다.

굳이 종교, 깨달음과 진리, 학문과 같이 거창한 것에만 해당되는 것은 아닙니다. 어떤 업종에 종사해서 사업으로 큰 성공을 이루거나 장인의 경지까지 가는 것, 혹은 인간관계에 대한 통찰, 예술이나 문학 등등 여러 가지에 모두 해당될 수 있습니다. 한 분야에 오래 종사하면서 스스로 시행착오를 거치며 성장하면 오묘한 깨달음이나 통찰력을 가지게 됩니다. 여기서 연륜이라는 것이 중요합니다. 물론 기간만 오래되었다고 자연스럽게 갖춰지는 것은 아닙니다. 끊임없이 노력하고 고민하는 과정이 있을 때 가능한 것입니다.

　본인이 종사하고 있는 직업에 있어서 전문가가 되는 것. 그리고 인생이란 무엇인가에 대한 답을 얻고, 본인의 삶에 대한 깊은 통찰을 가지고 높은 경지에 가는 것은 분명 가치가 있는 일입니다. 그렇게 되기 위해 텍스트로 된 글을 읽는 것도 분명 도움이 됩니다. 좋은 내용도 있고, 어느 정도의 지혜는 책으로도 찾을 수 있습니다. 혹은 책을 읽으면서 고민하고 생각해볼 만한 주제를 얻을 수도 있습니다. 하지만 독서만으로는 높은 경지에 오르기가 쉽지 않습니다. 책에서는 수많은 지식과 여러 가지 좋은 내용들이 많습니다. 그렇지만, 그것을 머리로 이해하는 것이 아닌, 삶을 살아가면서 스스로 적용하고 가슴으로 이해하는 것이 필요합니다. 그런 사람을 통찰력이 있다거나 지혜롭다라고 표현합니다.

　간혹 학력이 좋지 않고 배움이 부족하거나 독서도 거의 하지 않지만, 굉장한 통찰력을 가지고 있는 사람을 많이 보았습니다. 이런 사람들은 거의 예외 없이 피부에 와닿을 정도로 삶의 현장에서 힘들고 다양한 경험을 하고, 그것에 대해서 항상 생각하고 고민했던 사람들입니다. '왜 그럴까'를 고민하고, 성공하기 위해서 본인을 객관적으로 바라보며 끊임없이 피드백하고 분석하고 연구한 사람들이었습니다. 글을 통한 공부가 굉장히 좋은 것은 맞지만, 지혜와 통찰력을 위한 유일한 방법은 아니라고 생각합니다. 진정한 깨달음과 통찰력, 지혜, 그리고 높은 경지에 오르는 것 등등, 어느 수준 이상으로는 글로 되는 것도 아니며, 글이 중요한 것도 아닙니다.

몰입

─────────── 성공한 사람들의 공통점 중 하나는 '몰입'이라고 합니다. 몰입에 대한 책들은 정말 많습니다. 인생을 살면서 몰입을 하는 습관은 삶을 훨씬 의미 있게 만듭니다. 몰입하지 않는 삶은 그저 흘러가는 대로 살아가게 될 가능성이 높습니다. 고도의 몰입은 인생을 잘 살 수 있는 핵심 중의 하나입니다. 몰입을 하는 일은 인간이 동물과 구분될 수 있는 소중한 능력입니다. 호르몬이나 뇌파를 분석했을 때, 고도의 몰입상태는 엄청난 행복과 즐거움을 준다고 합니다. 이처럼 몰입은 삶을 잘 살 수 있는 핵심이 됩니다.

풀리지 않는 어려운 문제에 부딪혔을 때, 많은 사람들은 오래 생각하지 못하고, 금방 답지를 봅니다. 물론 5~10분 정도 고민해보고 풀리지 않는 문제는 답지를 보는 것이 더 좋다는 의견도 있습니다. 단기적으로 봤을 때는 그것이 더 효율적으로 보이기도 합니다. 하지만 문제를 해결하기 위해 오랜 시간 몰입하는 습관은 본인을 업그레이드시킬 수 있습니다. 처음에는 1분으로 시작해서 30분 이상까지 고민할 수 있는 사람은 그렇지 않은 사람과 엄청난 차이가 날 것입니다. 바둑이나 장기 같은 놀이는 현대 게임과 달리, 즉각적으로 하는 것이 아니라, 장기간 생각하고 고민하게 합니다. 이러한 과거의 놀이들은 오래 생각할 수 있는 습관을 길들여준다는 장점이 있습니다.

공부가 아니더라도, 사람은 누구나 고민이나 깊은 사색을 합니다. 오랫동안 고민하는 사람은 일주일 이상 생각에 잠기기도 합니다. 그렇게 할 수 있는 사람은 인간의 능력을 극대화하고 문제해결능력을 갖추어 인생에 깊이를 더합니다. 세상의 많은 문제들은 공부와 달리 답이 없는 것이 많습니다. 인생의 크고 작은 문제들에 있어서 본인만의 답을 얻을 수 있어야 합니다. 물론 좋은 멘토를 만나서 답을 얻을 수도 있겠지만, 그것은 일부이며 결국 인생은 본인이 사는 것입니다. 본인만의 답을 얻을 수 있는 키워드는 오랜 시간 동안 몰입해서 고민해야 찾을 수 있습니다.

어떤 문제가 있을 때, 그것이 왜 답이 되는지 오랜 시간 고민해서 정확하게 깨달아야지만 다음부터 그 문제를 맞힐 수 있습니다. 시간도 많이 걸리고 쉬운 일도 아닙니다. 하지만 이렇게 한 문제씩 극복할 때마다 정체되어 있던 구간에서 조금씩 올라가는 것이 느껴질 것입니다. 시간이 많이 걸리는 것 같아 보이지만, 실제로는 여러 문제를 푸는 것보다 시간을 더 단축시키는 방법입니다.

학생이 아니라 직장인도 마찬가지입니다. 처음에는 일에 서툴겠지만, 이리저리 부딪치며 고민하고 해결방법을 찾아가며 몇 년이 지나면 비로소 베테랑이 됩니다. 공부와 일 외에도 인생의 여러 가지 문제들을 그냥 넘어가지 않고 고민해서 하나씩 하나씩 해결해나간다면 어느 순간 삶이 명확해지고, 불행이 줄어들며, 본인이 하는 일을 더 잘할 수 있게 되고 훨씬 더 효율적인 삶을 살 수 있을 것입니다.

정말로 아는 것이란 무엇인가

———————— 안다는 것은 무엇일까요? 흔히 안다, 모른다를 착각

하는 경우가 많습니다. 맞는 말이거나 좋은 설명들을 듣거나 남이 하는 말들을 들을 때, 몰랐던 것을 새롭게 이해하게 되었지만, 본인이 그것을 알고 있었다고 생각할 때가 있습니다. 혹은 그 내용을 정확하게 이해하지 못하고, 본인이 기존에 알고 있었던 내용의 것으로 알아듣고 알고 있었다고 말하는 경우도 있습니다.

'안다, 모른다'는 딱 흑백처럼 나뉘는 것이 아닙니다. 보통은 중간의 회색지대가 생각보다 넓습니다. 안다, 모른다로 딱 나뉘는 경우도 있겠지만, 대부분은 몇 % 정도로 이해했다고 말하는 것이 정확합니다. 예를 들어 어떠한 개념을 들었을 때, 아예 못 알아들었다는 명확하지만, 정확하게 이해한 것과 모호하게 이해한 것은 다릅니다. 우선 문제를 풀어보면 쉬운 문제는 모호하게 이해해도 풀리지만, 점점 더 어려운 문제를 풀수록 정확하게 이해하지 못했으면 틀리게 됩니다. 모호하게 이해했다는 표현은 이해도가 낮다라고 바꿔서 말할 수도 있겠습니다.

이것도 일종의 메타인지일 수도 있는데, 보통 공부를 잘하거나 뛰어난 사람들은 본인의 이해도를 남들에 비해서 비교적 정확하게 파악합니다. 어떤 사람들은 이해도가 낮음에도 다 이해했다고 생각하는 반면에, 뛰어난 사람들은 내가 어느 정도 이해하고 있다는 것을 알고 이해도를 높여가기 위해 노력을 합니다. 따라서 높은 이해도까지 이르게 되고, 어려운 문제나 깊이를 추구할 수 있게 됩니다.

명확하게 이해했는지 아닌지를 쉽게 구분하는 흔한 방법은, 남들에게 설명해보는 것입니다. 남들에게 정확하게 설명하거나, 다른 방법으로 설명해보거나, 적절한 비유를 들어서 설명할 수 있다면 이해도가 굉장히 높다고 할 수 있습니다. 수업으로 듣는 것보다, 토론식 수업이 좋은 이유기도 합니다. 사람들과 토론을 하면서, 명확하게 이해되는 경우가 많습니다.

저는 더 좋은 방법으로 스스로 '왜'라고 되묻는 것을 추천드립니다. 보통 결론이나 내용만 아는 경우가 많습니다. 그게 '왜' 그런지 정확하게 말할 수 있다면 매우 정확하게 이해한 것입니다. 소크라테스의 산파법으로서, 계속 '왜'를 물으며 점점 깊이 있게 기저로 들어간다면 그만큼 이해도가 굉장히 깊어집니다. 물론 어느 단계에서 막히기도 할 것입니다. 하지만, 본인이 할 수 있는 최대한까지 내려가야 합니다. 그러다가 막히면, 일단은 보류하고 다른 주제에 대해서도 시도해봅니다. 스스로 해결되면 제일 좋겠지만, 누군가의 설명을 듣거나 공부를 하다 보면 문득 답이 나오는 경우가 있습니다. 이 역시 열심히 고민한 결과입니다. 무의식에서 계속 작용을 하다 그와 관련된 무언가를 보면 연결이 되는 것이고, 그런 고민이 없었다면 그냥 지나쳤을 것입니다.

나선형과 그물의 원리

──────── 학창시절 초중고 교과과정을 보면, 중요한 내용들은 학년이 올라가서 또다시 반복해서 배우게 됩니다. 물론 시간이 지나면 망각하기 때문에 그런 것도 있지만, 비슷한 내용을 좀 더 심화해서 배우기 위함입니다. 공부를 할 때, 어떤 단원이나 주제를 공부함에

있어서 그 학년에서 배운 수준에서는 더 이상 깊이 있게 공부를 할 수 없는 한계에 봉착합니다. 깊이 있게 공부하기 위해서는 다른 부분의 지식들이 필요한데, 그것들은 아직 배우지 않았기 때문입니다. 따라서 처음에는 얕은 수준으로 이해하고, 그것을 깊이 있게 이해하기 위한 다른 내용의 조각들을 어느 정도 배운다면, 다음에 학년이 올라가서 더 심화해서 배울 수 있습니다.

이런 나선형의 학습법은 유용합니다. 쉽게 생각해서, 우리가 어렸을 때 보았던 책이나 영화들을 나이가 들어서 다시 보면, 그때 보이지 않았던 것들이 보이게 되는 경우가 있습니다. 그동안 삶을 살면서 여러 가지 것들을 배우고 느끼며, 성장을 했기 때문에 가능한 일입니다. 상당히 자연스러운 일이지만, 어렸을 때는 그 책이나 영화를 10번, 100번 보았어도 그것들은 보이지 않았을 것입니다. 고전도 마찬가지입니다. 어려운 고전들은 평생 보아도 100% 이해할 수 없습니다. 집중해서 읽고, 도저히 이해가 가지 않는 부분은 넘기면 됩니다. 처음에는 10%도 이해할 수 없을 것입니다. 하지만 여러 가지 것들을 공부하고 배경지식이나 이론들을 배운 후에, 몇 년이 지나서 집에 꽂혀 있는 고전들을 보면 어느 순간 '아 저거 오랜만에 읽으면 새로운 것이 보이겠구나.'라는 생각이 직관적으로 듭니다. 그렇게 다시 보면 이해도가 10%에서 20%로 올라가는 식으로 점점 알아가게 됩니다.

비유하자면, 땅을 깊게 파기 위해서는 넓게 파 내려가야 합니다. 좁게 판다면 깊게 파 내려가기가 힘듭니다. 더 넓게 파는 행위는 깊이 있는 공부를 위해 여러 가지 이론이나 배경지식의 조각들을 확보하는 과정입니다.

그물의 원리도 있습니다. 여러 가지 분야들을 공부하고, 각각을 깊이 있게 파고들어 가다 보면 비슷비슷한 내용들이 많습니다. 정확히 말하자면, 전혀 상관없을 것 같은 두 분야라도 비슷한 원리를 지니고 있는 것이 많습니다. 그것은 마치 가로와 세로가 만나는 지점과 같습니다. 어떠한 개념과 원리를 머리로 이해했다면, 그와 유사한 것이 나올 때 이해하기가 쉽습니다. 따라서 다양한 분야를 공부했거나, 같은 분야에 대해서 깊이 있게 공부하고, 항상 왜 그럴까를 고민하며 그 베이스까지 정확히 알고 있는 사람은 어떠한 것에 대해서도 그물처럼 촘촘하게 유기적으로 연결된 지식을 가지고 있습니다.

예를 들어, 한 분야에서 어느 정도 성공을 거두었거나 매우 깊은 수준까지 가본 사람들은 다른 분야에서도 빠르게 성공을 거둘 수 있습니다. 물론 그러한 노력이나 깊이를 추구하는 법 등등 여러 가지 요소가 작용하지만, 공통분모가 많기 때문이기도 합니다. 혹은 나이가 들면, 쉽게 쉽게 배우는 경우가 있습니다. 연륜이 있어서 어느 정도 요령이나 노하우를 알기 때문입니다. 새로운 기술이나 문물에 대해서는 젊은 사람들이 더 잘 배우긴 하겠지만요.

그물처럼 촘촘하고 유기적으로 연결된 지식들은 잘 잊히지 않으며, 나무가 뿌리, 줄기, 가지, 잎으로 나뉘듯 분류가 잘된 것이기도 합니다. 그렇지 않은 것들은 분류가 되지 않고 잎들이 땅바닥에 흩어져 있는 상태와 비슷합니다. 잘 잊히기도 하며, 깊이도 약하고, 어떤 상황에서 그 지식을 활용하기가 힘듭니다. 따라서 공부할 때 지식을 체계적으로 갖출 필요가 있습니다.

기억

──────── "'나'는 누구일까?"라는 질문에 답하기 위해서는 어떤 것이 필요할까요? 이 물음에 '기억'이 중요하다고 답하는 사람들이 많습니다. 인간은 일단 물질로 구성되어 있고 몇 개월이면 그 전의 물질과 전혀 다른 물질로 바뀌어버립니다. 그렇다면 몇 개월 전의 나와 지금의 나는 다른 존재일까요? 쓸데없는 질문처럼 느껴질 수도 있지만, 나름 의미 있는 질문입니다. 나를 정의하는 데 '기억'은 중요한 역할을 합니다. 기억이 있기 때문에 몇 개월 전의 나와 지금의 나는 기억의 자기동일성을 가집니다. 때문에 과거의 나와 현재의 나를 같은 존재로 동일시할 수 있습니다. 비슷한 예로, 인간복제가 가능해져서 나와 같은 똑같은 물질적 구성을 가진 복제인간을 만든다면 어떨까요? 물론 기억까지 심을 수도 있겠지만, 그러기는 쉽지 않을 것입니다. 복잡한 이야기지만, 나를 나라고 말할 수 있는 것에는 기억이 매우 중요한 역할을 한다는 것은 확실한 것 같습니다.

'인간' '나' '존재'를 규정하기에 기억이 가장 혹은 매우 중요하다는 것에 반대하는 입장도 있습니다. 주로 철학자들이 그 사람이 생각할 수 있는 '이성'을 더 중요하게 생각합니다. 기억은 불완전하다는 것도 분명 맞는 말입니다. 저도 그쪽이긴 하지만, 그래도 기억을 더 중요시하는 사람의 입장도 일리는 있습니다.

기억을 중요하게 생각하는 사람들은, 그 사실을 본인이 인지하고 있든 아니든 최대한 많은 경험을 하고 추억을 쌓으려고 합니다. 젊었을 때 바쁜 시간과 빠듯한 경제력에도 불구하고, 많은 것을 경험하고 사랑하는 사람들과 최대한 추억을 많이 쌓으려고 합니다. 그런 사람들이 자주 하는 말이 있습니다. "남는 건 사진뿐이다." 어렸을 때는 그 말을 잘 이해하지 못했는데, 나이가 들어보니 이해하게 되었습니다. 그 사람들의 행복을 좌우하는 큰 요소들은 바로 사랑하는 사람들과 최대한 많은 시간을 보내며 쌓은 추억이었습니다. 좋은 추억들을 최대한 많이 축적하여서 노년에는 그것들을 회상하는 것이 행복의 매우 큰 요소일 수 있습니다. 이런 사람들은 대체로 여행을 많이 간다는 특성이 있습니다. 여행만큼 추억과 임팩트 있는 기억을 남기기 좋은 방법도 없기 때문입니다. 바쁜 일상 속에서 일하며 돈을 모으고 노후대비를 하는 것도 중요하지만, 일에서는 추억을 거의 쌓을 수가 없습니다. 강한 기억들도 대부분 좋은 기억보다는 트라우마에 가까운 나쁜 기억들이 남습니다.

따라서 본인이 이러한 기억이나 추억에 중요성을 많이 부여하는 사람인지, 그렇지 않은 사람인지 최대한 정확하게 아는 것이 중요합니다. 추억을 먹고 사는 데서 느끼는 행복이 크다면 최대한 많은 경험을 해야 할 것이고, 그렇지 않다면 다른 것에 더 투자를 해야겠죠. 기억이나 추억이라는 것도 단어 자체가 모호하긴 합니다. 추억과 기억에 많은 투자를 하는 활동의 기준에 독서나 강의, 취미생활을 하는 것이 포함될지 아닐지는 사람마다 다를 것입니다. 하지만 상대적인 것은 있고, 어느 정도는 다 기억과 추억입니다. 어디에 투자하거나 선택할지 결정하는 작은 기준 중 하나로서, 얼마나 밀도 있는 추억을 가져다주는지 고려해볼 만한 요소라고 생각합니다.

뇌

——————— 위에서 기억에 대해 말했지만, 공부, 학습, 기억, 체험 등등 무언가를 경험하고 익히고 배우는 일은 결국 뇌와 관련되어 있습니다. 따라서 '뇌'라는 것의 작용을 어느 정도는 알 필요가 있습니다. 아직도 뇌에 관련해서는 연구가 진행되고 있고, 인류가 끝까지 밝혀내지 못할 수도 있습니다.

뇌에서 신경세포나 뉴런은 신경계나 신경조직에서 기본단위입니다. 시냅스를 따라 연결되며 핵과 축삭 등등의 구조를 가지고 있습니다. 생물학책에서도 나오지만, 심리학이나 여러 분야에서도 기본적으로 배우는 내용일 정도로 기본적으로 알아두면 좋은 내용입니다. 신기하게도 뇌는 우주의 거대 구조와도 비슷합니다.

인간이 무언가를 학습하거나 경험할 때 뇌에서는 뉴런의 숫자가 늘어나게 됩니다. 마치 산에서 사람이나 동물들이 지나다니면 길이 나는 것과 비슷합니다. 하지만 1~2번의 적은 경험이나 공부는 희미해서 끊어져 버릴 수도 있습니다. 반복하고 꾸준히 공부해야 강한 뉴런을 가지고 연결되어 잘 끊어지지 않습니다. 그리고 점점 뻗어나가게 됩니다.

확실히 어릴 때 이러한 작용이 잘 일어납니다. 무엇이든 어렸을 때 배우는 것들은 오래가는 경향이 있습니다. 나이가 들고 꾸준히 배우지 않는다면 점점 뉴런과 시냅스가 적어지고 끊어지며, 무엇을 배우는 것이 점점 힘들어집니다. 그러다가 어느 순간 배움의 의지를 잃어버리고 급격히 도태됩니다.

따라서 이 '공부'라는 것은 뇌에서 뉴런과 시냅스를 최대한 많이 여러 방향으로 분화하는 과정이라고도 생각할 수 있겠습니다. 무엇인가를 처음 배울 때 많은 에너지가 소모되는 것도, 뉴런이 생기는 것이 어렵기 때문입니다. 오래되어도 과거에 배웠던 것을 연결할 때는 비교적 시간이 적게 걸립니다. 예를 들어, 시험을 치기 위해 한 번이라도 공부했던 내용은 다 망각한 것 같아도, 다시 공부할 때는 처음보다 훨씬 시간이 적게 듭니다.

내가 잘하지 못하고, 별로 아는 것이 없는 분야에서는 특히 배우는 것이 더 힘이 듭니다. 하지만, 그만큼 여러 방면에서 뉴런과 시냅스를 많이 만들어놓은 사람과 그렇지 않은 사람은 겉으로는 큰 차이 없어 보여도, 실제로는 꽤 차이가 많이 납니다. 따라서 평소에 의미 없이 시간을 보내기보다는, 뇌의 뉴런을 최대한 많이 만드는 삶을 사는 것이 훨씬 더 의미 있는 삶이며, 치매에 걸릴 확률도 낮습니다.

무의식

―――――― 공부에 있어서 무의식을 이야기하지 않을 수 없습니다. 하지만 무의식이라는 것은 매우 방대하고, 자세히 서술하기에는 이미 무의식에 관련된 좋은 책들도 많기 때문에 조금만 언급하고 넘어가려고 합니다.

보통 공부를 한다거나 여러 가지 행위를 함에 있어서, 의식적인 부분 위주로 생각하지만 실제로는 무의식의 영역이 훨씬 더 강력합니다. 아직은 무의식에 대해서 밝혀나가야 할 부분이 많고, 한계도 있을 것이지만 이것에 대해 이해하고 잘 이용하는 것이 바람직합니다.

공부할 때는, 잘 해결되지 않는 것에 대해 오랫동안 고민해보는 노력이 필요합니다. 공부하지 않는 시간에 다른 것을 하다 보면 갑자기 그 답이 떠오르는 경우가 있습니다. 그것은 본인의 의식에서는 다른 것을 하고 있지만, 이전에 고민을 집중해서 오랜 시간 했던 것이 무의식의 세계에서는 끊임없이 답을 풀어가고 있었던 것입니다. 따라서 공부 외에도 인생에서 여러 가지 문제들이나 고민거리에 대해 집중해서 사색하고 고민한다면, 어느 순간 갑자기 답이 떠오르거나 나름의 답을 찾게 되거나 혹은 생각이 정리되는 경우가 있습니다.

또한 꿈을 꾸면서 정리된다는 이야기는 많이 들어보았을 것입니다. 꿈 또한 무의식의 작용과 관련이 많으며, 무의식에 대해 가장 잘 이해해볼 수 있는 도구입니다. 저는 프로이트의 《꿈의 해석》을 정말 재미있게 읽었습니다. 따라서 꿈의 내용에 따른 상징성이나 여러 가지 것들을 통해, 지금 본인에 대해 좀 더 깊이 있게 이해할 수 있습니다. 매우 세세하게는 알 수 없지만, 중요하고 큼직한 것들은 이미 그 상징성이 나와 있습니다. 살면서 1/3은 잠을 자고, 꿈을 꾸게 됩니다. 그 꿈을 통해 힌트나 뭔가 본인의 상태를 체크할 수 있다면, 그냥 꿈은 모두 개꿈이라고 생각하는 사람과 큰 차이가 있을 것입니다. 꿈에 대해 공부해보는 것을 추천드립니다.

또한, 직관도 무의식과 관련이 있다고 생각합니다. 직관(直觀) : 1. 감관의 작용으로 직접 외계의 사물에 관한 구체적인 지식을 얻음. 2. 감각, 경험, 연상, 판단, 추리 따위의 사유 작용을 거치지 아니하고 대상을 직접적으로 파악하는 작용.[1] 뭔가 이유를 알 수는 없지만, 좋은 느낌과 좋지 않은 느낌, 육감 등등은 무의식의 영역에서 일어나는 일입니다. 결국 이것도 살아오면서 공부하고 겪었던 여러 가지 경험들이 무의식에 축적되어 있고, 그것이 작용하는 것입니다. 따라서 무엇을 공부했고, 어떤 경험들 때문인지 정확히 알 수는 없지만 그렇다고 봐야 합니다. 또한 나아가서 융은 집단 무의식이라는 것에 대해 말했는데, 인류가 보편적으로 경험한 것이 지금까지 축적되어 상징성으로 나타날 수도 있다고 했습니다. 따라서 의식적으로 어떠한 이성적인 판단을 하는 것이 더 좋겠지만, 매번 그러기 힘든 경우가 많기 때문에 그러한 직관이 생각보다 왜 강력한지 이해를 한다면 좀 더 좋은 판단을 내릴 수 있을 것입니다.

또한 무의식 자체도 살면서 꼭 공부해볼 만한 분야나 주제입니다. 심리학은 사람들이 재미있어하는 학문이기도 합니다. 보통의 심리학은 의식심리학 위주로 배우지만, 무의식이나 정신분석학에 대해서 배운다면 본인이나 타인의 어떠한 정신작용이나 생각, 행동에 대해서 많은 부분 이해할 수 있습니다.

프로이트, 융, 아들러, 라캉 이렇게 네 명이 정신분석학에서 꽤 유명한 사람입니다. 프로이트의 정신분석학, 융의 분석심리학, 아들러의 개인심리학 등등에 대해서 대표적인 저서들을 몇 권 공부해보는 것을 추천합니다. 그리고 방어기제도 꼭 공부해보시길 바랍니다. 사람은 육체적인 고통뿐 아니라, 정신적으로 고통을 받지 않기 위해 여러 가지 방식을 취하는데 그것을 방어기제라고 합니다. 이 또한 책이나 인터넷, 유튜브 등등 잘 정리해놓은 것이 많으므로 꼭 공부해보시

길 바랍니다. 누구나 방어기제가 있고, 본인이 어떠한 방어기제를 가지고 있는지 알아보는 것도, 살면서 큰 도움이 될 것입니다.

점을 모아서 선으로

──────── 인생을 살아감에 있어, 다양한 공부와 경험을 하게 됩니다. 때로는 쓸데없거나 도움 되지 않는다고 생각되는 것도 많을 것입니다. 하지만 인생을 길게 봤을 때 크게 쓸모없는 것은 없습니다. 결과론적으로 보면 어떤 것은 큰 도움이 되었고, 도움이 되지 않은 것도 있을 것입니다. 그것이 중요한지 그렇지 않은지는, 그것을 하고 있는 그 시점이나 수준에서 보이지 않는 것이 많습니다. 따라서 무엇이든 하찮게 여기지 않고 매사에 최소한의 노력은 들이며 열심히 해야 합니다.

그러한 공부나 경험들을 인생의 조각들이라고 말하고 싶습니다. 단순히 재미로 몰입했던 일이 나중에 큰 도움이 되기도 합니다. 스티브 잡스의 "서체 수업을 들은 것으로부터 바로 아름다운 글씨체를 가진 최초의 컴퓨터가 될 수 있었습니다."라는 연설은 유명합니다.

무의미하게 인생을 보내지 않고, 이러한 조각들을 최대한 많이 모으는 것이 중요합니다. 물론 본인에게 가장 중요한 것 위주로 집중하는 것이 맞습니다. 하지만 가끔은 내가 가는 길과 크게 관련 없어 보이는 것들을 자의 반 타의 반으로 하게 되는 경우가 있습니다. 관련이 없거나 재미가 없으니 대충하거나 하지 않는 것보단, 어차피 해야 되는 경우가 생긴다면 이러한 조각들을 최대한 의미 있게 모아보려는 태도가 필요합니다.

그러한 조각들이 모이다 보면, 반드시 크게 도움 되는 경우가 생깁니다. 간혹 그런 조각들을 모으다가 아예 내가 갈 길과 완전히 다른 길을 가게 되는 경우도 많습니다. 내가 그때 그것을 하지 않았더라면… 하는 생각에 아찔할 수도 있을 것입니다. 큰 변화를 느낄 정도까지는 아니더라도, 부지불식 중에 도움이 되는 경우가 많고, 결국 삶을 풍요롭게 만들어줍니다. 혹은 나중에, 아 그때 열심히 할걸이라는 생각이 들 수도 있습니다. 의외로 삶은 굉장히 변수가 많고, 생각보다 바쁘게 돌아가는 경우가 많습니다. 어느 정도 나이가 들고 지위가 있고, 하는 일의 굴레 속에 있다 보면 새로운 조각들을 모으기는 굉장히 힘들거나 비효율적입니다. 딱 자기 분야만 열심히 한 사람보다는, 젊었을 때 이것저것 다양하게 경험해본 사람들이 깊이가 있고 어떤 상황에서 대처를 잘하거나 보는 시야가 넓은 경우가 많습니다.

점을 모아서 선을 만든다는 표현과도 맞을 것 같습니다. 점만 많이 찍고 있을 때는 큰 의미가 없어 보이겠지만, 인생을 살면서 그것을 높은 곳에서 관망할 수 있게 되었을 때 그 점들이 모여 선이 되었고, 그 선들이 인생에서 어떤 의미 있는 일이 되었는가를 지나고 나서야 알게 되는 때가 있습니다. 그때 사소하거나 우연히 A를 하게 되었고, 그것이 B를 하게 만들었고, 결국 C라는 결과로 이르렀다고 말이죠. 조각은 언제 어디서 퍼즐처럼 딱 맞게 쓸 수 있을지 모릅니다. 인생이라는 것이 꼭 정량적이거나 딱딱 떨어지는 것이 아닙니다. 중요하다고 생각하는 것만 중요하지 않습니다. 간혹 우연하고 사소한 것들이 인생의 큰 흐름을 바꾸는 경우가 많습니다. 수많은 인연들도 마찬가지입니다. 안 나가도 전혀 상관없을 것 같았던 모임에 나갔다가 배우자를 만나게 되는 경우도 많습니다. 만약 그때 그 모임에 나가지 않았었더라면 지금의 아내와 자녀는 없었겠죠. 생각만 해도 아찔했다고 말이죠.

가끔 뭔가 흥미를 느껴서 열심히 하고 있을 때, 주위에서 뭐 그런 쓸데없는 것을 하냐, 인생에 도움 되지 않는다는 이유로 폄하할 때가 있습니다. 정말 그 시점에 꼭 해야 할 중요한 일을 내팽개치고 있었기 때문에 그런 경우도 있지만, 특별한 이유가 없다면 사람들의 말들에 너무 연연하지 않으셔도 됩니다. 어차피 크게 의미를 두고 하는 말은 아닐 것입니다. 원래 본인이 생각하기에 관심 없는 취미나 활동들은 전부 쓸모없다고 치부하는 사람들이 많습니다.

한자

———————— 한국은 전통적인 동양 세계에 있었지만, 현재에는 서양과 동양의 모습이 섞여 있습니다. 서양 중에서도 유럽보단 미국의 영향을 많이 받고 있으며 정치, 경제, 사회, 문화 등등 다양한 분야에서 혼재되어 있는 모습을 보입니다. 특히 언어의 측면에서, 지금의 노인들 세대 때는 한자를 굉장히 강조해서 배웠는데, 요즘은 점점 한자를 쓰지 않게 되고 영어의 중요성이 강조되고 있습니다. 심지어 한자는 영어를 제외하고도 중국어나 일본어 등 다른 언어들에 비해서

점점 중요성이 낮아지고 있습니다. 물론 세계화 시대에 수많은 석학들이 영어라는 언어를 통해 표현했고, 또한 비즈니스를 위해서도 영어가 중요합니다. 따라서 영어를 강조하는 것은 충분한 이유가 있습니다.

하지만 저는 한자에 대한 중요성이 약해질수록 나타나는 단점도 충분히 인지할 필요가 있다고 생각합니다. 우리나라의 한글은 자부심을 느낄 정도로 정말 훌륭한 언어입니다. 꼭 한글이 아니더라도, 어떤 나라의 사람이든 모국어를 완벽하게 하는 것이 중요하다고 생각합니다. 물론 몇 개 국어를 할 수 있다는 것이 비즈니스 측면에서는 훨씬 유리한 것이 사실입니다. 그러나 그 국어를 한다는 것은 주로 일상의 의사소통 정도를 말하는 것이고, 깊이 있게 공부한다는 것은 쉽지 않습니다. 다른 언어를 공부함으로써, 기존에 없었던 개념을 습득할 수도 있고, 그 언어에 녹아 있는 사고방식 등등을 배울 수 있다는 점에서 의미가 있습니다. 하지만 대부분 어떤 언어든 공통적인 부분이 많고, 대응되는 단어가 있습니다.

저는 여러 언어를 한다는 것도 중요하지만, 가장 중요한 것은 모국어를 완벽하게 습득하는 일이라고 생각합니다. 이민 가서 산다면 모국어가 아닌 그 나라 언어를 완벽하게 습득하는 것도 의미가 있겠습니다. 언어라는 것은 단순히 의사소통의 이유도 있지만, 수많은 개념들을 습득할 수 있는 가장 좋은 도구입니다. 그리고 여러 언어들 중 단연 모국어가 가장 효율적인 언어입니다. 한국어와 한글은 자세히 뜯어보면 대부분 한자로 구성되어 있습니다. 어떤 단어를 습득할 때, 한자를 모르면 그 단어를 완벽하게 이해하기 어렵고 굉장히 비효율적이며 휘발성이 강합니다. 하지만 그 단어의 음절 하나하나를 무슨 한자인지 뜯어보면 그 단어는 별다른 설명이 없어도 조합되어 이해됩니다. 물론 한자의 단점은 표의문자로서, 글자 수가 워낙 방대하고 공부하기가 굉장히 비효율적입니다. 그러나, 한자는 굉장히 밀도가 높아서, 짧은 단어 수로도 깊고 많은 의미를 담아낼 수 있습니다. 따라서 한자가 바탕이 된 한글은 그 밀도가 높은 단어가 많고, 기본적인 한자 2급 정도 수준을 갖추지 않는다면 어휘력이나 표현하고 이해할 수 있는 단어의 수가 굉장히 제한적일 수 있습니다.

또한 역설적이게도 외국어를 잘하기 위해서는 모국어를 잘해야 합니다. 외국어를 잘한다는 말이 무엇일까요? 사람마다 그 정의가 다르겠지만, 가장 기본은 일상생활에서의 의사소통입니다. 한국에서 영어로 의사소통이 가능하다는 것 자체가 이미 영어를 잘한다고도 할 수 있겠지만, 영어를 모국어로 하는 나라에서 보는 관점이나 좀 더 깊은 의미에서는 '영어가 가능하다.'의 수준이지 잘한다고 보기는 어렵습니다. 영어를 모국어로 하는 나라의 초등학생, 중학생만 되어도 의사소통은 문제없이 합니다. 결국 모국어의 능력이 100인 사람은 외국어를 배웠을 때 한계가 100에 가까울 수 있으나, 모국어 능력이 60점인 사람은 외국어 능력의 한계치가 60점밖에 안 됩니다. 모국어에서 풍부한 어휘력을 갖추고, 깊은 수준을 이해하고 있다면, 외국어를 받아들이는 속도뿐만 아니라 한계도 높은 것입니다. 모국어를 단순한 수준으로 구사하는데, 외국어를 그보다 잘하는 일은 이민 가서 쭉 살지 않는 이상 거의 불가능하다고 생각하시면 됩니다.

한자를 잘 모르면 밀도 있고 깊은 뜻을 가진 단어를 사용하는 데 어려움을 겪게 되고, 점점 쓰지 않게 됩니다. 글을 읽기가 어려워지고, 이해력이 부족해지며, 단순한 단어만 쓰게 될 것입니다. 결국, 사람은 어휘력의 한계가 그 사람이 보는 세계의 한계를 결정짓습니다. 단어와 어휘, 개념들을 많이 아는 사람들은 세상을 볼 때 다양하고 깊게 바라볼 수 있습니다. 요즘 수능을 보는 고3들의 읽기 능력이 점점 떨어진다고 하는데, 이는 한자를 배우지 않는 이유도 큰 몫을 한다고 생각합니다. 영어나 전문화된 분야의 다양한 부분에서 강점을 가지지만, 기본적인 언어능력이 떨어진다는 것은 생각보다 심각한 일일 수 있습니다.

공부할 것도 많고, 방법도 다양하지만, 저는 국어사전을 한번 편한 마음으로 읽어보는 것을 추천합니다. 의외로 모르는 단어도 많고, 안다고 생각했는데 잘못 이해하고 있는 단어도 많을 것입니다. 사전을 보면, 대부분 한글 옆에 한자도 같이 표시되어 있습니다. 무슨 한자가 쓰였는지 보고, 내용도 한번 읽어보면 정말 얻어가는 것이 많을 것입니다. 어쩌면, 고등학교 때 국어영역(언어영역)을 열심히 공부할 때가 인생에서 가장 읽기 능력이 뛰어난 때였을 수도 있습니다. 초등학교 때나 어린 나이에 시간이 많다면 6개월 정도만 투자해서 사전을 한번 열심히 공부해보는 것도 정말 좋은 경험이 될 것입니다. 그때 쌓인 어휘력은 엄청난 깊이를 가져다주어, 읽기 능력을 굉장히 향상시킬 수 있습니다. 누가 어린 나이에 사전을 공부하겠습니까. 나중에는 그 정도 투자할 시간이 없습니다. 한자와 사전을 공부하는 것은 긴 인생을 봤을 때 굉장히 좋은 투자라고 생각합니다.

문사철

──────────── "문사철(文史哲) : 문학, 역사, 철학을 아울러 이르는 말. 보통 인문학이라고 분류되는 대표 학문들로 지성인이 기본적으로 갖추어야 하는 교양을 의미한다."[2] 사전적 의미는 이렇습니다만, 요즘은 취업이 잘 안되는 대표적인 대학전공을 뜻하는 것으로도 쓰이는 것 같습니다. 흔히 문송합니다(문과라서 죄송합니다)도 있고, 문과 대부분이 취업이 어렵긴 하지만 경제, 경영, 법학 등등 다른 문과 전공에 비해 문사철은 취업에 더 불리합니다. 취업에 이렇게 불리한데도 대학전공으로 없어지지 않는 이유는, 그것이 인문학의 가장 핵심적인 학문이기도 하기 때문입니다.

"인문학(人文學, Humanities) : 인간의 사상 및 문화를 대상으로 하는 학문영역. 자연을 다루는 자연과학(自然科學)에 대립되는 영역으로, 자연과학이 객관적으로 존재하는 자연현상을 다루는 데 반하여 인문학은 인간의 가치탐구와 표현활동을 대상으로 한다. 광범위한 학문영역이 인문학에 포함되는데, 미국 국회법에 의해서 규정된 것을 따르면 언어(Language)·언어학(Linguistics)·문학·역사·법률·철학·고고학·예술사·비평·예술의 이론과 실천, 그리고 인간을 내용으로 하는 학문이 이에 포함된다. 그러나 그 기준을 설정하기는 매우 어렵기 때문에 이에 대한 의견의 일치가 이루어지지 않고 있다. 예를 들면 역사와 예술이 인문학에 포함되느냐 안 되느냐에 대한 이론(異論)들이 있기도 하다."[3]

사실 요즘같이 자연과학과 기술의 시대에 현실적으로 문사철을 전공으로 하는 것을 추천드리기는 힘들다고 생각합니다. 하지만, 전공으로 하지 않는다고 해서 그 학문의 중요성이 떨어지는 것은 아닙니다. 오히려 어떠한 전공을 택하더라도, 교양으로서 문사철을 꾸준히 공부해야 합니다. 자연과학과 기술을 전공으로 하는 사람들 중에는 인문학과 담을 쌓은 사람들이 많습니다. 우리나라 산업 구조를 볼 때, 공학으로 취업을 한 공학도가 일반적으로 머리도 좋고 공부도 잘하며 연봉도 높습니다. 그렇지만 인문학이 결여된 이과 출신들을 보면 한편으로는 뭔가 부족한 느낌을 많이 받습니다. 사람과의 대화에서 주제의 다양성이 없고, 할 이야기도 없습니다. 공학이나 전공 이야기를 할 수는 없으니까요.

　확실히 문학과 역사, 철학, 그리고 심리를 꾸준히 공부하다 보면 어느 정도 인간이란 존재에 대해 알 수 있게 됩니다. 문학에서는 본인이 평소에 경험하기 힘든 다양한 인간 군상들을 엿볼 수 있으며, 심리묘사나 행동을 통해 인간 저변에 대한 이해도가 높아집니다. 역사는 실제 일어났던 사람들의 행동 케이스들을 수집하게 해줍니다. 역사를 꾸준히 공부하면 아, 흘러가는 흐름이 굉장히 비슷하고 반복 재현되어 나온다는 것을 알 수 있습니다. 철학은 인문학을 떠나서 인간의 근원적인 의문과 질문에 대한 대답에 논리와 근거를 가지고 깊이 있게 설명하고 있습니다. 어떠한 학문을 하더라도 깊이 있는 이해를 위해서는 철학이 필수적입니다. 심리는 좀 더 실용적이고 응용적인 학문인데, 문사철처럼 범위가 넓고 깊지는 않지만, 딱 필요한 것을 잘 설명하고 있습니다. 문사철에서 인간의 심리 부분의 핵심에 대해 추출해서 설명합니다. 심리학개론서와 무의식에 대해서 열심히 공부해 보는 것이 좋습니다. 심리학은 흥미를 가지고 재미있게 공부하기 쉽습니다.

심지어 기술이 중요한 회사에서도 높은 자리로 올라가면 문사철과 인문학이 많이 필요합니다. 영화 〈관상〉에서 이런 말이 나옵니다. "난 파도만 보았소, 파도를 만들어내는 건 바람인 것을⋯." 결국 우리는 돈과 주식, 기술, 사회라는 이름의 파도만을 봅니다. 하지만 그 파도를 만들어내는 바람은 사람이고, 그 사람에 대한 깊은 이해를 갖춘다면 남들이 보지 못하는 것을 보는 통찰력과 지혜를 갖출 수 있을 것입니다.

패러다임과 에피스테메

——————— "패러다임(Paradigm) : 어떤 한 시대 사람들의 견해나 사고를 지배하고 있는 이론적 틀이나 개념의 집합체. 미국의 과학사학자이자 철학자인 토머스 쿤(Thomas Kuhn)이 그의 저서 《과학혁명의 구조 The Structure of Scientific Revolution》(1962)에서 새롭게 제시하여 널리 통용된 개념이다. '패러다임'은 '사례·예제·실례·본보기' 등을 뜻하는 그리스어 '파라데이그마(Paradeigma)'에서 유래한 것으로, 언어학에서 빌려온 개념이다. 즉 으뜸꼴·표준꼴을 뜻하는데, 이는 하나의 기본 동사에서 활용(活用)에 따라 파생형이 생기는 것과 마찬가지다. 이런 의미에서 쿤은 패러다임을 한 시대를 지배하는 과학적 인식·이론·관습·사고·관념·가치관 등이 결합된 총

체적인 틀 또는 개념의 집합체로 정의하였다."

쿤에 따르면, 과학사의 특정한 시기에는 언제나 개인이 아니라 전체 과학자 집단에 의해 공식적으로 인정된 모범적인 틀이 있는데, 이 모범적인 틀이 패러다임이다. 그러나 이 패러다임은 전혀 새롭게 구성되는 것이 아니라 기존의 자연과학 위에서 혁명적으로 생성되고 쇠퇴하며, 다시 새로운 패러다임으로 대체된다.

쿤은 이러한 과정을 다음과 같이 설명한다. "즉 하나의 패러다임이 나타나면, 이 패러다임에서 나타나는 갖가지 문제점들을 해결하기 위해 과학자들은 계속 연구·탐구 활동을 하는데, 이를 정상과학(Normal science)이라고 한다. 이어 정상과학을 통해 일정한 성과가 누적되다 보면 기존의 패러다임은 차츰 부정되고, 경쟁적인 새로운 패러다임이 나타난다. 그러다 과학혁명이 일어나면서 한 시대를 지배하던 패러다임은 완전히 사라지고, 경쟁관계에 있던 패러다임이 새로운 패러다임으로 자리를 대신하게 된다. 따라서 하나의 패러다임이 영원히 지속될 수는 없고, 항상 생성·발전·쇠퇴·대체되는 과정을 되풀이한다.

본래 패러다임은 자연과학에서 출발하였으나 자연과학뿐 아니라 각종 학문 분야로 파급되어 오늘날에는 거의 모든 사회현상을 정의하는 개념으로까지 확대되어 사용되고 있다."[4]

"에피스테메(Episteme) : 푸코(Michel Foucault)는 특정한 시대를 지배하는 인식의 무의식적 체계, 혹은 특정한 방식으로 사물들에 질서를 부여하는 무의식적인 기초를 에피스테메라 칭했다. 철학용어로서 에피스테메는 실천적 지식과 상대적 의미에서의 이론적 지식, 또는 감성에 바탕을 둔 억견(臆見 :

Doxa)과 상대되는 '참의 지식'을 말한다. 독사와 에피스테메의 구별은 이미 파르메니데스에서 찾아볼 수 있으며 그것을 더욱 분명하게 구별한 사람은 플라톤이다. 플라톤에 있어서 에피스테메는 이데아를 파악하는 개념적인 진정한 인식을 뜻하며, 독사는 피스테메에 비해 감성적·주관적인 낮은 인식을 뜻한다. 한편 에피스테메는 아리스토텔레스에서는 필연적이고 영원한 것을 대상으로 하는 인식능력을 말한다.

고대 철학자들의 에피스테메의 개념은 푸코에 와서 권력–지식이 작동하는 특정 시기의 저류를 형성하는 담론 체계를 의미하게 되었다. 에피스테메의 개념은 그의 초기 저작에서 도드라지게 부각되는데, 『지식의 고고학』에서 내리고 있는 에피스테메란 우선 한 주어진 시대에 있어 인식론적 구조물들, 과학들, 그리고 경우에 따라서는 공식화된 체계들을 발생시키는 담론적 실천을 묶어줄 수 있는 관계들의 집합을 의미한다. 이는 또한 그 담론 형성들의 각자에 있어 인식론화, 과학화, 그리고 공식화로의 이행들이 자리 잡고 작동하는 방식을 의미한다. 또한 상호 일치할 수 있고, 종속될 수 있는, 혹은 시간 속에서 어긋날 수 있는 이 문턱들의 분배를 뜻하며 인식론적 구조물들 사이나 과학들 사이에, 그것들이 서로 이웃하기는 하지만 상호 구분되는 담론적 실천으로 부각되는 한에 있어서 존재할 수 있는 측면적인 관계들을 뜻한다.

따라서 에피스테메란 결국 일정하게 규정된 시대의 과학들 사이에서 그들을 담론적 형성의 수준에서 분석할 때 발견할 수 있는 관계들의 집합인 것이다. 그에 따라 푸코는 르네상스 시대를 '유사성'의 에피스테메로, 고전주의 시대는 '표상'의 에피스테메로, 근대는 표상으로 환원되지 않는 독립적 실재인 '실체'의 에피스테메로 규정한다. 푸코는 『말과 사물』에서 어떤 특정 문화 혹은 어떤 특정 시점에서, 모든 지식의 가능성의 조건을 규정하는 에피스테메는 단 한 가지뿐이라고 주장하였다. 그러나 『지식의 고고학』에서는 에피스테메가 총체적 개념으로 인식되어서는 안 된다고 경고하면서 어떤 에피스테메가 득세했다고 해서 특정 시대와 문화의 모든 사람들이 그 노선을 따라가는 것은 아니라고 부연하고 있다. 그러나 인식론적 단절을 너무 빡빡하게 규정하고, 또 에피스테메를 단일한 구조체로 제시함으로써 많은 오해와 비판을 낳았다. 리차드 할랜드(Richard Harland)가 지적했듯이 푸코에게 에피스테메 이론에 의해 야기된 문제는 정말로 에피스테메가 모든 것을 포괄하는 총체적인 개념이라면 그 개념의 이론가, 즉 푸코 자신이 에피스테메의 부분이 되어야 한다는 것이며, 보다 큰 문제점은 왜 하나의 에피스테메가 방법을 열어주고 다른 것에 의해 교체되는가 하는 점이다. 또한 에피스테메들을 넘나드는 사상의 흐름을 간과하고, 에피스테메의 지연과 사상의 진화로 인해 축출되었던 개념, 혹은 개념틀이 되돌아오는 현상을 간과하고 있는 점이다.

푸코는 이러한 에피스테메의 연속관계에서 문학의 위상에 대해 언급하고 있기도 하는데, 푸코에 의하면 문학이 에피스테메들 사이의 간격을 채워주며, 지식의 고고학이 문학에게 '새로운 존재 방법'을 부여한다는 것이다."[5]

위의 두 개념은 약간 유사합니다. 선사시대 혹은 고대로부터 인류는 우상향으로 꾸준히 발전한 것 같지만, 그렇지 않습니다. 정체기를 거치다가 계단식으로 도약을 하는 과정이 있는데, 그것이 바로 패러다임과 에피스테메가 드라마틱하게 바뀌는 과정입니다. 어느 시대든 그 시대 사람들이 세계를 바라보거나 생각하는 어떠한 인식의 틀이 있습니다. 같은 시대, 같은 나라나 문화권에 있으면 아주 당연하게 여겨지는 보편적 상식선이나 인식하는 개념이나 생각의 틀입니다.

정치, 경제, 사회, 문화 등등 여러 가지 측면을 모두 담는 사람들의 세계관이 있습니다. 이는 같은 시대 문화권에 살면 너무나도 당연하게 여겨지지만, 현재 사람들이 과거를 보거나, 같은 시대 전혀 다른 문화권에서 보면 도저히 이해되지 않는 것들이 많습니다. 우리나라 역사를 봐도 불과 100년 전만 해도 사람들이 생각하는 방식이 너무 달라서 지금의 관점으로는 이해되지 않는 부분들이 많습니다. EH.car 는 "역사는 과거와 현재의 끊임없는 대화이다."라고 말했습니다. 이는 매우 유명한 말입니다. 이를 해석하자면, 과거의 역사를 이해할 때, 현재의 관점에서 바라보면 도저히 이해가 가지 않는 경우가 많은데, 그 과거 시대와 문화의 패러다임 에피스테메를 최대한 이해하고 바라보아야 한다는 점입니다.

현대인들 중에는 구석기나 신석기 시대 사람들을 굉장히 야만적이라고 치부하는 경향이 있습니다. 맞는 측면도 있겠지만, 사실 구석기, 신석기 혹은 과거 사람들 자체와 현대인들은 유전적으로 크게 차이가 나지 않습니다. 즉, 현대인들이 그 시대에 태어났으면 그렇게 행동했을 것이고, 고대인들이 현재 태어났으면 현대인처럼 살아갔을 것입니다. 그 시대 사람들은 그 시대에 맞게 최선을 다했을 것이며, 그것은 현대인과 다르지 않습니다. 지금의 도덕, 윤리, 관념을 배우고 자랐다고 해서, 본인은 과거에 태어났었으면 달랐을 것처럼 이야기하는 것은 현대의 관점에서 벗어나지 못했을 가능성이 99%이기 때문이라고 생각합니다. 따라서 그러한 패러다임과 에피스테메를 완전히 이해할 수는 없겠지만, 최대한 이해한다면 그것으로도 엄청난 발전이며, 현대의 다른 사람들이나 문화권을 이해하는 수준이 매우 높아지게 됩니다.

또한, 이러한 패러다임과 에피스테메를 생각한다면, 진리는 절대적이기보단 상대적입니다. 그리고 과거의 방식이 미래에 다시 쓰일 수도 있습니다. 과거에는 이러이러한 사회와 상황, 조건이었고, 그 시대의 여러 측면을 고려했을 때 사람들이 이런 식으로 행동하는 게 나름 합리적인 선택이었구나 하고 이해를 하는 것이 좋습니다. 그리고 현재는 이러한데, 미래에 사회의 여러 가지 조건이나 상황들이 바뀌면 몇백 년 전의 방식을 다시 사용해볼 수도 있는 것입니다. 이는 엄청나게 생각의 틀을 확장시킬 수 있는 길입니다.

일반론이란 무엇인가

——————— 순수과학이나 극히 소수를 제외하고는, 대부분 한 가지 정답이나 '100%'인 것은 거의 없다고 보면 됩니다. 시험문제에서 이런 표현이 나오면 대부분 틀린 문장입니다. 공부를 열심히 한 사람들은 '100%' '무조건' '절대로' '반드시' '1도, 하나도' 이런 표현을 잘 사용하지 않고, 쓰더라도 조심스럽게 사용하는 경향이 있습니다.

과학에서 아주 잘 설계된 실험의 경우, 다른 것들은 모두 똑같이 하고 하나의 조건만 차이를 두었을 때 어떠한 결과가 나오는지를 비교합니다. 이때, 똑같이 설정하는 조건들을 통제변인이라고 하고, 차이를 두는 조건들을 조작변인이라고 합니다. 하지만 대부분의 인문학적, 사회적 현상들은 복합적인 원인들의 결과입니다. 한두 가지의 원인들로 결과가 나오는 것은 극히 드물고, 수많은 원인들이 있습니다. 그 원인들 중에는 major한 요인들이 있고, minor한 요인들이 있습니다. 그런 각각 요인들의 벡터 합이 결과로 이뤄지는 것입니다. 그런 요인들도 단순 sum 값이 아니라, 서로 독립적, 종속적으로 연관과 의존성을 가지게 됩니다. 또한 부분들이 보여 딱 전체가 되는 것이 아니라, 창발적 특성을 가집니다. 분자 수준에서 높은 수준으로 한 단계씩 되돌려 올라가 보면 한 단계 올라갈 때마다 바로 아래 단계에서는 볼 수 없었던 새로운 특성이 각 단계에서 나타나는 것을 볼 수 있는데, 이를 창발적 특성(Emergent property)이라고 합니다. 그렇기 때문에 환원주의(Reductionism, 복잡하고 추상적인 사상(事象)이나 개념을 단일 레벨의 더 기본적인 요소로부터 설명하려는 입장)로 해석하는 것도 한계가 있습니다.

따라서 인문사회적 현상을 분석하는 일은 굉장히 어렵습니다. 심지어 결과가 이미 나와 있어도, 그 원인을 역으로 끼워 맞추는 일도 쉽지 않습니다. 성공한 사람들의 자기계발서나 강연은 맞지 않을 수도 있습니다. 본인도 어떻게 성공했는지 모르며 뭔가 이유를 찾은 것뿐입니다. 하지만 그 이유는 맞지 않을 수 있으며, 맞는다고 하더라도 그 사람에게 맞는 것이지, 다른 사람에게는 맞지 않을 수도 있습니다. 그렇지만, 분석이 어렵다고 해서 아무것도 하지 않을 수는 없고, 최선의 예측을 하기 위해 노력해야 합니다. 따라서 결과에 영향을 미칠 수 있는 여러 원인들을 파악하는 것입니다. 하지만 그 원인들은 간단하지가 않고, 각각의 이치나 원리, 상관관계, 경향성, 가능성 등등으로 예측해야 합니다.

아주 쉬운 일반론의 예를 들자면, '열심히 할수록 성공할 가능성이 높다. 흡연을 할수록 수명이 짧다. 키가 크면 이성에게 인기가 많다.' 등등일 것입니다. 물론 반드시 그런 것은 아닙니다. 일반론이라는 것은, 그럴 가능성이 높다, 그런 경향이 크다 그 정도의 의미입니다. 열심히 한다고 무조건 성공하는 것이 아니며, 재능, 운, 환경적 조건 등등 여러 요소가 작용하기 때문에, 열심히 살지 않아도 성공하는 사람도 있습니다. 이러한 일반론을 이야기하는데, 꼭 딴지를 거는 사람들이 있습니다. 일반론은 반드시 반례가 있기 마련인데, 본인이 생각할 수 있는 예외 1~2개로 마치 상대방이 틀린 것처럼 반박합니다. "흡연하면 건강에 안 좋아."라고 말을 했는데, "아닌데? 내가 아는 분은 흡연 엄청나게 해도 100살 넘게 살았는데." 이런 식입니다. 이런 식의 말은 정말 상대의 숨을 턱 막히게 하는, 반박을 위한 반박, 아주 좋지 않은 화법입니다.

반대로, 일반론의 함정에 빠져서도 안 됩니다. 한두 가지 일반론으로 결과를 도출하는 것은 위험합니다. 결과를 도출할 수는 있어도 그것이 오류의 가능성을 내포하고 있다는 것을 인지하고, 조심스럽게 접근하는 것이 필요합니다. 아는 만큼 보이기 때문에, 여러 가지 이치나 원리를 최대한 많이 알고 있으면 여러 일반론을 알게 되는 것이고, 결과의 정확성을 좀 더 높일 수 있습니다. 허무할 수도 있지만, 열심히 분석했는데도 틀릴 수 있으며, 그냥 직관적으로 결과를 내도 맞출 수 있습니다. 마치 공부를 열심히 해서 아주 어려운 객관식 문제를 풀었는데 틀리고, 공부 열심히 안 한 사람이 너무 문제가 어렵다며 찍었는데 맞추는 경우와 같습니다. 하지만, 공부를 많이 해서 정답

률을 높이는 것이 현명한 방법입니다.

일반론에는 크게 귀납법과 연역법이 있습니다. 귀납법은 수많은 사례들을 관찰하고, 그것으로부터 결론을 도출하는 것입니다. 실제 논문에서도 통계적 방식을 많이 사용합니다. 확률이나 가능성이 높다라고 말할 수도 있을 것입니다. 연역법은 논리적이고 합리적인 방법으로 접근하는 것입니다. 삼단논법같이 타당성을 갖추고 결론을 도출합니다.

누구나 다 아는 쉬운 일반론도 있지만, 남들은 잘 보지 못하는 '일반론으로부터 얼마나 높은 상관관계냐 낮은 상관관계냐 파악하는 습관'을 들이면 결과를 좀 더 정확하게 예측할 수가 있습니다. 예를 들면 어른들이 입을 모아 하는 말들이 있습니다. 어렸을 때는 그 말들이 막연하게 들리며, 그게 무슨 상관이지라는 생각을 하게 됩니다. 하지만 나이가 들어보니 '크게 틀린 말 없더라.'라고 수긍하게 됩니다. 어른들도 정확하게 그 원리를 모를 수도 있지만, 긴 세월을 살아오다 보니 수많은 사례들을 보았고, 크게 벗어나는 경우가 없다는 것을 관찰했기 때문일 것입니다.

창의력이란 무엇인가

────── 보통 창의력이라고 하는 것은 타고남, 혹은 번쩍이는 직관과 같은 천재성으로 인식하는 경우가 많습니다. 물론 타고나는 부분도 있을 수 있지만, 창의력은 그런 개념이 아닙니다.

창의력은 매우 새로운 것을 발견하는 것이 아니라, 대부분 기존에 있던 것들을 결합하는 과정입니다. 수많은 발명과 발견들도 무에서 유를 창조하는 경우는 드뭅니다. 어떤 것에 대한 고민을 수없이 하다 보면, 어느 순간 여러 흩어져 있는 지식들이나 전혀 연관 없을 것 같은 것들이 갑자기 연결되면서 번쩍하고 떠오르는 경험을 하게 됩니다. 발명왕 에디슨도, 이전에 쌓여 있던 지식들을 기반으로 성공했고, 다른 사람들이 고민하다가 포기한 딱 그 지점에서부터 시작할 수 있었다고 합니다. 즉, 문자가 시작되고부터 수많은 천재들과 사람들이 쌓아왔던 축적된 지식들을 습득해야 합니다. 공부를 많이 하는 것은, 어떤 것을 할 때 출발점을 크게 당겨줄 수 있는 매우 효율적인 것입니다.

이는 꼭 문제를 고민하고 있는 순간만이 아니라, 잠시 쉬거나 다른 행동을 할 때, 혹은 꿈속에서도 떠오르는 경우가 있습니다. 무의식에서도 계속 고민을 하고 있기 때문입니다. 이러한 직관의 원천이 정확히 무엇이라고 밝히긴 힘들지만, 확실한 것은 일단 지식이 있어야 끊임없는 고민으로 이어진다는 사실입니다.

우리나라 의무교과과정이 창의력을 말살시킨다고 하는데, 저는 그렇게 생각하지 않습니다. 창의력이라는 것은 수많은 지식들을 많이 갖추고 있을수록 좋습니다. 여기서의 지식은 어렴풋이 아는 것이 아니라 정확하게 이해하고 내 것으로 받아들인 것을 의미합니다. 그리고 그 지식들을 가지고 문제를 해결하기 위해 노력하는 과정과 포기하지 않고 끈기 있게 오랜 시간 동안 버틸 수 있는 능력이 필요합니다. 즉 창의력은 무슨 천재의 영감이라기보다는, 엉덩이 싸움이 중요하다고 할 수 있습니다. 우리나라 교육은 평가를 위해 줄을 세워야 하고, 그러다 보니 어쩔 수 없이 시험에 시간제한을 두게 됩니다. 창의력을 기르는 교육이라 보긴 어렵지만, 적어도 수많은 지식들을 습득해야 하고, 엄청나게 오랜 시간 공부를 해야 한다는 점에서 창의력에 필요한 덕목들을 기르게 된다고 생각할 수 있습니다. 즉, 공부 잘했던 사람이 창의력이 높을 가능성도 큽니다. 재미없는 공부를 잘 참고 버티며 많은 지식을 쌓고, 성실성과 끈기를 갖추었기 때문입니다.

딱 자기 분야만 공부하는 사람은 창의력이 부족할 수 있습니다. 흔히 융합인재라고 표현을 하는데, 자기 전문 분야 외에도 다양한 분야를 넓게 아는 사람이 활약할 가능성이 높습니다. 따라서 저는 하루 1시간씩이라도 독서를 하고 여러 분야에 대한 공부하기를 추천드립니다. 생소하고 새로운 분야를 처음 접하는 것은 쉽지 않습니다. 처음에 잘 안되는 것이 지극히 정상입니다. 하지만 2번, 3번 반복하다 보면 어느 순간 됩니다. 다양한 경험과 체험을 하고, 넓게 아는 사람은 강점이 있습니다. 땅을 깊게 파고들어가기 위해서는 우선 어느 정도는 넓게 팔 필요가 있습니다. 그래야 훨씬 수월하기 때문입니다.

요즘은 워낙 세상이 빠르게 변하고 있고, 졸업 때 배운 지식으로는 직장에서 언제까지 일할지 모릅니다. 직업은 빠르게 생기고 없어지고 있으며, 제2의 직업을 구해야 할지도 모릅니다. 본인 분야에 대한 공부는 물론이고, 꾸준히 다양한 분야의 공부를 하는 것은 어떻게 보면 선택이 아니라 필수일지도 모릅니다.

다중지능

———————— Howard Gardner는 지능을 음악, 신체운동, 논리수학, 언어, 공간, 인간친화, 자기성찰, 자연친화 총 여덟 가지로 분류했습니다. 그리고 여덟 가지 외에 실존지능이라는 것도 새롭게 정의하고 있습니다.

"비록 영성지능이 나의 준거를 만족시키지는 않지만, 한 가지 측면에서는 전도유망한 후보 지능으로 보인다. 나는 그것을 '큰 질문들과 관련된 지능'이라 기술하고, 실존지능이라 부른다. 이 후보 지능은 존재에 대한 근본적인 질문을 숙고하는 인간의 성향에 기반한 것이다. 왜 사는가? 왜 죽는가? 우리는 어디에서 오는가? 우리에게 어떤 일이 일어날까? 사랑이 무엇인가? 왜 전쟁을 일으키는가? 나는 때로 이러한 것들을 지각을 초월하는 질문이라고 말한다. 그것들은 너무 크거나 너무 작아서 우리의 오감으로는 지각할 수 없다."[6]

Howard Gardner는 이러한 지능이 태어나고 나서 꾸준히 발전하기보다는 타고난 재능이라고 보았습니다.

"연령에 따른 검사 점수의 상관관계는 이른바 'g'라고 불리는 일반적 지능이 나이, 훈련, 경험에 의해 크게 변화하지 않는다는 생각을 증명해준다. 다시 말해 그것은 개인의 타고난 특성이나 재능이다."[7]

라고 서술하고 있습니다. 이 책에서는 그런 이유를 생물학적, 신경학적 실험으로 증명하고 있는데, 이는 저자가 예전부터 생각한 것과 이 책에서 일관되게 서술하고 있는 것과 일치합니다. 어떤 특정 영역에서는 노력으로 커버할 수도 있지만, 재능의 영향력이 더 큰 영역이 존재한다고 보는 것이 맞는 것 같습니다.

저는 Howard Gardner와는 좀 다르게, 꼭 인간의 지능이 8개로 discrete하게 있다기보다는 크고 작은 영역들이 continuous하게 있다고 봅니다. 물론 그중에서 가장 굵직하고 상위 개념이라고 할 수 있는 여덟 가지 지능을 잘 설명하고 있어, 이 책의 효용은 매우 크다고 할 수 있겠습니다. 이러한 여러 가지 지능들을 골고루 발전시키는 것을 목표로 설정하는 것도 충분히 의미 있다고 생각합니다. 물론 재능은 태어날 때부터 거의 정해져 있지만 그러한 영역을 발전시키는 것은 어느 정도 가능합니다. 특히 간과하기 쉬운 자연친화지능, 즉 동식물과 자연을 사랑하고, 인간도 자연의 일부라는 생각과 지구의 환경을 보존하려는 마음자세를 가지려고 노력해야 할 것입니다.

마지막으로 교육과 관련지어 이야기하자면, 우리나라는 지나치게 수학논리와 언어지능을 중요하게 여기고 있습니다. 이 두 가지가 바로 IQ와 직접적으로 관련되는 것입니다. 그렇다고 해서 한국 교육을 무조건적으로 잘못되었다고는 할 수 없습니다. 사실 더 크게 보면, 한국같이 작은 땅덩어리와 부족한 자원 인력으로 세계에서 살아남기 위해서 택한 것이 기술력인데 그러한 영역에는 IQ가 가장 중요하다는 것을 부정할 수는 없습니다. 세계 IQ 평균이 100인데, 우리나라 IQ 평균이 106으로 통계마다 차이는 있지만 세계 2위 정도입니다.

비록 교육에서 모든 부분을 고르게 발전시키기는 현실적으로 어렵지만, 나중에라도 스스로 노력해서 발전시킬 필요가 있어 보입니다. 꼭 8개 말고도 여러 가지 크고 작은 지능들이 있을 수 있으며, 그것들이 복합적으로 연결되어 작용한다고 생각합니다. 따라서 하나에만 치우친 사람은, 뭔가 결여되어 있거나 어떠한 상황에서 많이 부족한 모습을 보이는 경우도 있습니다. 따라서 이러한 여러 지능을 발전시키기 위해서는 다양한 경험이 필수적입니다. 많은 사람들이 하고 있는 활동들은 대부분 충분한 의미와 가치를 지닙니다. 왜 저런 걸 할까, 전혀 흥미가 생기지 않는다면 본인이 그것과 관련된 지능과 능력이 현저하게 부족하기 때문에 그런 경우가 많습니다. 따라서 매우 잘하지는 못해도, 문외한보다는 초급이나 기본 정도만 갖춘다고 하더라도 단점을 보완하고 밸런스 있는 사람이 될 수 있습니다. 그렇게 되면 인간관계가 원활해지고, 삶이 풍요로워지며 세상을 보는 시야가 넓어지게 될 것입니다.

메타인지

———————— "메타인지(Meta認知, Metacognition) 또는 상위인지는 자신의 인지과정에 대해 관찰·발견·통제·판단하는 정신작용으로 '인식에 대한 인식' '생각에 대한 생각' '다른 사람의 의식에 대해 의식' 그리고 고차원의 생각하는 기술(Higher-order thinking skills)이다. 단어의 어원은 메타에서 왔다. 메타인지는 다양한 형태를 취할 수 있다. 배움 혹은 문제해결을 위한 특별한 전략들을 언제 그리고 어떻게 사용하느냐에 관한 지식을 포함한다.

일반적으로 메타인지에는 두 가지의 구성요소가 있다. : (1) 인식에 대한 지식과 (2) 인식에 대한 규제이다. 쉽게 말해 자신이 무엇을 알고 무엇을 모르는지 아는 것을 뜻한다.

메타인지라는 용어는 말 그대로 '인지 이상의 것'을 의미하며, 인지에 대한 인지를 가리키거나, 보다 비격식적으로는 생각에 대해 생각하는 것을 의미한다. Flavell은 메타인지를 인지 및 인지의 제어에 대한 지식으로 정의했다.

메타인지에는 학습 기술, 기억력 및 학습 모니터링 능력과 같은 자신의 사고과정에 대해 생각하는 것도 포함된다. 메타인지 지식은 자신의 인지과정과 학습을 극대화하기 위해 그 과정을 조절하는 방법에 대한 이해다.

메타인지는 기억 모니터링 및 자기 조절, 메타 추론, 의식 / 인식 및 자율 의식 / 자의식의 연구를 포괄하는 일반적인 용어이다. 실제로 이러한 능력은 자신의 인지를 조절하고, 생각하고, 학습하는 잠재력을 극대화하고 적절한 윤리 / 도덕적 규칙을 평가하는 데 사용된다. 또한 인식이 높아짐에 따라 주어진 상황에 대한 응답 시간을 단축하고 잠재적으로 문제 또는 작업을 완료하는 데 걸리는 시간을 줄일 수 있다."[8]

공부를 잘하거나 학업능력이 뛰어난 학생과 그렇지 못한 학생과의 뚜렷한 차이를 연구한 실험과 논문은 많습니다. 그중에 이 메타인지가 정말 중요하다고 주장하는 논문도 많이 있습니다. 공부든 어떤 분야든 뛰어난 사람들을 보면 확실히 이 메타인지가 뛰어납니다. 보통의 사람들은 그냥 열심히 합니다. 열심히만 해도 중간 이상이나 상위권까지는 가능할 수 있습니다. 하지만 더욱 뛰어난 사람들은, 본인이 무엇을 알고 모르는지를 좀 더 정확하게 인지하고 있습니다. 그리고

아는 것들은 시간과 노력을 더 이상 투자하지 않고, 모르는 것들에 좀 더 집중하는 경향이 있습니다.

공부를 할 때, 처음에는 아는 것이 거의 없으므로 일단 무작정 시작하게 됩니다. 하지만 일정 이상 공부를 하면 그때부터는 모르는 것을 줄여나가는 것이 핵심입니다. 처음부터 끝까지 계속 반복해서 본다거나, 아는 문제를 반복해서 푸는 것은 시간낭비일 수 있습니다. 많은 학생들이 문제집을 풀 때, 많이 맞췄다고 좋아하는 경향이 있습니다. 하지만 최상위권 학생들은 문제집을 풀 때 아는 문제를 정확하고 빠르게 판단하고, 그 문제는 풀지 않습니다. 그리고 모르는 문제나 애매하게 아는 것들만 집중해서 문제를 풉니다. 문제집을 풀었는데 거의 다 맞았으면 기분 좋아하기보다는 시간을 낭비했다는 생각에 회의감이 들어야 합니다. 틀리는 것을 두려워하지 않고, 오히려 정말 공부해야 할 것을 알게 되었기에 더 즐거워해야 합니다. 그러면 문제집 한 권을 푸는 데 오랜 시간이 걸리지 않습니다. 그냥 아무 생각 없이 문제집을 10시간씩 열심히 푸는 것보다, 모르는 것만 1~2시간 집중해서 푸는 것이 점수 향상에 더 도움이 될 수 있습니다.

그리고 어떤 지식이나 개념 혹은 문제에 대해서 '이해했다' '이해하지 못했다'의 OX 두 가지로 나뉘는 것이 아닙니다. 물론 아예 이해하지 못했다면 이해하지 못했다는 표현이 맞고, 아주 쉬운 개념에 대해서는 바로 이해했다라고 표현할 수도 있습니다. 하지만 많은 경우에서는 이해했다는 표현을 쓰는 것보단, 이해도가 몇 %인가라는 표현을 쓰는 것이 정확합니다. 99% 이해했다(확실히 이해했다), 60% 정도 이해했다(애매하게 이해했다) 등등의 이해한 정도로 나타낼 수 있습니다.

계속 반복 공부를 하거나, 다각도에서 공부하거나, 점점 어려운 문제를 풀어나감으로써 그 이해도를 올린다고 보는 것이 맞습니다.

따라서 아무 생각 없이 열심히만 하는 것은 효율이나 최종목표의 도달 수준을 떨어뜨릴 수 있습니다. 막연하게 열심히 하는 것은 일단 실력이 올라가는 것이 잘 보이지도 않고, 중간에 포기하게 될 가능성이 높습니다. 고득점 받는 학생은 시험 때 무엇을 공부해야 하고, 이것저것을 공부하면 점수가 얼마 정도 나오는지 감이 있습니다. 노력을 투자한 만큼, 점수가 올라가는 것이 예상이 되기 때문에 노력할 때 덜 힘들 것입니다. 보상이 보이는 노력은 덜 힘듭니다. 게임에서는 경험치가 보이며 어느 정도 노력을 했을 때 레벨업이 되는지 알기 때문에 힘들기는커녕 오히려 재미있는 것입니다. 본인이 무엇을 알고 무엇을 모르는지, 이것에 대해 내가 이해도가 지금 어느 정도 되며, 부족한 부분이 무엇이고 이것을 채우거나 보완하기 위해서는 어떻게 해야 하는지에 대한 고민과 생각, 피드백을 하는 것이 매우 중요합니다.

에빙하우스 곡선

——————— "에빙하우스 곡선(Ebbinghaus curve, -曲線) : 19세기 후반에 에빙하우스(H. Ebbinghaus)가 기억 혹은 망각에 대해 연구하여 시간경과에 따라 나타나는 일반적인 망각 경향을 그래프로 제시한 것. 에빙하우스 곡선은 기억연구에서 선구적이자 고전적인 결과물로 여겨진다. 에빙하우스는 망각연구를 위해 무의미 철자를 고안하였다. 즉, 일반 단어 혹은 의미가 있는

철자는 이미 기억 속에 있어 연구에 영향을 줄 수 있으므로, 어느 누구에게나 동일하게 적용되고 기억에 대한 영향을 최소화할 수 있도록 영어의 자음과 모음을 무작위로 배열한 단어(예를 들어, VAQ, MHI)를 고안하였다. 이러한 일련의 무의미 철자를 실험참여자에게 완전하게 학습시킨 다음 시간경과에 따라 망각량을 측정하여 도표로 작성하였다. 이 도표를 에빙하우스 망각곡선 또는 에빙하우스 곡선이라고 한다.

　도표에 따르면, 학습 바로 직후에 망각이 매우 급격하게 일어나며, 특히 학습 직후 20분 내에 41.8%가 망각되었다. 즉, 학습 직후에 망각이 가장 빨리 일어나는 것으로 나타났다. 이를 통해 학습된 내용을 오래도록 기억하기 위해서는 반복학습과 시간 간격을 두고 규칙적으로 여러 번 수행하는 분산학습이 더 효과적이라는 결론을 내릴 수 있다. 한편, 이 연구에서는 무의미 기억자료를 사용하였는데, 의미 기억자료를 사용한다면 결과가 달라질 수 있다는 비판이 제기되기도 하였다."[9]

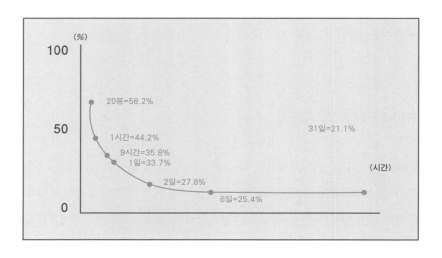

에빙하우스 망각곡선은 너무나도 유명해서 다들 잘 알 거라고 생각합니다. 학창시절이라면 복습이 중요한 이유를, 일반인이라면 항상 메모하는 습관을 들여야 하는 이유를 설명해주고 있습니다. 저자는 뭔가 새로운 지식이나 익혀야 할 것이 있으면 메모장에 적어두고, 심심하면 한 번씩 들여다봅니다. 그렇게 보다가, 확실히 이해가 되었거나 장기기억으로 넘어간 것들은 지워버리면 됩니다.

본업이 공부인 학생의 경우, 단기간에 복습을 해주는 것이 가능합니다. 하지만 일이 본업인 직장인의 경우, 인간의 특성상 그렇게 일주일 안으로 꾸준히 반복하는 사람은 많이 없습니다. 따라서 같은 책을 반복해서 보는 것도 좋지만, 비슷한 주제의 다양한 매체들을 보는 것도 좋은 방법입니다. 지루하지 않을 뿐만 아니라, 비슷하지만 조금씩 다른 내용으로 지식을 습득할 수 있으며 점차 깊은 이해와 장기기억으로 넘어갈 것입니다. 처음에는 생소했지만, 조금씩 알 것 같다가 어느새 진부해져 버렸다면 본인은 잘 느끼지 못하였어도 엄청나게 발전했다는 의미입니다.

더닝크루거 효과

──────── 더닝크루거 효과(Dunning-Kruger effect)는 인지 편향의 하나로, 능력이 없는 사람이 잘못된 판단을 내려 잘못된 결론에 도달하지만, 능력이 없기 때문에 자신의 실수를 알아차리지 못하는 현상을 가리킨다. 그로 인해 능력이 없는 사람은 환영적 우월감으로 자신의 실력을 실제보다 높

게 평균 이상으로 평가하는 반면, 능력이 있는 사람은 자신의 실력을 과소 평가하여 환영적 열등감을 가지게 된다. 크루거와 더닝은 "능력이 없는 사람의 착오는 자신에 대한 오해에서 기인한 반면, 능력이 있는 사람의 착오는 다른 사람에 대한 오해에서 기인한다."고 결론을 내린다.

더닝크루거 효과는 코넬 대학교의 데이비드 더닝과 저스틴 크루거가 1999년 제안한 것이다. 그들은 찰스 다윈의 "무지는 지식보다 더 확신을 가지게 한다."와 버트런드 러셀의 "이 시대의 아픔 중 하나는 자신감이 있는 사람은 무지한데, 상상력과 이해력이 있는 사람은 의심하고 주저한다는 것이다."를 인용하고 있다.

코넬 대학교 학부생을 상대로 독해력, 자동차 운전, 체스, 테니스 등 여러 분야의 능력을 대상으로 실험한 그들의 가설에 의하면, 능력이 없는 사람은 다음과 같은 경향을 보인다.

1. 자신의 능력을 과대평가한다.
2. 다른 사람의 진정한 능력을 알아보지 못한다.
3. 자신의 능력이 부족하기 때문에 생긴 곤경을 알아보지 못한다.
4. 훈련을 통해 능력이 매우 나아지고 난 후에야, 이전의 능력 부족을 알아보고 인정한다.[10]

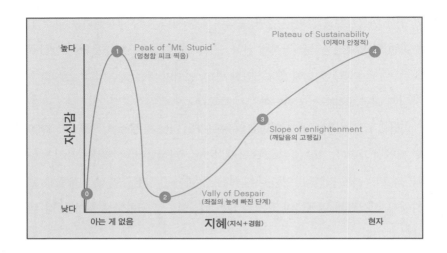

이는 굉장히 중요합니다. 소크라테스가 말한 '무지의 지'와도 비슷한 맥락인데, 본인이 얼마나 부족한지를 아는 것을 의미합니다. 앞 챕터의 〈지식의 원〉에서 말했듯이, 본인의 지식이 굉장히 얕을 때는 부족한지조차 알 수가 없습니다. 최소한의 자기객관화라도 자신을 제대로 파악하는 것은 쉬운 일이 아닙니다. 사실 사람은 원래 본인을 약간 과대평가하는 것이 디폴트긴 합니다.

따라서 본인이 살면서 자신감이 넘치든 아니든, '아, 내가 많이 부족하구나.'라는 것을 깨닫고 조심스러워지는 순간이 옵니다. 그게 평생 안 오는 사람도 있겠죠. 물론 정말 훌륭한 사람이고, 계속 꾸준히 노력해왔다면 안 올 수도 있겠지만, 대부분 90% 이상의 경우에는 낮은 단계에서 머물다가 가는 것입니다.

일상적인 대화를 하는 데 큰 무리가 없을 정도의 수준은 금방 도달합니다. 주위에 비슷비슷한 사람들만 어울리게 되고, 거기서 나름 말이 먹히는 수준이 되면 본인이 굉장히 괜찮은 사람이라고 착각을 하게 됩니다. 하지만 다른 집단에 가면, 본인이 얼마나 부족한지 알 수 있습니다. 따라서 기존의 익숙한 집단에 있을 때는 모르다가, 어떤 새로운 경험이나 다양한 사람들과 이야기를 하면 그것을 빨리 깨달을 수 있습니다. 그러나 부족한 사람들은, 다른 집단을 낮게 평가하는 것으로 합리화하고 본인이 부족하지 않다는 결론을 내게 됩니다.

저 같은 경우는 사실 공부도 많이 했고 머리도 좋은 편이며 나름 성공을 했기 때문에, 아는 것도 많을 것이며 굉장히 뛰어나다고 생각했었습니다. 하지만 각계각층의 사람들과 만나보면서, 내가 아는 게 정말 없구나라는 것을 깨달았습니다. 기본적인 상식은 있고 무식하지는 않았지만, 어떤 지적이고 고급스러운 대화는 할 수 없다는 것을 알게 되었습니다. 그래서 다양한 분야의 공부를 시작하게 되었고, 지금은 그 어떤 분야의 사람을 만나도 최소한의 공통분모를 가지고 이야기를 할 수 있는 수준이 되었습니다.

그림에서 2단계에 도달했다면, 우선 말과 행동이 조심스러워지고 약간 소극적으로 변하게 됩니다. 그리고 모르는 게 있으면 물어보거나 나중에 조용히 찾아보고 공부하게 됩니다. 그리고 3년 이상 꾸준히 공부하면 2, 3, 4단계에 도달할 수 있게 됩니다. 즉, 일단 2단계에 도달하는 것이 가장 중요합니다. 이는, 한순간 깨달을 수도 있으며, 평생 못 깨달을 수도 있습니다. 하지만 2단계까지 도달만 한다면 3, 4단계까지는 생각보다 얼마 안 걸릴 수도 있습니다. 한 가지 딜레마는, 초중고 교과과정에서 2단계까지만 도달시켜준다면 그 이후는 본인이 알아서 잘할 수 있는데, 그 2단계까지 이끄는 것이 매우 힘들다는 점입니다. 학업을 아예 포기해버리고, 공부할 필요가 없다고 생각하는 어린 친구들이 많습니다. 물론 자기 분야를 빨리 찾아 정진하는 것도 멋진 삶이지만, 최소한의 기본상식을 갖추고 다른 분야도 어느 정도 수준까지 갖추는 것이 중요하다고 생각합니다.

PART 2

공부를 왜
해야 하는가

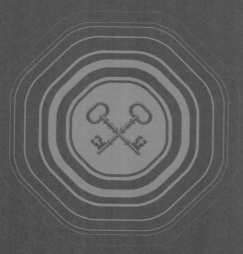

공부의 시대,
인생을 일으키는 하루 1시간 공부법

위버멘쉬

'행복'이 인생의 목표라고 말하는 사람이 많습니다. 그것을 부정하기는 쉽지 않습니다. 하지만 뭔가 너무 크고 모호한 측면이 있습니다. 구체적이고 실천하기 쉬운 목표로는 적합하지 않다는 생각이 듭니다. 그래서 몇 개의 작은 목표들을 구체적으로 정하는 경우도 많은데요, 저는 니체의 '위버멘쉬'를 좋아합니다. 자신을 극복하고, 가치를 창조하며, 힘에의 의지를 가지고 능동적이며 긍정적 삶을 사는 것입니다.

일신우일신. 어제보다 나은 내가 되는 것. 그것을 목표로 삼는 것도 매우 훌륭하다고 생각합니다. 일을 하면서 실력이 향상되기는 하지만, 자신을 발전시키기 위해서는 퇴근 후에 꾸준히 공부하는 것이 필수적입니다. 꾸준한 운동도 중요합니다. 체력적인 부분은 나이가 들어감에 따라 장기적으로는 하락의 길을 갈 수밖에 없습니다. 하루 1시간씩이라도 꾸준하게 공부하고 운동하는 습관을 들여야 합니다.

　퇴근 후, 칼로리가 집적된 건강에 좋지 않은 음식을 야식으로 먹거나, 매일 TV나 유튜브에서 타임킬링용 영상을 보면서 시간을 보내는 사람이 많습니다. 그러다 보면 벌써 잘 시간이 되고 다시 출근해야 하는 일상을 반복합니다. 그러면 발전이 없습니다. 새로운 지식들을 계속해서 머리에 넣어주지 않으면 발전이 없고 삶이 단조로워집니다. '하루 1시간 공부' 습관을 가진 사람과 안 가진 사람은 단기적으로는 큰 차이가 없는 것 같아도 3~5년 이상 지나면 큰 차이가 나기 시작합니다.

　공자는 "학이시습지 불역열호아."라고 말했습니다. 배우고 때맞추어 익히면 또한 기쁘지 아니한가라는, 이제는 정말 진부한 표현이죠. 공부하는 것이 습관화되면, 어쩌다가 하루 못했을 때 굉장히 불쾌한 기분이 듭니다. 하루를 그냥 의미 없이 보냈다는 자책감이 들기도 하며, 찝찝하거나 머리가 멍해지는 느낌이 들기도 합니다.

　많은 사람들은 본인의 학교생활이 끝나는 시점(고, 대, 석사, 박사…)부터 공부를 잘 안 합니다. 본인의 일에 대한 공부는 필요에 의해 하는 경우도 있지만 그 외에는 놓아버립니다. 왜냐하면 지금까지 시키는 공부만 했기 때문입니다. 시험을 위한 공부, 취업을 위한 공부. 대한민국에서 치열하게 등수를 경쟁하며 공부를 했기 때문에 흥미를 잃어버린 것입니다. 아무리 재미있는 것이라도 일이 되어버리는 순간 재미를 느끼기 힘듭니다. 우리는 공부도 일처럼 해왔습니다.

　하지만 공부의 속성은 원래 그런 것이 아닙니다. 본인이 스스로 하는 공부를 해본 적이 있으신가요? 관심사에 대한 공부, 취미에 대한 공부, 모르는 것에 대한 공부 등등. 잃어버린 공부에 대한 흥미와 취미를 다시 불러일으키고 '하루 1시간 공부, 하루 1시간 운동' 습관을 들이는 것을 강력하게 추천합니다. 이것은 인생이 바뀔 수 있는 문제입니다. '공부와 운동을 하라.'고 하면 뭔가 대단한 것을 해야 될 것 같아서 시작도 못 하시는 분이 많은데, 그럴 필요 없습니다. 처음에는 30분, 1시간. 그리고 습관이 된다면 그 이상도 할 수 있습니다. 일단 시작하세요.

왜 좋은 대학을
가야 하는가 1

——————— '좋은 대학을 가기 위해서' 공부하는 분들이 꽤 큰 비중을 차지할 것입니다. '왜 꼭 좋은 대학을 가야 하는가?'라고 많은 학생들이 궁금해하고 부모님에게 질문하기도 합니다. 대부분의 어른들도 막상 정확하게 그것을 설명하기는 힘듭니다. 좋은 대학을 가면 취업에 유리하고(요즘은 취업도 보장을 잘 해주지 않습니다), 좋은 데 취업하면 좀 더 윤택한 삶을 살 수 있고, 인맥이 많이 생기고 등등은 학생들도 이미 다 아는 사실입니다. 어른들은 이미 몸소 체험했지만 말로 설명하기 힘든, 사회생활을 해보면 금방 깨닫게 되는, 하지만 그때는 이미 늦어버리는 그것에 대한 저의 생각을 써보고자 합니다.

학벌은 제2의 외모라고 생각합니다. 사람은 누군가를 본능적으로 빠르게 판단합니다. 본인의 생존능력을 높이기 위해서 수만 년간 유전자에 각인이 되어 있습니다. 그건 옳다 그르다의 문제가 아니라 그냥 인간이 원래 그런 겁니다. 시간을 많이 투자해서 90~99% 정확하게 아는 것보다는 짧은 시간(0.1초~1시간) 투자해서 70~80%의 정확성을 가지는 판단을 하는 것이 훨씬 생존에 유리했을 것입니다. 그래서 그런 사람들만 살아남았고 우리는 그 후손들입니다. 자기는 학벌 전혀 안 본다? 그건 90% 이상이 거짓말이거나 본인도 착각하는 겁니다. 일반적으로 타인을 볼 때 가장 먼저 보이는 게 외모고, 그다음이 직업이나 학벌이죠. 그다음은 재산이나 사는 동네 정도가 되겠군요. 우리가 할 수 있는 최선은 상대방 기분 안 나쁘게 표정관리를 하고 티 안 내는 것뿐입니다. 다른 장점을 보려고 노력하거나 최대한 편견 없이 바라보려고 노력하면 좋겠죠.

사람이 외모, 학벌 · 직업, 연봉 · 재산 모두 없으면 사는 게 정말 서러울 수 있습니다. 1개 혹은 그 이상 최대한 많이 갖추면 좋고, 셋 다 없으면 상대방은 무의식중에 당신을 '별 볼 일 없는 사람'으로 분류하여 별로 관심을 가지지도 않고 차가운 반응만 보일 것입니다. 간혹 무식한 사람들은 대놓고 싫어하는 경우도 있지만, 인성이 좋은 사람이라면 최대한 잘난 사람과 아닌 사람을 대하는 온도 차이가 덜 느껴지게 처신하긴 하겠죠. 외모가 출중한 사람을 대하는 태도와 못생긴 사람을 대하는 그 온도 차이, 그건 이미 학생 때부터 느끼지 않았습니까. 분명히 외모나 학벌 때문에 그러는 것 같은데 아니라고 잡아떼면 증명할 수도 없습니다. 그러면서 외모가 출중하거나 스펙이 좋았으면 아무 문제 되지 않았을 사소한 말과 행동을 꼬투리 잡아 그래서 당신이 별로고 싫다는 명분을 만듭니다. 못생겨서, 학벌 · 직업이 별로라서, 경제력이 없어서라고 솔직하게 이유를 말한다면 천박하고 속물이 되어 손가락질을 받기 때문에, 상대적으로 마이너하지만 그럴듯한 명분상의 이유를 대는 경우가 많습니다.

공부와는 크게 상관없는 이야기긴 하지만, 굳이 연애를 안 하더라도 당신이 이성에게 성적으로 어필이 되는 사람이냐 아니냐에 따라 대하는 스탠스는 엄청나게 차이가 납니다. 지금은 가능성이 희박한 상황이라 할지라도, 혹시 나중에 가까워져서 스킨십을 해도 괜찮을 사람과, 전혀 성적으로 끌리는 면이 없는 사람은 다릅니다. 타고난 외모는 어쩔 수 없다 하더라도, 꾸준한 운동과 다이어트로 자기관리를 하고, 평소에도 어느 정도 깔끔하게 신경 써서 다니는 것을 추천합니다. 지인뿐만 아니라, 편의점에 가더라도 외모에 따라 사람들의 태도는 미세하게 다릅니다. 당연한 것입니다. 인간의 본능은 생존과 생식입니다. 이 사람과 성적인 호감도가 있고 없고는, 두 사람에게 동등한 가치를 부여하지 않을 것입니다.

물론 더 중요한 건 그 사람 자체의 본질이겠죠. 정의롭고 윤리적인 인성, 비전과 목표, 착하고 상대를 배려하는 아름다운 심성, 지식과 지혜, 삶에 대한 통찰력, 일이나 문제해결능력 등 그 사람의 내면 말입니다. 하지만 그걸 알기에는 오랜 시간이 걸립니다. 알아보려고 노력하지 않고 기회도 잘 안 옵니다. 그게 어쩔 수 없습니다. 회사에 1명 뽑는데 100명이 지원을 했다고 칩시다. 어느 세월에 면접 다 보겠습니까. 그냥 스펙으로 10명 정도 추리고 그 사람들만 면접 봐서 괜찮은 사람 뽑아도 충분하거든요. 소개팅이요? 바쁜 일상 속 소중한 주말인데 외모나 스펙이 별로인 사람을 굳이 알아보려고 할까요? 외모, 스펙 괜찮은 사람들 중에 골라도 충분합니다. 세상은 그렇게 돌아가고 있습니다.

이게 나쁜 게 아닙니다. 이 글이 불편하게 느껴지는 대부분의 사람들조차도 그렇게 살아가고 있습니다. 삶은 바쁘고, 정보는 불확실하고, 나의 시간과 자원은 한정되어 있습니다. 어떤 것을 선택과 집중할 때 아주 많은 시간을 투자하기는 쉽지 않습니다. 당장에 음식점을 가더라도, 추천이나 사람들이 많은 곳으로 갑니다. 혹시 다른 집이 더 맛있지 않을까? 하고 소중한 한 끼를 모험하는 사람은 드뭅니다. 물건을 살 때도 마찬가지입니다. 사람들이 많이 구매한 것, 평점이 높은 것 위주로 구매합니다. 굳이 수많은 제품들의 스펙을 비교해가며 시간 투자를 하는 사람은 많지 않습니다. 소중한 주말에 여행을 가더라도 유명하다는 곳에 그냥 갑니다. 즉, 한정된 시간과 자원으로 선택을 할 때, 고민을 너무 많이 하는 것보다는 검증된 것 중에서만 골라도 충분한 경우가 많고, 그게 보통은 합리적인 선택입니다.

초중고등학교 때 뭐 특별한 거 할 게 있을까요? 축구선수, 아이돌, 프로게이머처럼 특별한 재능이 있고, 10대 때 해야만 하는 길이라면 가는 것도 좋죠. 축복받은 것입니다. 하지만 다른 길 갈 거 아니고 어차피 학교 가야 하는 거라면 공부할 때 공부하는 게 가장 효율적입니다. 아닌 사람들도 있겠지만 좋은 외모, 금수저, 사업 성공을 하더라도 학벌에 대한 아쉬움은 평생 가는 경우가 많습니다. 물론 요즘 돈이 엄청 중요하고 학벌보다 돈이 살아가는 데 더 편리함을 주기도 합니다. 자본주의가 학벌주의를 압도하고 있으니까요. 하지만 돈은 본인이 소유한 것이지 그 사람이라는 존재 자체가 아닙니다. 상속받은 재산이 많은 사람을 부러워할 수는 있겠지만, 그 사람을 높게 평가하지는 않습니다(자수성가한 사람은 충분히 존경받아야 합니다). 갈수록 실제 실력이 중요해지고, 공부 말고 다른 길로 성공해도 충분히 인정받는 사회이긴 합니다. 그렇지만 기왕이면 외모가 출중하고 학벌까지 좋으면 더 좋겠죠. 그랬다면 더 빠르고 크게 성공했을 가능성이 높습니다.

제발 학벌 안 중요하다는 그런 달콤한 허상을 믿지 말고, 세상 돌아가는 걸 깨닫길 바랍니다. 정말 치열하게 노력하는 게 매우 높은 확률로 좋은 선택입니다. 아마도 공부를 하기 싫으니, 학벌이 안 중요하다고 믿고 싶은 것일 수도 있겠죠. 10대 때 공부 엄청 열심히 해서 좋은 대학 가지 말고 다른 거나 해볼 걸 하는 사람은 거의 없습니다. 그리고 학벌이 그 사람을 평가하는 요소로 상관관계가 낮았다면 학벌주의 사회가 오지도 않았을 것입니다.

얼마 전까지만 해도 학벌이 매우 중요했었습니다. 대한민국은 6·25전쟁 이후, 한강의 기적이라는 세계에서 전무후무한 30년간의 고도 압축성장을 이뤄냈습니다. 기업은 빠르게 성장했고, 계열사를 계속해서 만들어나갔습니다. 대졸자들은 적었고, 졸업과 동시에 기업에서 빠르게 모셔갔습니다. 능력만 있다면 빠르게 승진하고 사장까지 할 수 있었습니다. 그 당시에는 '명문대=성공'이라는 공식이 성립했습니다. 하지만, 성장은 점차 둔화되었고, IMF를 거쳐 취업의 문은 좁아졌고 대졸자들은 넘쳐나게 되었습니다. 그리고 4차산업에 의해 IT, 즉 코딩을 잘하거나 실무능력을 잘하는 인재가 각광받게 되었습니다. 앞으로는 점점 학벌이 주는 영향이 줄어들 것입니다. 현재는 학벌이 큰 비중을 차지하던 과거의 채용 방식과는 다르게 흘러가고 있습니다.

학벌이 취업에 주는 영향력이 점점 감소하는 것은 부정할 수 없는 사실입니다. 그럼에도 불구하고, 이 사람이 학창시절 누구보다 성실하게 노력했고, 똑똑한 사람이라는 것을 보장해준다는 것은 변함이 없습니다. 일을 잘하는가와는 다소 상관관계가 떨어지긴 합니다만, 학벌이 좋은 사람이 일을 잘할 가능성이 더 높다는 것은 부정하기가 힘듭니다. 학벌이 좋은 사람이 일을 잘 못하면, '일머리가 좀 없나 보다, 그래도 나중에는 잘하겠지.'라고 생각하지만, 안타깝게도 반대의 경우에는 '어휴 역시….' 이렇게 생각할 가능성이 높습니다.

일단 어디 가서 내가 똑똑하다는 걸 굳이 증명하지 않아도 됩니다. 그리고 내가 하는 말이 잘 먹힙니다. 인생을 살다 보면 이건 정말 큰 메리트입니다. 생각보다 사람들은 타인이 하는 말에 대해서 옳고 그름을 정확하게 판단하지 못하는 경우가 많습니다. 그 말의 텍스트 내용 자체를 이성적이고 비판적으로 판단하는 사람은 많지 않습니다. 오히려 그 외의 여러 가지 요소들이 더 큰 영향을 미칩니다. 어떠한 상황인가, 누가 그 이야기를 하는가, 말을 어떻게 잘하는가가 더 중요하게 작용하기도 합니다. 감정에 호소하거나 언변이 뛰어난 것도 중요하지만, 그 사람이 어떠한 학교를 나왔고 무슨 직업을 가졌는지, 지금까지 어떤 평판을 받아왔는지 등에 영향을 크게 받습니다. 저는 사실 이 부분에 대해서는 다소 부정적으로 생각하는 편입니다.

상대가 말하는 내용을 최대한 정확하게 이해하고 옳고 그름을 판단할 수 있는, 비판적인 사고능력을 기르는 것을 우선시하는 사람이 되었으면 좋겠습니다. 그리고 본인도 그렇게 말을 할 수 있도록 해야겠지요. 물론 그러기 위해서는 공부를 많이 해야 합니다. 하지만 그렇지 않은 사람들이 많고, 내가 학창시절 공부를 열심히 안 했다는 이유로 내가 옳고 좋은 말을 해도 사람들이 잘 안 받아들인다면 그것만큼 답답하고 속상한 일도 없을 것입니다.

언뜻 인간은 독립적인 개체처럼 보입니다. 하지만, 사회에서의 자신은 본인이 가진 조건들에 의해서 규정되어집니다. 물론 인간의 구성요소의 합이 전체는 아니지만, 그런 요소 하나하나들이 그 사람이라는 전체를 구성하는 데 매우 큰 비율을 차지합니다. 대학과 학벌, 학력 이런 요소들도 그 사람을 구성하는 아주 큰 부분 중 하나입니다. 특히 대한민국에서는요.

정리하자면, 세상은 이렇게 돌아가고 있습니다. 이걸 부당하고 냉정하고 가혹하다고 생각할 수도 있겠지만, 저는 어느 정도 맞는 부분이 많다고 생각합니다. 바람직하고 아주 높은 가치도 아니지만, 이상한 것도 아닙니다. 그냥 그런 것입니다. 오히려 지금까지 세상을 미화해서 바라보았기 때문에 불편한 감정이 드는 것이 아닐까 조심스레 추측해봅니다. 이런 이치를 빨리 깨닫고, 좋은 대학이라는 증명서를 가지는 데에 많은 노력과 시간을 할애하길 추천합니다. 남들이 하지 않는 20년을 투자하는 것도 아니고, 어차피 다 같이 가야 하는 학교와 학창시절에 20살까지 남들보다 열심히 노력하면 앞으로 80년에 영향을 미칩니다.

왜 좋은 대학을
가야 하는가 2

───────────── 인간은 사회적 동물입니다. 독립적인 것 같지만, 주위 환경의 영향을 정말 많이 받습니다. 99%의 사람들은 주위 사람들이나 환경에 따라 평균적인 수준과 분위기를 맞춥니다. 저는 20대 초중반이면 가치관이 어느 정도 굳어져서, 사람이 잘 안 바뀐다고 생각하는 편입니다. 청소년 시절과 대학생 때 어떤 집단에 있었느냐가 굉장히 중요합니다.

심지어 마지막 학교와 학위를 끝으로 공부를 잘 안 하는 사람이 많고, 대학교 졸업 때까지 배운 것들로 평생을 살아가는 사람이 많습니다. 공부를 정말 열심히 하지 않는 이상에는 태어나서 25살까지의 배움이, 나머지 인생의 배움보다 더 큰 비중을 갖습니다. 그렇기 때문에, 학교에서 배우는 공부도 중요하지만, 주위 사람들과의 대화와 교류도 본인에게 엄청난 영향을 끼칩니다. 비록 졸업 후 연락이 뜸해지는 사람이 훨씬 많겠지만, 이미 그들에게 영향을 받았고 또한 주게 됩니다.

불편한 진실이고 당연한 말이지만, 일단 부모님과 가정환경이 매우 중요합니다. 불우한 가정환경에서 살았다면, 나중에 노력하거나 운 좋게 성공해도 그 구김은 잘 없어지지 않습니다. 보통 이성이나 배우자를 고를 때, 부모님에게 사랑받고 자란 사람, 화목한 가정에서 자란 사람을 선호합니다. 그게 집안 경제력이나 스펙을 보고 싶은데 돌려서 말하는 것인 줄 아는 사람들도 많지만(일부는 맞는 부분도 있습니다),

좋은 환경에서 자란 사람은 세상을 긍정적이고 밝게 보는 측면이 크기 때문에 가정환경을 고려할 수밖에 없습니다. 세상은 원래 밝은 부분과 어두운 부분이 있습니다. 장님 코끼리 만지기처럼, 좋은 환경에서 자라면 밝은 부분을 많이 봤을 거고, 불행한 환경에서 자랐다면 어두운 부분을 많이 봤겠죠.

가정환경이 좋다는 말은 일반적으로 좋은 학군에서 자랐다는 말로도 연결됩니다. 비단 학군뿐만 아니라, 집안, 학벌, 직업, 부자 동네 등등 자기가 속해 있는 집단이 어디인가가 정말 중요합니다. 어딜 가나 이상한 사람이 있지만 비율이 훨씬 더 적고, 그 평균적인 분위기란 것이 있습니다. 사람은 분위기에 정말 많은 영향을 받습니다. 뭔가 긍정적이고 성공할 수밖에 없는 분위기. 다른 사람들이 맨날 깎아내리려고 혈안이 되어 있지만, 실제로 보면 교양 있는 말투, 젠틀함, 페어플레이 등등 분위기 자체가 다릅니다.

그렇다면 좋은 환경에서 자라지 못한 사람이라면 어떻게 해야 할까요? 당연히 성공을 하든 공부를 치열하게 하든 더 열심히 해서 스스로 좋은 집단에 들어가는 수밖에 없습니다. 학창시절 누구보다 열심히 해서, 좋은 대학에 들어가 좋은 동기, 선후배를 만들면 됩니다. 단순히 공부의 문제만이 아닙니다. 학창시절 하기 싫은 공부를 참고 성실히 했다는 것뿐만 아니라 집안이나 경제력 등등 다른 스펙도 좋은 사람들의 비율이 높습니다. 어느 정도 비례합니다.

명문대에 들어가 좋은 환경에서 자란 사람들과 지내다 보면 본인도 알게 모르게 영향을 받아 비슷해집니다. 이것은 정말 중요한 문제입니다. 단순히 공부'만' 잘했던 사람이라 하더라도, 좋은 대학이나 직업을 가지게 되면 공부 말고도 사람이 좋은 쪽으로 변화하게 됩니다. 즉 열심히 노력한 대가로, 더 나은 인간이 될 수 있는 기회와 환경을 부여받습니다. 그런 집단에 있는 사람들은 뭔가 말투나 생각하는 방식, 분위기가 확실히 다릅니다. 또한 다들 열심히 살며 목표와 꿈이 있고, 그것을 향해 나아가는 사람들이 많습니다. 따라서 본인도 자극을 받고 동기부여가 됩니다.

또한, 좋은 대학에 입학하면 무의식적으로 나는 하면 할 수 있다는 생각을 가지게 됩니다. 물론 앞서 초중고 때 배우는 공부들도 생각보다 중요합니다. 하지만 좋은 대학을 나온 사람들이 나중에 성공하는 비율이 높은 것은 자신감을 가지기 때문입니다. 일단 좋은 대학을 갔다는 것은 최소한 초중고 학생 신분으로 그 본분을 다했다는 뜻이기도 합니다. 공부가 인생의 전부는 아니지만, 학생으로서 공부를 오랫동안 했고 그 결과물이 좋았다면 무의식적으로 나는 할 수 있는 사람, 가능성 있는 사람으로 스스로 인식하고 무언가에 도전을 해도 자신감을 가지게 됩니다. 반대의 경우에는 패배의식이 본인의 무의식을 지배하고 해도 안 될 거라는 부정적인 생각을 가지게 됩니다. 특히 주위에도 그런 사람들이 포진하게 되어, 정말 마음먹고 뭔가를 해보려고 해도 안 될 거라고 부정적인 말들만 합니다. 실제로 고졸임에도 사회적으로 성공하고 생각이 깊은 사람도 많습니다. 꼭 공부를 못했어도 성공해서 돈을 많이 벌거나, 경험과 독서를 통해 충분히 괜찮은 사람이 될 수 있음에도 불구하고 그 무의식을 지배하고 있는 패배감이 평생을 가는 경우가 많습니다. 이것이 공부를 열심히 해야 하는 이유입니다.

공부로 나누어지는
계급화

—————— 신분사회가 없어진 지는 얼마 되지 않았습니다. 사실 정확히 말하자면 없어진 것이 아닙니다. 다만 과거와 달라진 것은 태어날 때부터 신분이 정해지는 것이 아니며, 노력에 의해 신분이 결정될 수 있다는 것입니다. 또한 사람들이 신분이라는 것을 느끼지 못하도록 되어 있습니다. 왜냐하면, 과거의 신분 구조는 위아래가 명확했지만, 지금은 상대적으로 수평하기 때문입니다. 현재 신분이라는 것은 직업으로 결정되는 요소가 강하며, 직업은 노력을 기반으로 하기 때문에 불만이 적은 것이 사실입니다. 마이클 샌델은 《공정하다는 착각》에서 능력주의의 함정을 설명했습니다. 물론 능력주의도 문제가 없는 것은 아니지만, 그래도 과거의 신분제도보다는 지금이 더 합리적이라고 대부분의 사람들이 사회적 합의에 동의하고 있는 것 같습니다.

요즘은 사실 수저계급론이 크게 작용하고 있습니다. 아파트값이 상승함에 따라, 혹은 자본주의가 정착된 지 오래되면서 부의 축적을 한 사람들이 늘어나, 부모님의 재산이 자식에게까지 상당히 큰 영향을 미칩니다. 현재 취업이 쉽지 않고, 취업을 한다고 해도 이미 부모님들의 재산 차이를 뒤엎기는 상당히 힘듭니다. 일을 열심히 해서 노동소득이 발생해도, 부모님 재산의 자본소득을 따라가기는 쉽지 않습니다. 저도 수저계급론이 일리가 있다고 생각하지만, 제 책의 취지와는 맞지 않기 때문에 짧게 언급만 하고 넘어가겠습니다.

현재의 신분은 학력과 직업을 기준으로 크게 세 부류로 나눌 수 있습니다. 첫 번째는 명문대 출신으로 전문직이나 대기업 혹은 교사, 공기업, 공무원 등등이 있습니다. 소위 말하는 지식인층이라고 봐도 무방합니다. 두 번째는 일반 대졸자로서 중견기업이나 중소기업에서 일하는 사람들입니다. 세 번째는 실업계 출신 고졸이나 블루칼라로 대변되는 사람들입니다.

　사실 이렇게 나뉘게 된 이유는 딱 한 가지뿐입니다. 국영수사과를 아주 잘했느냐, 잘하진 못했지만 완주는 했느냐, 아예 포기했느냐의 차이입니다. 물론 제 기준에서 봤을 때 조금 애매한 경우가 있기도 합니다. 명문대 나와서 취업에 실패한 사람, 일반 대졸자지만 공기업, 공무원 합격한 사람 등등이 있겠죠. 처음에는 단순히 공부의 문제이지만, 이것 때문에 주위 인맥풀이 정해집니다. 사실 고등학교 때 이미 인문계와 실업계로 나뉘게 되는데, 실업계를 나오면 주위에 전부 실업계 출신들이 지인이 됩니다. 간혹 인문계 출신 사람들과 접점이 있는 경우도 있겠지만, 대부분은 그렇지 않습니다. 사람들은 주위 사람들의 영향을 참 많이 받습니다. 일단 생각하는 방식이나 가치관, 문화 등등이 많이 다릅니다. 패션이나 스타일만 봐도 어떤 부류에 속해 있는지 어느 정도 짐작이 갑니다.

　사실 좋고 나쁘고가 아니라, 어떤 부류에 속해 있느냐에 따라 살아가는 삶의 형태도 굉장히 달라집니다. 즉, 단순히 학창시절의 공부 여부에 따라 본인의 삶의 형태가 결정이 되어버리는 무서운 현상이 발생합니다. 물론 본인이 정말 노력하고, 주위 환경을 바꾸어가는 사람도 있습니다. 하지만 매우 극소수이며, 상당히 힘든 길입니다. 막상 성공을 해도, 이제는 주위에 대화가 잘 통하는 친구가 없습니다. 처음부터 학창시절 공부를 좀 했더라면 돌아가지도 않았을 길이었습니다. 상당한 금수저로 태어나서 부모님으로부터 사업체를 이어받는 경우면 모를까, 웬만하면 뒤집어지지 않습니다. 당연히 첫 번째 명문대 출신들이 여러 높은 자리에 많이 가 있을 것이고, 좋은 고급정보 같은 것도 빈번하게 접할 수 있으며, 돈의 흐름도 그쪽으로 계속 도는 경우가 많습니다. 단순히 직업의 연봉 말고도 이런 인맥에서 오는 장점이 어마어마합니다. 꼭 돈이 아니더라도, 그런 사람들과 대화하고 생각을 공유하고, 그런 문화권에서 살아간다는 것은 인생에서 엄청나게 중요합니다. 같은 대한민국에 살고 길거리를 지나다니지만, 다른 세상을 살고 있는 것입니다. 단순히 학창시절 남들보다 좀 더 열심히 했다는 이유 하나만으로 그것이 결정된다는 사실이 정말 억울할 정도입니다.

크게 상관없을 것 같지만, 집안, 학군, 부자, 학벌, 학력, 직업에 따른 상관관계가 큽니다. 이것을 정확하게 통계를 내거나 원인을 규명하긴 힘들지만, 사회생활을 해보고 일정 나이가 넘어가면 많은 사람들이 동의하는 내용일 거라 생각합니다. 좋은 집안이나 금수저로 태어났다면 행운이겠지만, 그렇지 못한 대부분의 사람들이 할 수 있는 첫 번째 방법은 공부를 열심히 해서 좋은 학교를 들어가는 것입니다. 좋은 학교에 들어가면 좋은 집안이나 학군 부자들의 자녀들이 많고, 그들을 통해 그런 집단에 들어갈 수 있는 것입니다. 그게 아니라면 사업이나 창업, 혹은 돈을 많이 벌어서 그런 사람들과 어울릴 수도 있겠죠. 어떻게든, 주위 사람들을 그런 사람들로 구성하는 것이 정말 중요합니다. 하지만 그러기 위해서는 본인도 노력해서 뭔가를 갖추어야겠죠. 그중에 그나마 제일 쉬운 것이 공부일 수도 있습니다.

공부로 하는 직업이
더 기댓값이 높은 이유

──────── 사람들은 노력이 중요하다고 말합니다. 물론 노력도 하지 않으면서 재능 핑계를 대는 일이 가장 빈번하게 일어나며, 가장 큰 문제이기도 합니다. 하지만 두 번째로 우리가 받아들여야 할 불편한 진실은, 대부분의 것들에 재능이 상당히 중요하다는 사실입니다. 물론 재능이 보통이라 할지라도, 열심히 노력한다면 어느 정도의 성과는 이룰 수 있습니다. 종목마다 다르겠지만 보통의 재능으로 할 수 있는 성과는 대략 상위 10% 정도인 것 같습니다. 어느 분야에서 상위 1%에 들어가기 위해서는 반드시 재능이 필요합니다.

보통은 초중고 의무교과과정을 다니게 되는데, 공부가 아닌 데서 특별한 재능을 보일 수도 있습니다. 여기서 부모님들은 웬만하면 말리는 경우가 많습니다. 왜 그러는 걸까요? 자식이 잘되는 게 싫어서? 당연히 아니겠죠. 돈이 너무 많이 들어가서 일수도 있지만, 공부가 아닌 길을 선택하는 경우 기댓값이 매우 희박하고 리스크가 큰 선택이기 때문입니다. 부모님은 자식이 고생하지 않고 평탄한 삶을 살기를 원합니다.

어렸을 때 재능이 있다고 해도, 그것이 정말 내가 최고가 될 수 있는 재능인지, 적당한 재능인지는 알기 어렵습니다. 대부분은 끝에 가서야 알게 되는데, 그때는 이미 초중고 공부해야 할 시기를 갈아 넣었기 때문에 되돌릴 수가 없습니다. 어떠한 종목이든, 아무리 노력해도 내가 도달할 수 있는 실력의 한계치는 이미 결정되어 있습니다. 누구나 100m를 11초 안에 뛸 수 있는 것은 아닙니다. 내가 정말 노력해서 나의 한계를 알게 되고, 이 이상은 나아갈 수 없으며, 이 실력에서 멈춘다면 돈을 벌기 힘든 상황일 때 그 좌절감은 정말 큽니다.

축구선수의 길을 갔을 때, 손흥민처럼 되면 더할 나위 없이 좋겠지만, 그건 대한한국 축구선수 역사상 박지성, 차범근 포함해서 다섯 손가락 안에 들 정도로 정말 드문 케이스입니다. 내가 동 나이에서 축구 1등을 해도 힘듭니다. 2군만 해도 정말 노력 많이 한 사람들이고, 축구로는 프로 전문가라고 볼 수 있습니다. 하지만 2군이 받는 대우나 월급은 그냥 대기업 직장인보다 못합니다. 더군다나 선수생명도 짧죠. 즉 노력 대비 가성비가 나오지 않고, 예체능계열은 동 나이대에서 100등 심지어 10등을 해도 만만치가 않습니다. 그 1%도 안 되는 성공을 하지 못한다면, 그 쌓아왔던 커리어가 큰 도움이 되지 못할 가능성이 높고 당장에 끼니 걱정을 해야 할지도 모릅니다.

하지만 내가 동 나이대에서 공부로 100등을 했다면 어떨까요? 판검사 행시 외시, 서울대 연대 의대 중에 골라갈 수 있습니다. 1만 등이라 해도 사람들이 가장 선호하는 판검사, 변호사, 의사, 치과의사, 한의사, 행정고시의 5급 외무고시의 외교관 등등에 들어갈 수 있습니다. 5만 등에 들어가도 교사, 대기업, 공기업, 공무원으로서 사람들에게 부러움을 사며 큰 어려움 없이 무난하게 살아갈 수 있습니다. 만약에 공부를 잘하지 못했어도 포기하지 않고 끝까지 완주했다면, 중견기업이나 중소기업에 들어가서 적어도 밥 굶을 걱정은 하지 않고 살 수 있습니다.

요즘은 예체능 말고도 아이돌, 프로게이머 등등 다양한 길이 있죠. 이 역시 동 나이대에서 10~100등을 해도 성공하기 힘듭니다. 물론 꿈을 포기하라는 뜻이 아닙니다. 하지만 가성비, 리스크가 너무 큽니다. A의 길은 10%의 확률로 무난한 삶을 살 수 있는 경우, 50%의 확률로 밥은 굶지 않는 경우입니다. B의 길은 1%도 안 되는 확률로 대박이 날 수는 있지만, 99%의 확률로 끼니 걱정을 해야 하는 경우입니다. 물론 변수도 많고, 이러한 가정에 반대하는 분도 있겠지만, 보통은 A가 합리적인 선택일 것입니다.

지식의 축적

──────── 공부와 독서를 하는 아주 중요한 이유 중의 하나는 '글'이라는 속성 때문입니다. 1만 년 전의 인간과 현재 인간은 태어날 때는 큰 차이가 없습니다. 인간이 이렇게 급격하게 문명을 이루고 발전할 수 있었던 것은 '글'을 남길 수 있었기 때문입니다. 모든 인간은 죽습니다. 아무리 뛰어난 인간이 태어났다고 해도, 죽으면 그 능력은 계승되는 것이 아닙니다. 대략 5천 년 전에 인류는 글, 문자를 발명했고 그 훌륭한 지식들을 남길 수 있었습니다.

아주 큰 차이가 아니라 할지라도, 지식은 조금씩 조금씩 축적되고 미세하게 발전합니다. 그러다가 그런 지식의 축적이 임계점을 넘어 가면 어느 순간 사회가 크게 변화합니다. 고대-중세-근대-현대도 그런 경우입니다. 간혹 정말 천재들이 나타나서 엄청난 도약을 하는 경우도 있습니다. 그 천재들 역시, 이전 천재들의 도움을 받았습니다. 우리가 책에서 보는 대충 이름 들어본 몇백 년 전의 사람들이 그런 사람들입니다. 그런 책들을 막상 읽어보면 '당연한 소리 아니야?'라고 생각할 수도 있습니다. 하지만 그렇지 않습니다. 그 책이 쓰이기 전에는 그것이 당연한 것이 아니었는데, 쓰고 나서 세상은 변화했고 축적되어 현대에는 당연한 것이 되었기 때문에 우리가 그렇게 느끼는 것입니다. 현재 학사, 석사, 박사에서 박사는 인류 지식의 아주 미묘한 축적에 기여했기 때문에 주어지는 지위입니다. 굉장히 대단한 논문은 아니라 할지라도, 분명한 것은 이전에 없었던 새로운 지식을 미약하게나마 축적 시킨 것입니다.

따라서 고전, 너무 어렵다면 무난한 책들을 읽는 것만 해도 과거에 축적된 지식들을 아주 압축 요약해서 받아들일 수 있습니다. 과거에는 엄청난 천재들이 몇 년을 거쳐 미적분을 발견했지만, 요즘은 빠르면 초등학생도 미적분을 배울 수 있습니다. 비록 머리가 평범하다고 가정을 해도 더 미래에 태어났다는 것만으로도, 과거의 획을 긋고 간 세계 최고 천재들보다 더 많이 알 수 있습니다. 이것은 정말 어마어마한 축복입니다.

독서와 공부를 하지 않는 행위는 인간이 누릴 수 있는 이런 축복들을 포기하는 것입니다. 물론 현대사회에 살고, 나이를 먹어가면서 자연스럽게 알 수 있는 것들도 많이 있습니다만 그 정도는 굉장히 미약

합니다. 학창시절 공부를 열심히 하지도 않았고, 취업해서 일하고, 퇴근해서는 놀거나 쉬며 의미 없는 시간을 보낸다면 사실 고대 시절 사람과 크게 다를 게 없습니다. 문명의 혜택, 스마트폰을 사용한다고 해서 마치 과거 인류보다 훨씬 나을 것이라고 착각을 하게 됩니다.

사람들은 비슷한 수준의 사람들과 만나게 됩니다. 문명의 혜택을 누리며, 그런 사람들과 관계 맺고 대화하며 지내는 데 큰 무리가 없다면 공부나 독서의 필요성을 못 느끼게 됩니다. 하지만 사람들의 수준은 정말 어마어마하게 차이가 날 수 있습니다. 꾸준히 공부하는 사람과 아닌 사람은 차이가 많이 나고, 공부하지 않는 사람은 공부하는 사람의 수준을 알아볼 수 없지만, 공부하는 사람은 공부하지 않는 사람의 수준이 어느 정도인지 30분만 이야기해보면 바로 알 수 있습니다. 공부하는 사람도, 정말 열심히 해서 깨달은 사람과는 또 차이가 있습니다. 본인의 수준에서 충분하다고 느끼며 안주하는 것은 좋은 생각이 아닙니다.

인류의 축적된 지식과 현재 쏟아지는 지식들은, 이미 한 인간이 평생 공부해도 모자랄 만큼의 충분한 양입니다. 일상생활에서 사람들을 만나면서 알 수 있는 것이 전부인 것 같지만, 공부와 독서를 하면 정말 넓고 깊은 세상이 있구나라는 것을 알 수 있습니다. 정말 열심히 해서 현자가 되면 좋겠지만, 그 정도까지 꼭 안 해도 됩니다. 일도 해야 하고, 놀기도 하고, 쉬기도 하며, 사랑하는 사람들과 즐거운 시간을 보내는 것이 더 의미 있는 삶일 수 있습니다. 하지만 최소한 하루 24시간 중 1시간씩만 투자해서 꾸준히 공부하며 축적된 지식을 습득하고, 어제보다 더 나은 내가 되는 것을 목표로 삼는 것을 강력하게 추천드립니다.

세상은 점점 복잡다단해지고 있습니다. 과거와 다르게 현재는 정말 빠르게 변화하는 시대입니다. 과거 1000~100년보다 과거 100년이 더 빠르게 변화했고, 과거 100~10년보다 과거 10년이 더 빠르게 변화합니다. 기술이 엄청나게 빠른 속도로 발전하고 있다는 점이 그 이유 중 하나입니다. 기술은 산술적으로 발전하지 않고, 기하급수적으로 증가합니다. 과거의 농경사회에서는 해마다 큰 변화가 없으니 크게 공부의 필요성을 느끼지 못했습니다. 하지만 현재는 축복인지 재앙인지 계속해서 빠르게 변화하고 새롭게 생겨나거나 없어지는 직업도 많습니다. 기업도 흥망성쇠의 주기가 짧아질 것입니다. 따라서 미래를 예측하기가 너무 힘듭니다. 공부를 하지 않으면 도태되기 너무 쉬운 환경입니다. 일단 사람들과 대화 자체가 힘들어질 수 있습니다. 당장에 자녀들과 대화가 안 되고 소통이 힘들 것입니다. 하지만 반대로 열심히 하는 사람에게는 기회의 세상이기도 합니다.

행복하기 위해서

──────── 대다수 사람들에게 인생의 목표는 행복입니다. 무엇을 왜 하는가에 대한 끊임없는 질문을 거듭하면 결국에는 행복이라는 답으로 귀결됩니다. 행복은 수단이 아닌 궁극적인 목적으로서 최고선의 위치에 있다고 해도 무리가 없습니다. 현대사회는 일반적으로 행복요소를 더 많이 제공합니다. 의식주, 건강, 여행, 문화, 의료,

교육 등등의 윤택한 삶을 누리고 있습니다. 단기적인 과거에 비해 역행하는 시기도 있었지만, 인류의 발전을 봤을 때 발전해온 것은 분명합니다. 하지만 과거에 비해 많이 행복해졌다고 느끼지는 않는 것 같습니다. 결국에는 불행요소를 줄여나가는 것도 중요하다고 할 수 있습니다.

행복에 대한 여러 석학들의 논문이나 책들을 보면서, 저는 행복을 결정하는 비율을, 유전적(선천적)인 부분이 50%, 처해 있는 현실이 30%, 기타 20%라고 생각합니다. 정말 뜬구름 잡는 느낌이고, 사람마다 너무 다르며, 무엇을 어떻게 기준으로 나눌지 세부적으로 파고들면, 퍼센트는 무의미할 수도 있습니다. 정말 대략적이고 주관적으로 정했습니다.

유전적(선천적)인 부분은 신경전달물질이나 호르몬에 의한 것이 매우 큽니다. 세로토닌, GABA, 도파민, 노르에피네프린, 아난다마이드, 등등…. 수없이 많습니다. 결국 우울증 치료제도 이런 신경전달물질과 호르몬의 작용을 변화시키는 것이 대부분입니다. 따라서 이런 호르몬들이 감정의 기복이나 디폴트 값을 어느 정도 결정합니다. 가난한 후진국들이 행복지수가 높게 나오는 경우가 있는데, 인종적으로 그런 유전적인 부분이 한국인과 유의미하게 차이가 난다는 보고가 있습니다.

처해 있는 현실은 말 안 해도 잘 알 것입니다. 건강, 명예, 재산, 직업, 사회적 지위, 연봉, 인간관계, 취미생활, 외모 등 각종 스트레스를 주는 요인들이 생활에 직접적으로 영향을 주겠죠. 이런 처해 있는 현실은 역시 공부와 노력으로 충분히 개선할 수 있습니다. 사회적 요인에 의해 개인의 노력으로 어쩔 수 없는 부분도 있겠지만, 할 수 있는 것은 노력뿐입니다.

기타 20%는 생각하는 방식입니다. 이는 주관적이며, 공부와 노력, 개선 의지를 통해 현명하고 지혜로움에 가까워진다면 충분히 바꿀 수 있는 부분입니다. 이것이 왜 공부를 해야 하는지에 대한 것과 가장 밀접한 주제인데요, 이제부터 이야기해보겠습니다.

불행요소를 크게 두 가지로 나눈다면, 상황과 환경 같은 요인, 인간관계에 대한 요인이 있을 것입니다. 사람마다 불행요소가 얼마나 크고 잦은지 차이는 있겠지만, 이러한 외부적 요인에 대한 자신의 방향성이 중요하다고 생각합니다. 첫 번째는 노력입니다. 사회적인 요인, 선천적 요인처럼 개인의 노력으로 바꾸기 힘든 것도 있지만, 끊임없는 노력은 자신이 처해 있는 상황을 개선시켜야 합니다. 두 번째는 말과 행동입니다. 좋지 않은 말과 행동은 결국 자기에게 독이 되어 돌아옵니다. 세 번째는 생각의 방식입니다. 똑같은 불행요소를 겪더라도 현명하게 생각하는 사람에게는 큰 불행이 아닐 수도 있습니다. 결국 상황이나 환경은 노력으로 개선시켜야 한다는 것으로 결론을 내리고, 말과 행동, 생각의 방식, 인간관계에 대한 문제에 대해 깊이 생각해볼 필요가 있습니다.

말과 행동을 고치는 것은 의외로 어려울 수도 있습니다. 타인에게 불쾌감을 주는 말과 행동을 하는 사람들을 보면서 깜짝 놀랄만한 사실을 하나 깨달았습니다. 왜 남에게 기분 나쁠 줄 알면서 저럴까라고 생각했는데, 알고 보니 그 사람은 그게 기분이 나쁜 말과 행동이라는 사실을 모르고 있는 경우가 많았습니다. 왜냐하면 반대로 남들이 그 말과 행동을 했을 때 본인은 기분이 나쁘지 않기 때문입니다. 알면서도 그러는 경우도 많지만, 아무튼 그런 행동을 했을 때 사회적 보복을 반드시 받게 됩니다. 자신의 말과 행동에 문제점이 있다는 사실을 인정하기는 쉽지 않습니다. 실제로 그런 말과 행동을 좋은 쪽으로 발전시키면, 인간관계로부터 오는 문제 상황들이 현저하게 줄어들고 선순환의 과정으로 들어섭니다.

불행한 사람들의 공통점은 같은 상황에서도 이상하게 생각한다는 것입니다. 대부분은 현명하지 못하기 때문입니다. 그 외의 이유로는 뭔가 꼬여 있다는 느낌을 받을 때가 많습니다. 이는 과거에 기분 나쁜 경험이나, 콤플렉스, 상처가 있는 경우가 대부분입니다. 많고 적음의 차이는 있지만, 이러한 정신적 외상은 누구에게나 있습니다. 이를 치유하지 않으면 그 자체로도 좋지 않으며, 이러한 상처들을 떠올릴 만한 상황이 오면, 무의식에서 기어 나와 생각에 꼬리를 물고 이상한 결론에 도달합니다. 저도 예전엔 외모 콤플렉스가 있어서 뭐만 하면 외모 때문일 것이라고 생각했습니다. 콤플렉스를 극복하고 난 요즘은 불행의 한 원천을 제거해 자유로워졌습니다. 하나하나 극복할수록 무거운 짐으로부터 가벼워질 것입니다.

인간관계에 대한 문제에 있어서 관점의 3단계가 있다고 생각합니다. 1단계는 남 탓하기입니다. 2단계는 자신에게 이유를 찾는 것입니다. 내가 무엇을 잘못하지는 않았는가? 나의 어떤 말과 행동이 상대방을 기분 나쁘게 하지는 않았을까? 하며 잘못을 고치고 발전해나가는 것입니다. 저는 그다음 3단계가 있다고 생각합니다. 세상 만물과 인간관계에는 어떠한 법칙이 있습니다. 꼭 과학법칙처럼 절대적인 것은 아니지만, 여러 가지 크고 작은 법칙들의 총합에 의한, 평형상태와 줄다리기(견인력)에 의해 흘러갑니다. 인간은 신이 아니기 때문에 모든 것을 파악할 수 없지만, 이러한 인과율이 있다는 것은 자명합니다. '도대체 저 사람은 왜 저럴까?' '인간이 어떻게 저럴 수가 있지?'라고 생각하는 것이 아니라, '저 사람은 뭔가 저렇게 하는 이유가 있을 거야.' '저 사람의 상황이면 충분히 그럴 수도 있겠다.' '저 사람은 이러이러한 사람이구나.'라고, 곰곰이 생각해보면 답이 나오는 경우도 종종 있습니다. 결국 화내거나 미워하거나 불행할 필요가 없습니다.

항시적이고 영구적인 행복을 누리기 위해서는 결국 외부적 요인이 아닌 자기 자신의 안에서 찾아야 합니다. 끊임없이 배우고 생각하여 깨달음을 얻고, 내면을 발전시키고 또한 그것을 실천하는 것이 곧 행복입니다. 타인에게 베풀고 봉사하거나, 존중을 받거나, 자아실현, 높은 가치를 실현할 때, 행복에 한 걸음 더 가까워지는 것입니다. 또한 남과 비교하는 것은 금물입니다. 개개인은 모두 소우주이며 훌륭하고 소중합니다. 높은 정신적 가치를 끊임없이 추구해가는 것이지, '남들은 이런데 너는 왜 그래'류의 세속적 가치로 비교하는 것의 행위 자체에 문제가 있습니다. 비교해야 할 것은 과거의 나뿐입니다.

시각, 청각, 촉각, 미각 등의 감각은 우선 외부로부터의 자극은 있지만, 자기 자신의 작용에 의해 느껴집니다. 행복이라는 것도 외부의 자극이 있지만, 결국 내가 스스로 느끼는 것입니다. 행복은 어떻게 보면 감정상태와도 연관성이 큰데, 이러한 감정을 느끼는 것에 있어서 주체가 되어야 합니다. 물론 경계가 모호한 부분도 있지만, 외부 상태에 의해 휘둘리는 것이 아니라, 내가 감정을 컨트롤하는 그 주체가 되어야 한다는 것입니다. 저는 감정이라는 것은 감각처럼 믿을만한 것이 못 된다고 생각합니다. 생각, 판단, 행동 등의 결정을 할 때, 감정이 아닌 이성이 그 근거가 되어야 한다고 생각합니다. 옳은 것, 정의와 윤리, 보편적 가치에 대한 실현 등등이 행위의 기준이 되어야합니다.

공부와 부

─────────── 사실 이 책에서 공부와 돈을 연결시키고 싶지는 않았습니다. 책의 전체 흐름과 다르기도 하고, 재테크에 관련된 책도 매우 많으며, 저는 전문가도 아닙니다. 하지만 공부를 해야 하는 이유에 대해서 말씀드리기 위해서 이 챕터를 썼습니다.

요즘은 특히나 돈에 대한 관심이 넘쳐납니다. 취업은 힘들고, 은퇴시기는 빨라지고, 아파트값은 폭등하고 여러모로 생존을 위협받을 만한 상황이 많으며, 결혼과 출산율은 세계 최저를 찍고 있습니다. 어떻게 하면 편안하게 잘살 수 있을까, 혹은 부자가 될 수 있을까에 관심이 많아지는 것은 당연한 사회현상입니다. 과거처럼 고도성장의 시기이거나, 은행금리가 높았을 때는 큰 생각을 안 하고 일에만 집중하면 되었지만, 지금은 근로소득만으로는 한계가 있다고 말합니다. 실제로도 역사에서 근로소득이 자본소득을 이겨본 적은 단 한 번도 없다는 말이 있습니다.

사람들은 과거를 보며, 부동산으로 돈을 벌기 쉬웠다고 말합니다.

과거에는 기회가 많았고, 요즘은 기회가 많이 없다고 생각합니다. 하지만 저는 그렇게 생각하지 않습니다. 현재에 이미 과거를 아는 상황에서 보면 부동산이 정말 쉬워 보입니다. 그렇지만, 그 당시의 관점에서는 좋은 판단을 하기가 힘듭니다. 현재에도 아파트값이 갑자기 많이 올랐고, 앞으로 오를 것이냐 내릴 것이냐 판단하기가 쉽지 않습니다.

세상이 매우 빠르게 변하고 있습니다. 과거에는 100년 동안을 봐도 크게 바뀌지 않았지만, 지금은 10년 혹은 1~5년 만에 예상할 수 없을 만큼 변하고 있습니다. 그 말은, 위기만큼 기회도 많이 온다는 뜻입니다. 과거에는 미래를 볼 수 있어도 크게 기회가 없었을 수도 있지만, 현재는 그러한 능력이 있다면 그 사람은 세계 최고의 부자가 될 수도 있습니다.

이 말은, 지금 같이 위기와 기회가 많은 시기에 미래를 예측할 수 있는 혜안이 있다면, 해마다 부를 거머쥘 수 있는 기회를 가질 수 있다는 의미입니다. 아주 여러 가지를 다 맞출 필요는 없습니다. 딱 하나만 잘 맞춰도 됩니다. 엄청난 부자가 되기는 힘들 수도 있지만, 미래에 어떤 기술이나 산업이 더 성장할 것인지 예측하고 그쪽으로 주식을 꾸준히 넣는다면 몇 배 정도의 수익을 올리는 것은 어렵지 않습니다.

꾸준한 공부를 하고, 시사나 경제에 관심을 가지며 앞으로 세상이 어떠한 방향으로 흘러갈지 예측하고, 거시적으로는 힘들어도 이 부분은 이렇게 흘러갈 것 같다는 확신이 든다면 투자를 통해 수익을 얻을 수 있습니다. 주식 하는 사람들도 많고, 공부도 하는 것 같지만 의외로 제대로 공부하는 사람은 적습니다. 정말 열심히 공부하여 본인만의 인사이트를 가지고 투자를 한다면 앞으로 어떻게 될지 모릅니다. 즉, 꾸준히 공부하는 사람이 된다면 부는 저절로 따라올 수 있습니다.

또한, 젊은 사람들은 진로나 직업 선택에 신중해야 합니다. 과거 대학 입시점수를 보면 현재와 다른 것이 많습니다. 그만큼 세상이 바뀌니 유망한 진로나 직업도 바뀌는 것입니다. 고등학교를 졸업하고 대학교를 가든, 일찍 취업을 하든 현재와 같이 많은 사람들이 공무원을 준비하는 시대에 미래에 어떤 것이 유망할지 잘 선택하는 것이 중요해졌습니다. 과거에는 공무원 경쟁률도 낮았고 선호하지 않았지만, 지금과 같이 경쟁이 치열할지 누가 알았겠습니까. 노력은 당연히 해야 하지만, 어디에다가 노력을 할지 정하는 그 노력과 공부가 생각보다 매우 중요합니다.

물론 리스크는 있습니다. 아무리 열심히 공부해도 정답을 맞히는 것은 쉽지 않습니다. OX퀴즈에서 공부를 정말 열심히 한 사람이 틀릴 수도 있고, 그냥 찍은 사람이 맞을 수도 있습니다. 하지만 꾸준히 공부한다면 반드시 기회는 있습니다. 누군가는 높은 지위에 있거나, 좋은 인맥들을 통해 정보를 접해 남들보다 유리할 수도 있습니다. 만약 그럴 수 없다면 열심히 공부를 하고, 그 공부 자체를 즐겨야 합니다. 재테크 공부도 마찬가지며, 신문을 꾸준히 보며 몇 년 전에 이런 상황에서는 이렇게 흘러가더라 하고 볼 수 있는 능력을 갖추는 것입니다. 심지어 요즘은 공부 좀 하라고 좋은 책들이나 유튜버들이 밥을 아예 떠먹여 주고 있는 상황입니다. 공부하는 사람은 그 수많은 기회들 중 하나를 잡아 부족하지 않은 부를 누릴 수 있습니다.

복리의 마법

—————— 과거에 어떤 신하가 좋은 일을 하여 왕이 상을 내리 겠다고 하였습니다. 그러자 신하는 많은 것을 바라지 않는다며, 첫날 은 쌀 한 톨, 다음 날은 두 톨, 이렇게 30일 동안 2배씩 늘려달라고 했습니다. 왕은 그 양이 많지 않을 것이라 생각하며 흔쾌히 승낙했지 만, 16일째가 되자 32,768톨로 자루 수준이 되었고, 26일째가 되어 1,024자루가 되어 더 이상 지급하기 힘들 정도의 수준에 이르렀습니 다. 아마도 30일째는 16,382자루, 총 받은 양은 32,768자루가 되었을 것입니다.

이렇게 배로 증가하는 것을 복리라고 부릅니다. 이 복리라는 것은 대부분의 사람들의 예상보다 훨씬 큰 경우가 많습니다. 인류 수만 년 의 역사에서 복리라는 개념이 거의 없었기 때문에, 인간의 상식이나 직관으로는 복리의 마법을 잘 이해하기 힘듭니다. 이것을 이해하면 취업 후 받는 월급으로 인생을 어떻게 살아야 할지 계획을 세우는 데 큰 힘이 됩니다.

우리나라 평균 월급이 대충 300만 원이라 했을 때, 첫 취업 때는 대 충 200~300만 원을 받을 것입니다. 어리석은 사람의 경우에는 보통 이렇게 생각합니다. 그럼 평균 300만 원씩 받아서 한 푼도 안 쓰면 1 년에 3,600만 원이고 30년 일해봤자 10억 8천만 원이네? 그러면 절 반을 저축해도 5억인데, 지금 이미 아파트값이 5억이 넘으니 이번 생 은 답이 없구나. 외제 차를 사서 인생을 즐기자 or 위험한 도박적 투 자를 하자. 이렇게 생각 회로가 흐릅니다.

현명한 사람은 다릅니다. 예를 들어 요즘 인기가 많은 미국 ETF의 경우 과거 100년을 보면 평균적으로 5년에 2배씩 성장해왔습니다. $x^5=2$일 때, x값은 대략 1.15가 됩니다. 즉 1년에 15%씩 성장했을 때, 5년이면 2배씩 성장합니다. 그렇다면 매년 a원씩 저축했을 때, r%씩 성장하는 곳에 투자를 하면, n년까지의 총합은 $\frac{a\{(1+r)^n-1\}}{(1+r)-1} = \frac{a\{(1+r)^n-1\}}{r}$입니다. 고등학교 때 등비수열의 합 계산으로 수없이 많이 했을 것입니다. 즉, 15%로 30년 계산을 하면, $\frac{a\{1.15^{30}-1\}}{0.15}$가 되고, $1.15^5 \fallingdotseq 2$로 계산했으니 $\frac{a(2^6-1)}{0.15} = \frac{63a}{0.15} = 420a$가 됩니다. 즉 매년 넣는 돈의 420배가 됩니다. 아무리 월급이 적은 직장이라도, 일 년에 천만 원은 저축할 수가 있고, 그러면 42억이 됩니다.

물론 위의 가정은 굉장히 이상적인 가정이고 수많은 변수와 허점이 있습니다. 5년에 2배씩 성장한다는 보장도 없으며, 30년 동안 직장을 다닌다는 보장도 없습니다. 30년 후에는 물가가 많이 올라 있을 수도 있습니다. 보통 미국 연준에서는 인플레이션을 매년 2%로 유지하려고 합니다. 그러면 30년 후 $1.02^{30} \fallingdotseq 1.8$배가 되며, 이론적으로 2배까지 오르진 않기 때문에 미래의 42억이면 적은 돈은 아닐 것이라 예상해볼 수도 있습니다. 물론 세금 22%를 떼이니 0.78을 곱해야 합니다. 하지만 초년 차 때는 천만 원을 저축하더라도 일을 오래 하면 월급도 올라 저축도 많이 할 수 있습니다. 그래도 여전히 결혼해서 출산까지 하기에는 부담스러운 것은 사실이지만, 확실히 복리로 생각을 하면 생각보다 엄청난 것을 알 수 있습니다. 제가 재테크 전문가도 아니며, 많은 비판을 받을 수도 있지만, 이렇게 나름의 근거를 가지고 대략적인 미래 계획을 세울 필요는 있습니다.

15%씩 성장이 아니라, 10%씩만 성장해도 똑같이 계산했을 때 $\frac{a(1.1^{30}-1)}{0.1} \fallingdotseq 164.5a$ 이며 천만 원씩 저축하면 17억이 넘습니다. 세금 22%를 떼어가도 13억이 넘습니다. 전설적인 투자자 워렌버핏은 투자인생을 봤을 때 평균적으로 26%의 성장을 했다고 합니다. 누구는 어떤 해에 10배(1,000%)를 벌었다며 26%를 우습게 생각할 수도 있습니다. 하지만 26%로 30년 성장했을 때 총 벌어들인 돈은 , $\frac{a(1.26^{30}-1)}{0.26} \fallingdotseq 3942a$ 즉 천만 원씩 저축해도 394억 2천만 원입니다. 정말 어마어마하지 않습니까? 10배씩 번 사람들은 그때가 운이 정말 좋았을 때이며, 그 요행은 몇 번 못 갑니다. 고등학교 때 배운 등비수열 계산을 바로 할 수 있는 사람은 드물 것입니다. 그러나, 이런 수익을 적어도 한 번이라도 찾아보고 오랜만에 기억을 떠올려 계산해볼 수는 있을 것입니다. 그리고 재테크를 열심히 해서 노년에 안정적인 미래를 그려가는 사람과, 그렇지 않은 사람은 정말 큰 차이가 나게 됩니다.

FIRE족과
은퇴 이후의 삶

———————— 요즘은 욜로(You Only Live Once)족을 넘어서 FIRE (Financial Independence, Retire Early)족이 유행입니다. 일과 노동은 신성하다고 하지만 저는 그렇게 생각하지 않습니다. 그것은 사회적인 안정을 위해서 사람들이 노동을 해야 하고, 그 노동을 통해 내는 수입에서 세금을 내야 나라가 운영되기 때문에, 일을 하는 것을 장려하

기 위해서 만들어낸 것입니다. 하지만, 지금과 같이 특별히 일을 하지 않고도 재산세나 여러 가지 세금을 낸다면 굳이 개인의 입장에서는 일을 할 필요가 없습니다. 일은 돈을 버는 수단이기도 합니다. 돈을 번다는 것은 뭔가 고통스럽고 하기 싫은 일을 해야 하는 것입니다. 그래서 그나마 본인의 적성에 맞고 하고 싶은 일을 해야지 덜 고통스럽습니다. 간혹 일을 하는 것이 너무 즐거운 사람도 있고, 돈이 충분히 많아도 심심해서 일을 하는 사람도 있습니다. 세상에는 다양한 사람들이 있고 어느 정도의 비율인지는 정확히 알 수 없지만 그런 사람도 많습니다. 하지만 보통의 사람이라면 일을 안 할 수만 있다면 최대한 하지 않거나, 용돈 벌이 정도로 스트레스 안 받는 수준에서 할 수 있다면 정말 좋을 것입니다.

가장 중요한 것은, 노후대비를 잘하는 일입니다. 일을 언제까지 할 수 있을지 모릅니다. 원하지 않더라도 퇴직을 할 수 있는 것이고, 은퇴를 하고 나서 기대수명을 고려해서 평생 일을 하지 않고도 먹고살 수 있는 정도의 돈을 가지고 있는 것과 아닌 것은 말년의 삶에서 하늘과 땅 차이입니다. 즉, 가장 중요한 것은 건강과 노후대비가 가능한 수준의 돈을 확보하는 것입니다.

하지만 그 두 번째로 중요한 것은, '어떻게 살 것인가.'입니다. 은퇴 후 삶을 누리지 못하고 우울하거나 의미 없이 보내는 사람도 많습니다. 물론 돈이 부족하다면 할 수 있는 것이 제한될 수 있지만, 본인의 여력 내에서 질리지 않는 취미생활이나 하고 싶은 것을 꾸준히 하는 것이 중요합니다. 많이 착각하는 것 중 하나가, 일을 할 때는 시간과 돈이 없어서 은퇴하고 이것만 해도 충분히 재미있게 보낼 수 있을 것 같다고 생각합니다. 하지만 막상 일을 그만두고 몇 개월에서 1년을 꾸준히 하다 보면 질려버립니다. 1~3년 쉬다가 다시 일을 하는 사람도 많습니다. 그나마 다시 일을 할 수 있는 자리나 여력이 된다면 좋겠지만 그렇지 못할 수도 있습니다. 일을 하는 것은 고통스럽지만, 은퇴 후 하고 싶은 일이 없거나 심심하거나 공허하거나 외로운 것도 생각보다 힘든 일이 될 수 있습니다.

따라서 젊었을 때부터 본인이 어떠한 사람인지 알고, 은퇴 후에 무엇을 할 것인지 잘 구상해놓는 것이 중요합니다. 우선은 건강과 돈이겠지만, 그 외에 내가 은퇴하고 무엇을 오랫동안 질리지 않고 꾸준히 할 수 있을까를 잘 생각해야 합니다. 어쩔 수 없이 타의적으로 은퇴를 하면 선택권이 없겠지만, FIRE족처럼 굳이 자의적으로 은퇴를 하는 상황이라면 그런 것을 잘 생각해야 합니다. 은퇴했다가, 돈은 충분한데 심심해서 다시 일을 하는 사람도 많습니다.

은퇴를 했다면 가장 중요한 것은 꾸준한 운동입니다. 그다음으로는 독서와 여러 가지 공부나 강의를 듣는 것을 추천합니다. 세상에 공부할 것은 무궁무진합니다. 어떤 것은 너무 방대해서, 일을 하면서 병행하기 힘든 것도 많습니다. 물론 하루 종일 공부하긴 힘들겠죠. 나이가 들면 노안이 오거나 여러 가지 면에서 젊었을 때와 다를 것입니다. 하지만 운동과 공부를 기본으로 해서 꾸준한 취미생활과 여행, 그리고 가족들과 시간을 보낼 수 있는 사람이라면 은퇴 후의 삶이 즐거울 것입니다. 오히려 학창시절이나, 일해서 돈을 벌고 있을 때보다 여유 있는 은퇴 후의 삶에서 공부가 훨씬 더 중요할 수도 있습니다.

똑똑하면 호감을
얻을 수 있다

———————— 이 주제는 좀 민감한 주제일 수도 있습니다. 애초에 '무식'이라는 단어 자체가, 그 말을 여러 번 들어왔던 사람들에게는 짜증과 스트레스 콤플렉스로 작용하여 단어만 들어도 화가 날 것입니다. 하지만 이 챕터는 '무식'에 대해 비난하는 것이 아니라 탈출해야 하는 이유를 설명하고자 작성했습니다. 안타깝게도 꼭 읽어야 할 사람들은 읽지 않고, 충분히 열심히 하는 사람들이 관심을 가지고 더 많이 읽게 될 것입니다. 그것이 세상의 이치이기 때문입니다. 독서나 공부를 해서 지식을 꾸준히 쌓아가면 좋겠지만, 사람이 살아가면서 최소한 의무교육과정에 있는 기본적인 것이나 상식은 알 필요가 있습니다. 생각보다 정말 중요합니다. 지식의 원이 넓거나 많이 배울수록 세상을 보고 이해하는 수준이 엄청나게 차이 납니다.

일상적이고 기본적인 것만 이야기하며 살 것도 아니고, 어떤 주제로 한 대화나 미묘한 감정상태나 여러 가지 상황에서 아무리 다각도로 친절하게 말해줘도 잘 이해하지 못합니다. 아는 만큼 보이기 때문이죠. 64색을 아는 사람이 빨노녹파 4색밖에 모르는 사람에게 주황색을 아무리 설명해봤자 이해를 못 합니다. 깊은 대화에서 오는 이해와 공감은, 상대방과 정신적으로 밀접하게 가까워짐을 느끼게 되고, 이 감정을 공유할 수 있는 사람과는 정말 끈끈하게 연결될 수 있습니다. 소위 '소울 메이트'라고 표현하기도 하더군요.

아마 그렇지 않은 사람과 만나면서 답답할 일이 많을 것입니다. 사람이 인성이 바르고 착하며 외모가 훈훈해도 대화가 잘 안 통하면 오래가기 힘듭니다. 뭐 그걸 감내할 수 있거나 다른 장점이 많다면 만날 수도 있겠죠. 정떨어진다고 생각하는 것도 당연한 본능입니다. 인간은 자신의 생존능력을 떨어뜨릴 수 있는 이성의 단점을 보면 호감도가 떨어지는 게 당연합니다. 또한 사회생활을 하거나 장사를 하면서 필요한 사람이라면 공적이고 업무적인 이야기는 하겠지만, 사적인 대화를 하고 싶지는 않을 것입니다. 생각보다 큰 문제일 수 있습니다.

그리고 어떤 것을 모를 때, '모를 수도 있다.'고 말할 수는 있지만, '몰라도 된다.'라는 말은 안 썼으면 좋겠습니다. 사람이 살아온 환경이 다르고, 똑똑한 사람도 어쩌다가 실수로 쉬운 거 모르거나 착각할 수도 있지만 보통 스스로 부끄러워하며 꼭 알고 넘어갑니다. 타 전공 심화 정도의 내용이면 모를까, 기본상식인 걸 몰라도 된다는 식의 사고방식은 굉장히 위험합니다. 모르는 게 나오면 알고 넘어가려는 태도를 지닌 사람과, 몰라도 된다는 사람은 몇 년이 쌓이면 엄청나게 차이를 보입니다.

나이가 들수록 지적 수준이 비슷하고 대화가 통하는 사람과 어울리게 됩니다. 어렸을 때부터 친했던 친구라고 하더라도, 지적 수준이나 사는 환경이 차이가 나면 계속 잘 지내기가 쉽지 않습니다. "어디 여행 갔다 왔는데 좋더라." "어디 투자해서 많이 벌었어." 이런 이야기를 하면, 비슷한 부류의 사람들은 "오 그래? 나도 가봐야겠다, 나도 거기 투자해볼까." 이렇게 이야기가 이어지는데, 힘들게 살고 있는 친구라면 부정적인 태도를 보일 수도 있습니다. 고급단어나 조금만 어려운 이야기를 해도 잘난 체한다고 생각할 수도 있습니다.

나중엔 대화 수준이 비슷한 사람끼리 모이게 되고, 이건 단순히 지식의 문제가 아니라 삶의 질과 돈과도 직결되는 문제입니다. 처음에는 친밀감과 사적인 대화를 즐겁게 하지만, 가끔 정보들도 알게 모르게 공유하게 되고, 서로 도움을 줄 수도 있습니다. 그런 것들이 누적되면 인생에 큰 도움이 되거나 줄 수도 있습니다.

저는 무식하다는 것이 여러 가지 의미를 지닌다고 생각합니다. 1. 기본적인 지식이나 상식이 부족한 것. 의무교과과정인 고등학교를 나왔으면, 여러 번 반복되어 나와서 모르기가 어려운 것인데 처음 듣는다고 표현. 2. 논리가 없거나 비합리적인 사고를 하는 사람. 3. 글이나 말의 요지를 파악하지 못하는 사람. 4. 품위나 교양, 말과 행동의 격이 현저히 낮은 사람. 5. 감정 컨트롤이 안 되거나 어디로 튈지 모르는 사람. 다섯 가지 모두 공부를 하지 않았기 때문에 나타나는 현상입니다. 1, 2, 3은 공부와 직결되고, 4, 5는 비례합니다.

무식하다고 대놓고 말하는 사람이 더 문제가 있다는 건 어느 정도 동의합니다만, 기본상식을 많이 모르면 무식한 게 맞습니다. 무식하다고 대놓고 말하는 사람이 더 무식하다는 걸 강조하거나, 논리적 허점을 찾아서 공격하거나, 상대방의 단점을 더 부각시키거나, 모르는 걸 당당하고 쿨하게 합리화하려는 고집을 빨리 버리는 게 좋습니다. 그리고 대놓고 무식하다라고 말하는 사람은 잘 없습니다. 속으로만 생각하고, 그 사람을 저평가하고 앞으로는 최대한 안 보고 싶겠죠. 이야기를 듣고 있으면 답답하고 머리가 아프니까요. 힘든 일상 속에 사람을 만나면 즐거워야 하는데, 오히려 내가 인내심을 위해 에너지를 소모하고 있다면 그 사람과 계속 이어질 가능성은 희박하겠죠. 남을 떠나 본인을 위해서라도 최소한의 기본상식을 갖추려고 노력하는 게 현명한 태도라고 생각합니다.

반대로 생각해보면, 지적 수준이 높을 때 호감이 생기는 것도 사실입니다. 흔히 뇌섹남, 뇌섹녀라는 말이 있습니다. 물론 그냥 섹시한 것이 최고라고 생각합니다. 섹시하든 아니든, 다른 부분도(이라도) 갖추는 게 좋을듯합니다. 성공의 원동력이 이성에게 어필하기 위해서인 경우가 정말 많습니다. 세계적인 기타리스트의 말을 들어보면, 처음에는 마음에 드는 이성에게 어필하기 위해서 기타를 시작했다고 말하기도 합니다. 물론 재능도 있었겠지만, 지식을 꾸준히 습득하는 일은 누구나 할 수 있습니다. 다른 분야도 마찬가지지만, 좋은 대학이나 직장을 들어가기 위한 공부 외에, 뇌섹남이 되기 위해 꾸준히 노력하는 사람은 극히 드물기 때문입니다.

말·행동·격·품위·
교양·분위기

───────── 사람들은 흔히 어떤 사람을 평가할 때, 그 사람의 스펙(타고난 외모나 학벌, 직업, 연봉, 재산, 집안 등등)을 중요하게 생각합니다. 물론 그런 부분이 그 자체만으로도 어느 정도 중요하긴 합니다. 하지만 역시 그런 것보다는 그 사람의 내면 본질이나, 배경을 제외한 그 사람 자체로 평가해야 합니다. 사람을 판단할 때 스펙을 먼저 보는

이유는, 보통 스펙이 좋은 사람들이 내면 본질 사람 자체도 괜찮은 경우가 많기 때문입니다. 물론 예외는 있겠지만, 보통은 평균적으로 비례하는 경향이 있는 것 같습니다. 스펙 좋은 사람이 내면과 본질이 좋다라고 하면 거부감이 있겠지만, 내면과 본질이 좋은 사람이 좋은 스펙을 갖출 가능성이 높기도 합니다.

보통은 학벌, 직업, 집안이 좋은 사람이 내면도 괜찮고 어느 정도 교양과 품위를 갖추고 있습니다. 극단적으로 예를 들어서, 명문대 출신에 좋은 직업을 가지고 있어도 말과 행동의 품위나 격이 낮으면 그 사람을 높게 평가하지 않습니다. 스펙은 첫인상에서 영향을 미칠 수는 있겠지만 여러 번 보다 보면, 혹은 경지가 높은 사람의 경우 30분만 대화해봐도 그 사람이 별로인지 아닌지 빠르게 알 수 있습니다. 반대로 비록 좋지 않은 대학에 경제력이 없어도, 말과 행동에 자신감과 여유, 교양이 있다면 절대로 그 사람을 무시하지 않습니다. 높게 평가합니다. 그렇게 만드는 가장 좋은 방법이 독서와 수많은 경험입니다.

외모란 것도 다른 요인들을 배제하고 그 자체로만 평가하는 것은 매우 어렵습니다. 그 사람의 얼굴이나 옷차림 등등에서 그 사람의 아이덴티티가 다 묻어납니다. 실제로 얼굴형, 피부, 이목구비 등등이 조화롭게 잘생기고 예쁜 얼굴이라도 너무 날티가 난다거나 패션이 과도하거나 내면이 별로인 사람이라면 거부감이 들 것입니다. 반대로 얼굴은 평범해도 내면이 훌륭하고, 옷차림이 깔끔하면 그것이 외모에 다 묻어납니다. 심각하게 못생긴 외모가 아니라면, 내면이 훌륭할 때 이성에게 엄청난 호감도를 받을 수 있습니다.

'좋은 사람'이라 함은, 말은 천천히 조리 있게 하며, 비속어나 욕설은 사용하지 않고 고급스러운 어휘나 대화를 구사하며, 행동은 경박하지 않고 격에 맞고 품위 있게, 자신감과 여유를 가지고 웃는 상에 눈빛이 살아 있으며 긍정적이고 밝은 기운을 내뿜는 사람입니다. 물론 이런 것은 하루아침에 이뤄지지 않습니다. 타고난 부분도 있겠지만 조금씩 고쳐나가야 하고, 독서와 깊은 사색, 수많은 경험들, 그리고 좋은 생각을 할 때 그런 사람이 될 수 있습니다. '좋은 사람.' 그러한 사람이 되는 것, 되기 위한 노력의 과정을 인생에 목표로 두는 것이 단순히 돈을 많이 버는 것보다 충분히 의미가 있습니다.

그리고 독서 공부뿐만 아니라 여러 경험이나 취미생활 등등을 하며, 본인만의 개성이나 성향, 캐릭터, 가치관을 가지고 자신의 세계를 구축하고 그것을 계속 업그레이드하며 정진하는 삶을 살면 세상에서 유일한 존재가 될 수 있습니다. 그렇게 열정적으로 사는 모습에서 사람들은 매력을 느낍니다. 별로 노력하지 않고, 공부나 자기계발을 하지 않는 사람들은 개성이 약합니다. 다른 사람에게 끌려다닐 가능성이 높습니다. 열심히 노력하는 사람은 자신의 강력한 프레임을 가지고, 다른 사람들이 그것에 관심을 가지고 빠져들거나 따르도록 만들게 됩니다.

말과 행동, 격과 품위, 교양과 분위기 등등이 어느 수준을 넘어 높은 경지에 오르면, 상상도 하기 힘든 일들이 일어납니다. 주위 사람들이 동화되며, 무지 괜찮은 이성에게 대시를 받습니다. 사람들의 존경을 받으며, 아주 높은 확률로 큰일을 하게 됩니다. 사실 이 정도 경지에 오르는 것은 대단히 어렵습니다. 자기 분야에서 최선을 다한 사람들을 보면 40~50대가 넘어서 가끔 그런 아우라를 뿜어내는 사람들도 있지만 쉽지 않습니다. 정말 열심히 몰입하며 꾸준히 오랜 시간 동안 정진한다면 가능할 수도 있습니다. 일에 대한 소명의식을 가지고 최선을 다하며, 독서와 사색, 여러 경험들을 하며 깊이 있는 삶을 살아간다면 그런 사람이 될 수 있습니다. 그런 사람이 된다면, 모든 스펙이나 조건들을 뛰어넘어 초월한 삶을 살 수 있습니다. 단순히 재산이나 학벌, 직업 같은 것보다 훨씬 중요합니다. 이것은 동서고금을 막론하고 현재와 같은 자본주의 세상을 포함해 대부분의 사회에서 엄청난 존경을 받습니다. 그만큼 어렵고, 주위에서 잘 보기 힘드니 애초에 상상이 잘 안 될 정도로 훌륭하고 유니크한 것입니다.

소유냐 존재냐

———— 현재와 같은 자본주의 사회에서 돈은 매우 중요합니다. 대부분의 사람들은 조금이라도 더 많은 것을 가지기 위해 노력합니다. 과거에는 돈을 좋아하는 사람들을 약간 부정적으로 보는 시각이 있었지만, 지금은 당당하게 표현합니다. 인간은 생존과 생식이 기본본능이고, 그중에서도 이익과 돈은 인간을 움직이는 매우 강력한 동기입니다. 따라서 남에게 피해를 주지 않는다면 돈을 많이 벌기 위해 노력하고, 또한 그 돈에서 세금도 많이 내면 전혀 문제 될 것은 없습니다.

에리히 프롬이 쓴 책《소유냐 존재냐(To have or To Be)》는 정말 많은 깨달음을 줍니다. 인생에서 많이 소유하는 것은 중요합니다. 같은 조건이라면, 조금이라도 더 많이 소유하는 것이 좀 더 행복한 삶을 살 가능성이 높습니다. 하지만 너무 소유양식에만 치우치거나 그것밖에 모르는 삶은 매우 불행합니다. 저는 지금 이상적인 소리를 하는 것이 아닙니다. 굉장히 현실적인 이야기입니다. 돈을 많이 벌고, 좋은 집, 맛있는 음식을 먹고 소비를 하는 것은 정말 중요합니다. 그러나 그것만으로는 인간의 욕구가 충족되지 않습니다.

결국 인생의 목표는 행복입니다. 돈은 그 수단 중 아주 강력한 요소일 뿐입니다. 행복을 추구하기 위해서는 기본적으로는 최소한의 소유와 소비가 충족되어야 하고, 다다익선입니다. 하지만 그 상위 단계에 있는 것이 바로 존재양식입니다. 본인이 가진 것, 소유한 것만으로 그 사람이 정의되지는 않습니다. 본인은 어떤 존재인가. 소유양식이냐 존재양식이냐 애매한 부분도 있지만, 결국에 행복과 직결되는 것은 바로 이 존재양식입니다.

본인이 어떠한 삶을 살아왔고, 어떠한 성향의 사람이며, 얼마큼의 지식을 가지고 있고, 어떤 능력이 있으며, 무엇을 할 수 있고, 지혜나 통찰력을 가지고 있는가, 어떠한 내공을 가지고 어떤 분위기를 가지고 있는가, 취미생활은 무엇인가 등등으로 정의되는 것이 중요합니다.

좋은 아파트에 살고, 많은 돈을 가지고 있고, 좋은 차를 소유하고 있으며, 맛있는 음식을 먹으며, 좋은 곳을 여행한다면 남이 부러워할 만한 삶인 것은 맞지만, 아주 훌륭한 삶이라고는 할 수 없습니다. 교양을 갖추고 그 사람 자체가 빛이 나야지 사람들의 존경을 받거나 훌륭하다고 여겨질 수 있습니다.

한때 '중산층의 기준'으로 화제가 되었던 적이 있습니다. 한국은 '부채 없는 아파트 30평 이상 소유, 월 급여 500만 원 이상, 자동차 중형 이상 소유, 예금 잔고 1억 원 이상, 해외여행 연 1회 이상 등등.' 대부분 소유와 관계된 것들이 중산층을 판단하는 기준이었습니다. 그와 다르게 프랑스는 '외국어를 하나 정도 할 수 있어야 하고, 직접 즐기는 스포츠가 있어야 하고, 다룰 줄 아는 악기가 있어야 하며, 남들과 다른 요리를 만들 수 있어야 하며, 공분에 의연히 참여하고, 약자를 도우며 봉사활동을 꾸준히 할 것.' 영국은 '자신의 주장에 떳떳하며, 사회적인 약자를 돕고, 부정과 불법에 저항하는 것, 정기 구독하는 비평지가 있을 것.' 미국은 '페어플레이를 할 것, 자신의 주장과 신념을 가질 것, 약자를 두둔하고 강자에 대응할 것, 독선적으로 행동하지 말 것, 불의와 불법에 의연히 대처할 것.'이었습니다. 물론 중산층의 기준이라는 측면에서 한국의 기준이 나쁘다고만 할 수는 없습니다. 하지만 정확히 한국은 소유에 관련된 것이 주를 이루는 반면, 미국, 영국, 프랑스는 전부 존재와 사람 자체의 측면에 대해 판단한다는 점은 분명한 차이입니다.

　우선적으로는 한국의 중산층 기준을 만족(과거의 기준이라 현재는 많이 올랐을 것을 감안)하려고 노력하되, 나아가 본인의 존재양식을 좀 더 가꾸는 것이 결국 더 행복해지는 길입니다. 꾸준한 독서와 운동, 다양한 취미생활, 다양한 사람들을 만나고 다양한 활동을 하며 여행을 다니거나 경험과 체험을 하는 것 등등이 그 방법입니다.

자존감

요즘 '자존감'이라는 말이 굉장히 자주 쓰입니다. 사회의 여러 현상과 개인의 스트레스와 고통을 자존감이라는 것으로 표현하고 이해하고자 하는 사람들이 많아졌습니다. 그만큼 자존감이 무엇이며, 자존감을 높이기 위해서 어떻게 해야 하는지 관심을 가지는 사람들도 늘어났습니다. 자존감에 대한 제 생각을 짧게 서술하고자 합니다. 자신감도 마찬가지겠지만, 저는 높은 자존감은 쉽게 얻어진다고 생각하지 않습니다. 이것은 행복과 직결되는 강력한 하위 항목이기도 하며, 엄청난 노력으로 최소 1~3년 정도를 꾸준히 해야지 얻어질 수 있는 것이라고 생각합니다.

저는 "너 정도면 괜찮아." or "지금 이대로도 괜찮아."라는 말을 별로 좋아하지 않습니다. 물론, 이것도 해석하기에 따라 맞는 말이기도 합니다. 행복의 관점에서 볼 때 세상과 인간을 보는 기대치나 디폴트 값을 낮추자는 뜻이라면 동의합니다. 본인은 실제로 별 큰 탈 없이 괜찮게 살고 있는데 SNS나 정말 잘나가는 사람들과의 쓸데없는 비교, 다른 사람들이 매우 행복할 것이라는 착각, 세상을 보는 통찰력의 부족으로 스스로 불행을 만드는 경우가 많습니다. 그런 관점을 바꾸는 것이 필요합니다.

만약 자존감을 뺏어가는 타인이 있다면, 그런 타인을 멀리하라는 말도 좋아하지 않습니다. 물론 타인에 의해 영향을 받기도 하지만, 그런 피해자적인 화법이나 마인드는 도움이 되지 않습니다. 자존감이 높냐 낮냐는 주체적인 본인에 의해 결정되는 부분이 훨씬 큽니다. 타인에 의해 심한 영향을 받을 정도면, 이미 본인의 자존감이 굉장히 낮은 것입니다. 자존감은 스스로 찾는 것이며, 자존감을 깎아 먹는 사람들을 멀리하거나 끊어버린다는 것은 말이 쉽지 실제 현실은 그렇게 단순하지가 않습니다. 평생 회피하며 살 것이 아니라, 남들에게 영향을 적게 받도록 스스로 자존감을 높여야 합니다.

높은 자존감을 얻기 위한 첫 번째 방법은, 본인이 스스로 생각하기에 정말로 괜찮은 사람이 되는 것입니다. 운이 좋게도 태어날 때 훌륭한 부모님 밑에서 태어났거나, 집의 재산이 많거나, 외모가 출중하거나, 특별한 재능이 있다면 높은 자존감을 쉽게 얻을 수 있을 것입니다. 하지만 그런 행운을 쥐고 태어나는 사람은 소수입니다. 그렇게 좋은 환경에서 태어나지 못했는데, 열심히 살지도 않았고, 현재 노력도 하지 않고, 이뤄놓은 것도 없고, 게을러서 자기계발도 하지 않고, 사람들이 본인을 낮게 평가하고 있는데 어떻게 높은 자존감을 가질 수 있겠습니까? 그것은 도둑놈 심보이며, 사실상 불가능합니다. 소확행이나 힐링은 순간적으로는 도움이 되고, 필요한 부분도 있지만 근본적인 문제를 해결해주지는 않습니다. 정말 열심히 노력해서 성공을 하거나, 그렇지 못하다면 자신만의 장점을 반드시 찾아야 합니다. 내가 적어도 이거 하나만큼은 남들보다 잘한다. 이런 것들을 여러 개 만들수록 자존감이 높아집니다. 아무래도 가장 좋은 방법은, 사람들이 선호하는 대학이나 직업을 얻는 것, 혹은 돈을 많이 버는 것 등등의 큰 사회적 성공을 이루는 것입니다만, 사실 쉽지 않습니다. 하지만 취미생활을 하거나 어떠한 분야에서 자신이 잘하는 것이 최소 1~2개 이상은 될 것입니다. 운동을 정말 열심히 해서 아름다운 몸을 만들거나, 독서를 열심히 해서 박학다식해지거나, 노래를 잘 부르거나, 말을 잘하거나 유머를 갖춘다거나, 요리를 잘하거나 등등 자신만의 강점을 만들어서 자존감과 자신감의 근거나 기반이 될 수 있는 것들을 많이 구축해두는 것이 좋습니다.

두 번째 방법은, 인문학이나 종교적 깨달음을 얻는 것입니다. 거창하게 들릴지 모르겠지만, 나이가 들어 연륜이 쌓이거나 독서를 많이 해서 내면이 깊어지면 자존감은 당연히 높아지게 됩니다. 사람들과의 비교를 너무 심하게 한다든가, 질투심이나 열등감을 너무 심하게 느끼는 등 스스로를 불행하게 하는 어리석은 생각들이 많습니다. 불행한 사람들은 불행할 수밖에 없는 생각을 하고, 자존감이 낮은 사람들은 그렇게 될 수밖에 없는 생각을 하는 경우가 많습니다. 그중 하나가 사람을 볼 때 급을 나누는 행위입니다. 물론 이는 어느 정도 인간의 본능이기도 합니다. 그 사람을 빠른 시간 안에 판단하는 것이 생존능력을 높이는 데 도움이 되기 때문입니다. 하지만 그것이 현대 사회에서는 무의식이든 실제로 생각을 하든 자신보다 잘난 사람들을 볼 때 강하게 의식을 함으로써, 스스로 불행해지거나 자존감이 깎이는 경우가 많습니다. 과거에 비해 자존감이라는 것이 자주 쓰이거나 자존감이 낮은 사람들이 늘어나는 이유는 SNS의 영향이 크다고 생각합니다. SNS에서 보여지는 부풀리기와 환상, 세상에 잘나가는 사람들이 눈에 너무 많이 보이다 보니 본인도 모르게 타인들의 수준을 너무 높게 평가하게 되어버리기 때문입니다. 본인이 너무 부족해 보입니다. 이것이 헛된 허상이라는 것을 빨리 깨닫고 남들과 비교하거나 남을 평가하는 그런 어리석음을 내려놓고, 스스로 본인의 인생에 집중하며 주어진 것에 감사하며 살 때 비로소 행복과 높은 자존감을 가질 수 있습니다. 물론 쉽지는 않겠죠. 꾸준한 독서와 사색, 여러 가지 경험을 통해 내면의 깊이를 더할 때 비로소 가능할 것입니다.

집단지성이론과 선구자

"집단지성(集團知性, Collective Intelligence) : 다수의 개체들이 서로 협력하거나 경쟁을 통하여 얻게 된 지적 능력의 결과로 얻어진 집단적 능력을 일컫는 용어. 집단지능(集團知能) · 협업지성(協業知性)과 같은 의미이다. 다수의 개체들이 서로 협력하거나 경쟁하는 과정을 통하여 얻게 된 집단의 지적 능력을 의미하며, 이는 개체의 지적 능력을 넘어서는 힘을 발휘한다는 것이다."[11]

개체로는 미미한 개미가 공동체로서 협업(協業)하여 거대한 개미집을 만들어냅니다. 개체로서는 미미하지만 군집(群集)하여서는 높은 지능체계를 형성하는 것입니다. 특정 조건에서 집단은 집단 내부의 가장 우수한 개체보다 지능적입니다. 집단지성은 사회학이나 과학, 정치, 경제 등 다양한 분야에서 발현될 수 있으며, 인간뿐 아니라 동식물까지 연구 대상에 포함됩니다.

집단지성이론은 꼭 알아둬야 하는 개념입니다. 인류는 몇만 년 동안 혹독한 환경에서 살아남기 위해서 협동을 해야 했습니다. 물론 지능이 높고 현명하면 좋겠지만, 그렇지 않은 사람도 인간관계를 잘 형성하고 소통과 공감을 잘해서 생존 가능성을 높였습니다. 본인이 주도적으로 생각하고 판단하는 것은 우선 에너지가 많이 들며, 판단의 정확성도 떨어집니다. 여러 사람이 모여서 집단지성의 힘을 활용하여, 결과를 도출할 때가 에너지 소모도 덜하고 결과가 더 좋은 경우가 많습니다. 협업은 거의 유일한 인간의 능력이기도 하며, 굉장히 뛰어납니다.

집단지성을 활용하는 것도 중요하지만, 저는 남들이 보지 못하는 것을 볼 수 있는 능력을 갖추기 위해 노력하는 것도 중요하다고 생각합니다. 재능이 있거나, 정말 열심히 공부하거나 어떤 일에 종사함으로써 선구자가 될 수 있도록 노력해야 합니다. 왜냐하면 인생은 결국 스스로 주도적으로 살아야 하기 때문입니다. 집단지성을 활용할 수 있는 상황이 매번 오는 것은 아닙니다. 혼자서 해야 하는 일도 많으며, 어떤 분야에서는 집단지성의 힘을 활용하기가 극히 제한적입니다.

그리고 집단지성의 함정도 있습니다. 바둑 10급 10명이 모여서 오래 고민해도 답이 나오지 않는 문제를, 1급이 5초만 봐도 수가 보이는 경우가 많습니다. 최종학력을 끝마치고 나서도 꾸준히 공부하는 사람은 많지 않습니다. 일을 하는 것을 통해 얻는 지식이나 지혜도 있겠지만, 그 범위는 매우 좁습니다. 꾸준히 공부하는 사람은, 그렇지 않은 사람 여러 명이 모여서 답을 내는 것보다 훨씬 훌륭한 답을 낼 수가 있습니다. 독서나 경험, 좋은 강의 듣기를 꾸준히 하다 보면, 꾸준히 공부하지 않는 사람들과 엄청난 차이를 낼 수 있습니다. 선구자나 장인 아웃라이어가 되기 위해 노력하고, 그렇게 못 되더라도 주위 사람들보다 확연히 앞서나갈 수 있습니다.

글을 안 읽는 세대

—————— 요즘 수능에서 예전에 비해 읽기 능력이 떨어졌다는 이야기가 많이 나옵니다. 문맹률은 1% 정도이지만, 확실히 실질 문맹률은 75%로 OECD 회원국가 중에 최하위라는 말이 나올 정도입니다. 이렇게 된 원인이 무엇일까요? 여러 가지가 있겠지만, 요즘은 영상이나 좋은 강의들이 너무 많습니다. 이것이 축복이기도 하지만, 한편으로는 텍스트보다는 영상에 익숙해짐으로써, 읽기 능력이 떨어지는 문제가 발생합니다.

심지어 영상도 점점 짧게 보는 것을 선호합니다. 1~2시간의 긴 영상보다 5~10분의 짧은 영상들이 인기를 얻어가는 추세입니다. 그리고 영상도 1배속이 아니라 1.5배속, 심하면 2배속으로 빨리 듣기를 원합니다. 물론 이것이 정보를 빠르게 받아들일 수 있는 방법이긴 합니다. 하지만, 이것은 끈기나 집중력을 떨어뜨리고 글에 대한 친숙도도 낮춥니다. 조금만 문장이 길어도 읽기 힘들어하고, 3줄 요약을 꼭 필요로 하는 사람들이 늘어났습니다.

아무리 세상이 좋아지고, 영상이나 강의가 많아져도 결국 정보는 텍스트로 접하는 것입니다. 모든 것들을 영상이나 강의로 만들 수 없고, 대부분의 정보나 학문 개념들은 텍스트로 표현되어 있습니다. 따라서 텍스트를 멀리하고 강의나 영상만 보겠다는 것은, 받아들일 수 있는 정보의 양을 제한하고, 같은 정보라도 얕은 수준의 이해 정도밖에 할 수 없습니다. 그리고 최신 저널이나 논문과 같은 트렌드는 영어로 된 것들이 대부분입니다. 번역도 안 되어 있는 판국인데, 그것을 쉽게 영상으로 만들어 강의를 하기까지는 몇 년의 시간 차가 있습니다.

물론 글을 잘 안 읽고, 실질 문맹률이 높아졌다는 것만 생각하면 단점이지만 젊은 사람들의 강점도 많습니다. 확실히 한자를 배우지 않고, 영어 위주로 배움으로써 한국어를 받아들이는 데는 어려울지 모르나, 글로벌화나 비즈니스에서는 확실히 유리합니다. 또한 요즘은 코딩이나 IT 쪽으로 많이 나아가고 있기 때문에, 전문성을 가질 수도 있고 다른 부분에서 강점이 있습니다. 따라서 실질 문맹률이 높아진 것에 대한 단점보다는, 다른 장점들이 더 많을 것이라 생각하기도 합니다.

그렇다고는 하지만, 일부러 읽기 능력을 등한시할 필요는 없습니다. 글을 읽는 것을 습관화하면 됩니다. 운동도 하지 않으면 신체능력이나 건강이 나빠지고, 점점 더 하기 힘들어집니다. 책도 오랜만에 읽으면 굉장히 힘들고 고통스러울 수 있습니다. 하지만 꾸준히 읽으면 확실히 크게 힘들지 않고, 텍스트에 친숙해져서 읽는 속도나 정확성도 향상됩니다. 좋은 강의나 영상을 찾아보는 것도 좋지만, 하루에 꾸준히 30분 정도 읽는 연습을 해야 합니다. 제가 항상 추천드리는 것은, '하루 1시간 운동 1시간 공부법'입니다. 1시간 공부라는 것이 꼭 책을 1시간 읽으라는 것은 아닙니다. 영상이나 강의를 듣기도 하지만, 그래도 최소한 30분 정도는 텍스트를 읽는 것이 좋다고 말하고 싶습니다. 그렇게 읽기 능력을 유지하는 사람과, 텍스트와 담을 쌓고 3줄 요약을 기다리는 사람은 나중에 점점 차이가 나게 됩니다. 점점 많은 양의 공부를 하며 깊이를 가지고 내공과 인사이트를 가지는 사람이 있을 것이고, 생각이 점점 단순해져서 자신만의 좁은 생각과 사고방식으로 살아가며 도태되는 사람들도 있을 것입니다.

또한, 텍스트를 읽는다는 것은 풍부한 어휘력과 개념을 습득할 수 있는 기회가 되기도 합니다. 결국 어휘력과 개념의 한계가 그 사람이 가진 생각의 한계를 결정합니다. 텍스트를 읽지 않는 사람들은 단순한 일상용어만 쓰게 되고 세상을 보는 눈이 그만큼 좁아집니다.

세상은 바쁩니다. 하루 종일 업무에 시달리다 퇴근을 하면 너무 피곤해 쉬거나 타임킬링용 영상들을 볼 수밖에 없습니다. 혹은 체력과 정신적인 에너지가 남아도, 좀 더 돈을 벌기 위해 재테크 쪽 위주로만 공부를 하게 될 수 있습니다. 혹은 가족과 시간을 보낼 수도 있겠죠. 모두 다 충분히 좋습니다. 하지만 적어도 주 3회 하루에 1시간 운동, 매일 1시간 공부가 필수적이며, 이것이 결국 다른 것에 좋은 영향을 주기 때문에 더 효율적입니다. 그 1시간 공부에는 최소 30분은 텍스트를 읽고, 나머지는 공부하는 데 에너지가 다소 적게 들어가는 영상과 강의를 봐도 무방하다고 생각합니다.

본인에 대한 이해를 위해

——————— 본인에 대해서 정확히 아는 것은 매우 중요한 일입니다. 사람들은 자기 자신에 대해 굉장히 잘 안다고 생각합니다. 하지만 꼭 그렇지만도 않습니다. 우리는 본인 사용 설명서를 익힐 필요가 있습니다.

사람을 분류하는 기준은 굉장히 많습니다. 어떠한 항목이나 질문에 따라 나눌 수 있을 것입니다. 하지만 여기엔 매우 큰 함정이 있습니다. 예를 들어, 남자와 여자, 직업 등등은 큰 기준입니다. 통계적으로든, 여러 근거가 있든 간에 약간의 특징이 있거나 일반적으로 그럴 가능성이 더 높다는 것은 어느 정도 나와 있습니다만 그것은 참고만 할 뿐 충분히 지켜보고 확실하게 판단을 내려야 합니다. 사람을 잘 파악하기 위해 그런 기준들이나 통계가 있는 것인데, 그것의 틀에 갇혀버려 그릇된 판단을 하는 경우가 많습니다.

요즘은 MBTI가 매우 핫합니다. 그것 말고도 여러 가지 성격 테스트나 분류가 있지만, 참고만 하는 것이 좋습니다. 혈액형과 달리 완전 터무니없다고 생각하지는 않습니다. 융의 분석심리학에 대해서도 공부를 했고, 그 MBTI가 나오게 된 근거로서의 책도 읽어보았습니다. 각각의 항목에 대한 이해, 그것으로 본인이나 나아가 타인에 대해 좀 더 잘 이해할 수 있는 도구가 될 수 있다고도 생각합니다. 대화 주제로 재미있기도 합니다. 막연하게 아는 것보다 그런 개념과 도구를 이용하면 유용한 것은 사실입니다. 하지만 그것도 큰 틀에서 통찰력을 가지고 이해를 해야 하는데, 아는 게 그것밖에 없어서 모든 사람을 16개의 유형으로 맞추어 넣으려는 태도는 좋지 않습니다.

사람을 분류하는 기준에는 취미, 특기, 적성, 가치관, 라이프스타일, 연애관, 결혼관, 세계관, 성격, 성향, 내향외향, 사고와 감정, 식습관, 운동, 여행, 음악, 정치, 문화, 경제관, 자녀계획, 영화 취향, 기호식품, 게임, 보는 TV 프로그램 종류, 이성과 감성, 친구와 우정에 대한 생각, 워라밸, 건강 정도, 패션감각 등등 수많은 것들이 있습니다. 저는 연애할 때나 사람들을 만날 때 이런 주제로 이야기하는 것을 선호합니다. 별 의미 없는 대화보다는, 밀도 있는 대화를 함으로써 상대방에 대해 좀 더 알 수 있고, 몰랐던 본인의 모습을 확인할 수도 있습니다. 인간이란 타인이라는 거울을 통해 자신을 재발견하고 성장해가는 존재입니다.

연인과 이런 대화를 잘 하지 않는 사람들은 의외로 서로에 대해 잘 모를 수 있습니다. 그러다가 결혼해보니 너무 다르다라고 이야기하는 사람들이 많습니다. 물론 아무리 연애를 오래 하고 대화를 많이 해도 결혼하면 당황하는 경우가 많기는 할 것입니다. 하지만 수많은 대화를 통해 간극을 좁히고 본인과 잘 맞는 사람을 선택할 수 있습니다. 결혼 후 여러 가지로 고민하는 사람들의 고민 주제를 들어보면, '아니, 저런 건 연애하면서도 충분히 파악 가능하지 않을까? 저것과 관련된 대화를 한 번도 안 한 것인가? 어떤 연애를 어떻게 한 것인가.'라는 생각이 들 때도 많습니다. 팁이 있다면, 대화를 할 때 직접적으로 물어보기보다는 어떠한 에피소드나 재미있는 주제를 던지고 그것에 대해 대화를 하다 보면 자연스럽게 상대방의 생각이나 가치관을 파악할 수 있습니다. 영화를 보고 그것에 대해 서로 이야기해보는 것도 좋습니다. 그것이 밀도 있는 대화이고, 상대방에 대해 좀 더 가까워질 수 있는 방법인 것 같습니다. 물론 TV 예능처럼 밀도는 낮지만, 유머와 센스를 갖춘 단순 재미있는 것도 필요합니다. 사람에 따라 적절한 비율 조절이 필요한 것 같습니다. 제가 경계하는 것은 재미는 있지만, 무의미하고 정보도 없는 밀도 낮은 대화만 계속하는 것입니다.

본인이 어떠한 캐릭터로 살아갈 것인가도 중요한 것 같습니다. 뭐 굳이 그런 것이 필요한가에 대해 의문을 가질 수도 있지만, 사람은 밀실과 광장이 필요합니다. 공적인 집단이든 사적인 집단이든, 본인의 이미지나 캐릭터를 잘 구성하면 훨씬 편리해지는 경우가 많습니다. 엄청 친한 사이가 되거나, 서로에 대해 정말 잘 알아가 보고 싶고 시간을 투자해볼 마음이 있다면 그렇게 하지 않아도 됩니다. 하지만 모든 사람에게 그럴 수는 없습니다. 적당한 관계에서는 그러한 에너지 소모를 줄이고 효율성을 위해, 페르소나를 장착하는 것입니다. 가식적으로 하라는 뜻이 아닙니다. 상대방을 편하게 해주는 의미도 있습니다. 반대로, 본인이 어떤 집단에서 여러 사람과 있을 때, 그 많은 사람들을 다 빠른 시간 안에 파악하고 대처하기란 쉽지 않습니다. 그 사람이 어떤 페르소나를 보여주느냐에 따라 그에 맞춰서 행동하면 서로가 편하고 좋습니다. 즉, 20대에 어느 정도 완성된 페르소나, 동의어는 아니지만 쉬운 말로 표현하면 캐릭터나 이미지 콘셉트를 만드는 것이 필요합니다.

성격에 대해 말하자면 본인이 잘할 수 있는 것이 있고, 되고 싶거나 동경하는 것이 있습니다. 이 두 갈림길에서 고민하고 있다면, 되고 싶은 것보다는 잘할 수 있는 쪽을 선택하는 것이 좋은 경우가 많습니다. 좋고 나쁘고의 문제라면 좋은 쪽으로 하는 것이 맞겠지만, 많은 경우에는 성격의 좋고 나쁨은 없습니다. 본인이 잘할 수 있는 것을 추구해서 그것의 최종진화형을 만들어가면 됩니다. 연예인이든 주위 사람이든 반드시 본인 성격과 비슷하면서도 상위호환인 사람이 있습니다. 그 사람이든, 다른 사람이든 좋은 것이나 본인에게 잘 맞는 것을 취사선택해서 본인만의 것을 만들면 됩니다. 사실, 남의 떡이 커 보이는 법입니다. 그래서 본인과 전혀 어울리지 않는 정반대의 유형이 되고 싶어 하는 경우가 많은 것 같기도 합니다.

본인도 본인을 모른다

─────── 사람들이 하는 말을 그대로 믿어서는 안 됩니다. 상대방이 꼭 거짓말을 한다기보다는, 말과 생각, 행동이 일치하지 않기 때문입니다. 예전부터 저는 거짓말인지 아닌지만을 고려하였고, 거짓말이 아니라면 그대로 믿었습니다. 하지만 그렇게 하다 보니 상당한 낭패를 보았습니다. 그리고 그걸 믿고 먼 길을 돌아오기도 하였습니다. 통찰력을 가지고 상대방의 말을 정확하게 해석하는 능력이 필요합니다. 거짓말을 하는 경우는 제외하고, 본인의 생각과 말이 다른 이유는 다음과 같습니다.

첫 번째는, 본인도 본인의 생각을 정확히 모르기 때문입니다. 본인의 정확한 본능이나 욕구, 본인의 생각이나 가치관에 대해서 정확하게 이해를 하지 못하는 경우가 많습니다. 이것은 일부러 거짓말을 하는 것이 아니라 스스로도 그렇게 믿고 있는 경우입니다. 당연히 본인이 본인에 대해서 잘 알 거라고 생각합니다. 하지만 그렇지 않습니다. 막상 상대방이 어떤 주제에 대해 "넌 어떻게 생각해?"라고 물어보면 "음…. 글쎄?" 하고 정확히 대답하기가 쉽지 않습니다. 공부를 열심히 하고, 본인에 대해서 정확히 이해하기 위해 노력해야지 자신을 정확히 알 수 있습니다. 지능이 높거나, 충분한 공부와 경험을 많이 할수록, 본인의 이해도가 높아지고, 그에 따라서 최적화된 행동을 할 수가 있습니다. 따라서 성격검사나 설문조사 같은 것도 오류가 많습니다. 왜냐하면 본인의 실제 생각과 다른 답을 하기 때문입니다. 막상 옆에서 성격검사 하는 것을 지켜보면, 현명하고 똑똑한 사람들은 친한 지인이 봤을 때도 납득이 가능하게 대답을 하지만, 문제가 많은 사람들을 보면 반대로 체크하는 경우가 많습니다. 본인에 해당하는 항목에 체크하는 것이 아니라, 그냥 맞아 보이거나 되고 싶은 것을 체크하는 경우가 많습니다.

두 번째는, 방어기제(Defense Mechanism : 자아가 위협받는 상황에서, 무의식적으로 자신을 속이거나 상황을 다르게 해석하여, 감정적 상처로부터 자신을 보호하는 심리 의식이나 행위를 가리키는 정신분석 용어.[12]) 때문입니다. 지식백과에서 자세한 내용을 살펴보면, "이 말은 1894년 지크문트 프로이트의 논문 〈방어의 신경정신학〉에서 처음으로 사용되었다. 방어기제는 자아와 외부조건 사이에서 겪게 되는 갈등에 적응하도록 하여 인간의 심리 발달과 정신건강에 도움을 준다는 면에서 효과적이라 할 수 있다. 하지만 갈등 자체를 변화시키는 것이 아니라 자신을 속이고 관점만을 바꾸는 방법을 주로 사용하게 되면 오히려 사회생활에 적응하지 못하게 되는 부정적 역할을 하기도 한다. 방어기제는 여러 가지가 있으며 주로 부정, 억압, 합리화, 투사, 승화 등의 방법이 일반적이다.

부정은 외적인 상황이 감당하기 어려울 때 일단 그 상황을 거부하여 심리적인 상처를 줄이고 보다 효율적으로 대처하도록 돕는 방법이다. 이러한 상황은 미처 예상하지 못했던 극단적인 경우에 잘 나타난다. 억압은 불쾌한 경험이나 받아들여지기 어려운 욕구, 반사회적인 충동 등을 무의식 속으로 몰아넣거나 생각하지 않도록 억누르는 방법이다. 억압은 자신의 의지와 관계없이 무의식적으로 일어나므로 의도적인 망각과는 차이가 있다. 본능적인 충동이나 금지된 행위는 억압을 통하여 노골적인 행동을 자제하게 된다.

합리화는 상황을 그럴듯하게 꾸미고 사실과 다르게 인식하여 자아가 상처받지 않도록 정당화시키는 방법이다. 이러한 방법은 스스로 인정하기 어려운 상황을 자신도 의식하지 못하는 사이에 그럴듯한 이유를 붙임으로써 자존심이 손상당하거나 죄책감을 느끼는 것에서 벗어나게 해준다. 합리화는 대부분 자신이 간절히 바라는 어떤 것을 이루기 어려울 때 그것의 가치를 낮추는 것과, 인정하고 싶지 않은 것을 인정해야만 할 때 그것의 가치를 높이는 두 가지 경향으로 나타난다. 또한 무의식적으로 일어나므로 거짓말이나 변명과는 다르다.

투사는 자신의 감정이나 동기를 다른 사람에게 돌려서 어려움에 대처하는 방법이다. 예를 들면 어떤 사람을 미워하여 해치고 싶은 충동을 느꼈을 때 자신의 증오심을 상대에게 떠넘겨 그 사람이 자신을 미워해서 해칠지도 모른다고 생각하는 경우이다. 투사는 자신의 욕구나 문제를 옳게 깨닫는 대신 다른 사람이나 주변에 탓을 돌리고 진실을 감추어 현실을 왜곡시키므로 바람직하지 않은 방어기제이다.

승화는 반사회적 충동을 사회가 허용하는 방향으로 나타내는 방법이다. 성적 충동은 누드를 그린다거나 관능적인 춤을 추는 것 등을 통해서 사회가 인정하는 방식으로 표현될 수 있는데, 이것이 승화이다. 공격적 충동은 권투나 야구, 축구와 같은 공격적인 스포츠를 함으로써 표현될 수 있다."[13] 로 정리할 수 있습니다.

세 번째는, 이미지 관리를 위해 돌려서 이야기하는 경우입니다. 세상에는 불편한 진실과 달콤한 허상이 있습니다. 이 불편한 진실을 솔직하게 이야기하면, 괜히 사람들을 적으로 만들거나 공격을 받게 됩니다. 혹은, 속물이 되거나 격이 낮은 사람이 되어버리고 맙니다. 다른 챕터에서 이야기했지만, 인간의 가장 강력한 기본본능은 생존, 생식, 이익(돈)입니다. 하지만 이런 것들을 강조하면 이득이 될 것이 없습니다. 따라서 굉장히 있어 보이는 높은 가치를 언급합니다. 여자가 어떤 남자를 좋아할 때, 경제력이 훌륭하고 키 크고 잘생겨서 좋다라고 실질적인 이유를 말하지 않습니다. 뭔가 눈빛이 선했다든가, 자상하고 다정다감하다든가, 어떤 아름다운 행동을 했다든가 하는, 명분상의 있어 보이는 이유를 제시합니다. 물론 그것도 거짓말이라고는 볼 수 없지만, 그 말을 그대로 믿어서는 안 됩니다.

위의 세 가지 이유 말고도 여러 가지 더 있겠지만, 중요한 것은 인간에 대한 이해와 통찰력을 가지기 위해서 공부해야 한다는 사실입니다. 특히 철학, 역사, 심리, 문학 등등의 공부가 도움이 됩니다. 다양하게 경험하며 사람들을 많이 만나다 보면, 어느 정도 깨달음이 올 것입니다. 아무 생각 없이 경험만 하는 것보다는, 여러 공부를 하며 타인의 생각을 이해해보려고 노력하고 그에 초점을 맞춘 대화를 하며 끊임없이 사색하고 고민하면 됩니다. 그러면 타인이 하는 말 외에, 인간의 기본적인 본능과 여러 상황이나 맥락 등등을 고려해서 그 실제 뜻을 이해할 수 있게 됩니다.

자기객관화를 위해

─────── 인간은 자기의 모습을 본래보다 조금 더 과대평가하는 경향이 있습니다. 어느 정도는 자기중심적이고, 타인에 비해 본인이 좀 더 낫다고 생각하며, 자신의 능력을 높게 평가합니다. 원래 인간의 디폴트값이기도 하며, 어렸을 때부터 부모님에게 특별하고 소중한 존재로 키워졌기 때문인 이유도 있을 것입니다. 자기애는 필요하지만, 그것이 지나치면 자기객관화를 방해합니다. 물론 성장하면서, 사람들과 어울리고 사회생활을 하면서, 나는 특별한 존재가 아니라는 것을 깨닫게 됩니다. 그럼에도 불구하고, 아주 약간은 자기 자신을 좋게 평가합니다. 인간이 오감을 통해 세상을 관찰하고, 생각하고 판단할 수 있는 이유는 두개골 안에 있는 뇌 때문입니다. 인간은 원래 주관적일 수밖에 없는 존재입니다. 제3자의 입장에서 본인을 객체로 보고 바깥 시각에서 바라볼 수 있는 것은 결코 쉬운 일이 아닙니다. 자기객관화란 내가 생각하는 이상적인 나, 현실의 나, 타인이 보는 나의 간극을 줄여나가는 것입니다.

자기객관화가 되지 않은 사람들이 자주 하는 말과 행동이 있습니다. 왜 나만 불행하지, 왜 나한테만 이런 일이 일어나지?, 내 주위엔 왜 이렇게 이상한 사람들만 꼬이지, 남 탓하기, 세상 탓하기, 나라 탓하기, 정치인 탓하기, 외부환경 탓하기, 왕년에는 잘나갔다, 난 분노조절장애가 있어(실제로는 나한테 간섭하지 말라는 이기적인 마음), 본인이 잘하는 것보다는 좋아하는 것에 너무 많은 비중을 두는 경우, 허세, 비현실적이고 실현 불가능한 허황된 계획, 도박이나 리스크가 너무 큰 것에 심취하는 경우, 미래에 잘될 거라는 그릇된 믿음….

가끔 자기객관화가 잘되는 사람도 있지만, 이것은 생각보다 굉장히 어려운 일입니다. 자기객관화가 되지 않는 사람들은 주위 사람들을 불편하게 만듭니다. 연애나 결혼, 혹은 일이나 여러 인간관계에서 문제를 만듭니다. 혹은 본인이 혼자서 하는 어떠한 행동이나 일에서도 잘못된 판단을 할 가능성이 높습니다. 자기객관화가 잘 안되는 사람은 사람들에게 외면받거나 인생에서 치명적인 불이익을 받을 수 있습니다. 그 결말은 불행입니다.

이성과 감성의 적절한 균형, 본인의 능력치에 대한 냉철한 평가, 본인에게 유리한 해석을 하지 않을 것, 감정이 불편해질 만한 진실을 외면하지 않을 것, 남, 세상, 주위 환경 탓을 하지 않으며 문제의 원인을 외부가 아닌 본인에게서 찾을 것, 자기통제력, 자존감과 자신감, 주위 사람들과 환경·상황 등을 적절히 고려하는 능력은 그냥 길러지는 것이 아닙니다. 독서와 사색, 수많은 경험과 피드백 등이 꾸준히 이루어져야 가능한 것입니다. 물론 메타인지도 굉장히 중요한데 이것은 다른 챕터에서 따로 다루도록 하겠습니다.

자기객관화를 가장 빠르게 할 수 있는 방법 중 하나는 주위 사람들의 피드백이나 평가를 피하지 않는 것입니다. 그것에 대해 불쾌해하고 외면하면, 사람들도 더 이상 말을 해주지 않습니다. 특히 요즘은 남들을 평가하는 것에 대해 좀 더 조심스러워졌습니다. 적극적으로 수용하고 경청하려고 하면, 사람들도 좀 더 솔직하게 말을 해줍니다. 물론 그 과정에서 좋은 의도를 가졌지만, 실수로 기분 나쁘게 말을 할 수도 있을 것입니다. 그래도 개의치 않고, 소위 요즘 말로 '팩

트폭행, 뼈 때리는 조언'들을 들어야 합니다. 감정적인 위로나 달콤한 말도 가끔은 필요하지만, 그것보단 현실적으로 도움이 되는 말을 듣는 게 좋습니다. 순간은 힘들어도, 인생을 길게 놓고 봤을 때 훨씬 행복의 총량이 증가하는 길입니다.

본인에 대해 자주 생각하고, 사색과 성찰, 피드백해야 합니다. 오늘 하루를 돌아보며, 뭔가 잘 안 풀리는 일이 있거나, 다른 사람과의 껄끄러운 측면이 있었다면 거기서 최대한 뭔가를 얻어가려는 태도가 필요합니다. 다른 사람의 탓으로 돌리는 것은 도움이 안 됩니다. 물론 속으로 욕하거나, 그 집단과 관련 없는 친한 다른 사람과 같이 뒷담화를 하며 스트레스를 해소하는 것도 어느 정도 필요합니다. 사실 남 탓으로 돌리면 스트레스도 빨리 풀리고, 생각을 많이 할 필요도 없이 단순하고 빨리 결과가 나옵니다. 하지만 상대방이 90% 잘못이 있다 하더라도, 그것보다는 본인의 10% 잘못에 대해 집중하여 생각하고 좀 더 나은 방향으로의 개선점을 찾는 것이 좋습니다.

자기객관화가 되지 않는 사람들은 타인을 저평가하는 경향이 강합니다. 좋은 대학, 좋은 직업, 고액연봉자, 부자들에 대해 저평가합니다. 물론 정말 누가 봐도 큰 잘못을 했다거나 이상한 말과 행동을 했다면 저평가할 수도 있지만, 본인의 모호한 기준으로 저평가합니다. 외모가 별로라든가, 말투가 어눌하거나 행동이 민첩하지 못하다는 그러한 기준으로 그 사람의 실제 내공이나 실력을 제대로 평가하지 못합니다. 그러면서 그 사람이 누리고 있는 것에 대해 부당하다고 생각합니다. 그러면서 세상이 부조리하다고 말합니다. 하지만 그렇지 않습니다. 불법이나 정의롭지 못한 것은 백번 잘못되었지만, 그 사람이 유튜버나 주식, 재테크, 사업 등등으로 돈을 잘 버는 것은 그 사람이 능력이 있기 때문입니다. 그게 쉬워 보이면 본인도 하면 됩니다. 그 사람이 얼마나 공부했고 노력했으며, 어떤 리스크를 감수했는지 제대로 알지 못하기 때문에 폄하하는 것입니다. 본인의 얄팍한 평가는 의미가 없습니다. 잘난 사람이 성공하는 것이 아니라, 성공한 사람이 잘난 사람입니다.

꼰대가 되지 않기 위해

——————— 흔히 자신의 말이 무조건 맞는다고 주장하는 사람들이 있습니다. 요즘 소위 '꼰대'라 불리기도 하며, 상대적인 나이와 상관없이 그런 사람들이 있습니다. 본인에게 압도적인 지식과 생각의 차이가 있지 않은 이상에, 그들을 설득하기는 쉽지 않습니다. 왜 이런 현상이 일어나며 그런 사람들은 어떤 특징이 있는지 알아보겠습니다.

물론 그들이 맞는 경우도 있습니다. 본인들이 공부를 많이 했거나, 다른 훌륭한 사람들의 의견을 인용해서 주장하는 것인데 그 모든 것을 다 설명할 수 없기 때문입니다. 아니면 수많은 경험을 통해서 그럴 가능성이 높다는 것을 합리적으로 추론해낼 수도 있습니다. '나이가 들어보니 어른들이 하는 말 중에 크게 틀린 말 없더라.'도 그에 해당하겠죠. 토론도 아니고 그렇게 모든 레퍼런스를 제시할 수는 없기 때문에, 그 행간의 의미를 읽지 못하면 다소 논리적 비약이 심하다고 생각할 수도 있습니다. 하지만, 그런 사람들은 무조건 우기지 않으니다. 본인의 주장에 나름의 근거와 이유를 제시하고, 본인이 틀릴 수도 있다는 것도 배제하지 않으며, 조심스럽게 의견을 피력합니다.

이들은 왜 자기주장만 맞는다고 우기는 걸까요? 그 이유는 그들이 대부분 1~2개밖에 알지 못하기 때문입니다. 대한민국 초중고 교과과 정에는 객관식이 많습니다. 객관식에 익숙해지다 보면 반드시 정답이 있고, 정답은 하나라는 인식을 가지기 쉽습니다. 물론 객관식이 나쁘다는 이야기는 아닙니다. 평가의 공정성과 편리성, 정확성을 위해 장점이 많습니다. 꼭 객관식의 문제가 아니더라도 시야가 좁거나 여러 이유로 절대적인 정답이 하나만 있다는 생각을 가지고 있는 사람이 많습니다.

자기가 맞는다고 우긴다는 것은 다르게 말하면 굉장히 경직된 사고를 하고 있다는 뜻입니다. 경직된 사고를 하는 사람은 딱 1~2개밖에 알지 못하고, 다른 것에 대해서는 들어도 잘 이해가 안 가니까 틀렸다고 무시해버리는 특징이 있습니다. 물론 본인이 맞는다고 생각하는 것도 있지만, 그 외에 다양한 개념과 다양한 사람들의 생각에 대해서 알기 때문에 그럴 수도 있다고 생각하고 이해합니다. 그 반대로 유연한 사고를 할 수 있다는 것은 다양한 지식을 갖추고 있기 때문에 여러 개의 선택지를 생각할 수 있다는 의미입니다. 평소에는 자기 방식대로 하다가도, 좀 특별한 상황이나 여러 사람들과 조율해야 할 때는 다른 좋은 선택지를 선택할 수 있습니다. 모든 정답이 절대적이지는 않기 때문에 일반적인 상황에서는 원래 하던 대로 하겠지만, 여러 주위 환경이 변화하면 다른 선택지를 고려할 수 있는 사람이 되어야 합니다.

특히나 사회적으로 성공하면 자신의 방법이 맞는다는 확신을 가지기 쉽습니다. 왜냐하면 본인이 그 생각과 방식으로 성공했고, 맞는다는 것이 증명되었기 때문입니다. 하지만 세상은 빠르게 변화하고 있고, 같은 세상이라도 다른 사람에게는 그것이 틀린 방법일 수도 있습니다. 간혹 성공한 사람이 그 사고가 굳어지면, 여러 사람들(특히 아랫사람)을 피곤하게 합니다.

과거에는 세상이 빠르게 변화하지 않았습니다. 주로 농사를 지었고, 매년 봄여름가을겨울에 하는 일이 작년과 크게 다르지 않았습니다. 그러다 보니, 연장자가 그걸 여러 번 경험했고, 소위 말해 군대에서 이야기하는 '짬', 경험이 많은 사람이 곧 지혜로운 사람인 경우가 많았습니다. 하지만 요즘은 정말 몇 년마다 세상이 너무 빠르게 변화해서, 본인이 과거에 그 방법으로 성공했다고 해도, 현재에는 전혀 맞지 않는 경우가 대부분입니다.

또한 세상이 너무 복잡다단해지면서, 다양한 사람들이 여러 목소리들을 내게 되었습니다. 현재에 비해 과거에는 나라나 사회에서 어떤 목표를 가지고 있어서 거기에 맞춰가기만 하면 되는 경우가 많았습니다. 즉, 공동체라는 개념이 중요했지만, 지금은 개인주의 시대입니다. 사람마다 관심사가 다르고 생각도 다양합니다. 거리도 덜 중요해지고, 인터넷상에서 비슷한 생각이나 관심사를 공유하는 사람들과 소통을 하게 됩니다. 물론 장점이 더 많다고 생각합니다. 하지만 그러다 보니 자신이 속해 있는 사람과 생각이 비슷해지고, 마치 세상 사람들도 그와 비슷하게 생각할 것이라는 착각에 빠질 가능성이 높습니다. 그러다가 다른 집단의 사람을 만나게 되면 생각과 가치관이 핑장히 달라 놀랄 수도 있습니다. 그렇게 되면, 자기가 속한 집단의 사람이 상식적인 사람이고, 다른 집단의 그 한 사람이 좀 특이한 사람이라고 치부해버릴 가능성이 높습니다. 서로 그렇게 생각하게 되는 것이죠.

하지만 일부 순수학문을 제외하고는 정답이 단 하나인 경우는 극히 드뭅니다. 철학에서도 수많은 것들이 정답 후보군에 있으며, 인문사회적인 학문과 인간관계에서 일어나는 일들은 정답이 없는 것이 훨씬 많습니다. 물론 정답이 없다는 이유로 명백한 오답을 주장해서는 안 되겠지만, 상황과 사람에 따라 보편적 상식선에서 크게 벗어나지 않는 무난한 생각과 행동은 매우 다양합니다.

따라서 현명한 사람은 자신의 생각도 있지만, 다른 생각들에 대해서도 어느 정도 이해를 하고, '아 저 사람의 입장에서는 충분히 저렇게 생각할 수도 있겠구나.'라고 받아들입니다. 공부와 경험을 많이 함으로써, 세상을 보는 시야가 넓어져서 다양한 관점에 대해서도 많이 알고 있습니다. 즉, '네 말도 옳고, 네 말도 옳다.' '그럴 수도 있다.' 식으로 되는 것이지요. 계속해서 시야를 넓혀나가면, 정말 극소수의 비정상인을 제외하고서는 인간관계에 대해 크게 이해 못 할 일도 없습니다. 인간의 불행 중 많은 부분이 인간관계 문제인데, 다양한 사람들의 생각과 행동을 이해하면, 스트레스받을 일도 적고 불행에서 멀어집니다.

본인과 생각이 다를 때, 저 사람은 이상한 사람이다라고 치부해버리면 당장은 간단히 해결되는 것처럼 보이고 감정적 스트레스를 덜받기도 합니다. 물론 가족들이나 본인과 잘 맞는 소수의 사람들만 딱 만나는 것도 좋은 방법이라고 생각합니다만, 이런 식으로는 발전이 없습니다. 정말 모든 사람들이 이상하다고 하는 사람이면 모르겠지만, 그렇지 않은 경우에는 상대방을 이해하려는 노력이 필요합니다. 상대방을 위해서가 아니라 본인을 위해서입니다. 다음에 기회가 된다면, 분위기 좋을 때나 타이밍을 봐서 왜 그랬는지 조심스럽게 물어보는 것도 좋습니다. 막상 이야기를 들어보면 본인이 미처 생각도 못 했던 그럴만한 이유를 알게 되는 경우가 많습니다. 그러면서 다음에 비슷한 상황이나 다른 사람에 대해서도 '아 저 사람은 저래서 지금 저렇게 말과 행동을 하는 것일 수도 있겠구나.'라고 타인에 대한 이해와 공감을 더 잘할 수 있고, 스트레스도 덜 받으며, 거기에 맞춰 좋은 대응을 할 수도 있습니다. 그렇게 노력하며 사람은 발전하는 것입니다.

인간은 하나의 소우주입니다. 때마다 사람마다 생각하는 방식이 상상도 못 할 정도로 다른 경우가 많습니다. 모든 걸 알 수는 없겠지만, 이런 인식을 가지고 사람들이 할 수 있는 다양한 생각과 행동을 이해해야 합니다. 여러 분야에 대해 공부하며, 각각의 주제들에 있어서 나올 수 있는 다양한 주장과 이론을 최대한 많이 알수록 유연한 사고를 가질 수 있습니다. 하나만 아는 사람이 가장 위험합니다. 차라리 하나도 모르는 사람이 더 열린 사고를 하며 타인의 의견을 받아들일 수 있다는 측면에서는 더 나을 수도 있습니다.

밀도 있는 대화

──────── 인간은 하나로 소우주입니다. 나 자신을 이해하는
것도 쉽지 않지만, 타인을 이해하는 것은 더욱 어렵습니다. 여기서,
내가 아닌 타인을 어느 정도까지 이해해보았는지가 정말 중요합니
다. 어떠한 유형의 사람이든 1명이라도 그 내면 깊은 곳까지 가봤다
는 것은, 또 다른 타인을 이해하는 데 엄청나게 도움이 됩니다. 왜냐
하면, 우선 타인을 깊이 있게 이해하는 방법을 알고 있다는 뜻이기
때문입니다. 내가 아닌 타인은 내가 생각해왔던 것과는 다르게 정말
다른 존재, 또 하나의 소우주입니다.

사람은 서로에 대해서 알기 위해 대화를 합니다. 물론 대화 말고도
비언어적인 부분과 여러 조건들로 알 수 있는 부분들도 있지만, 대화
는 상대방을 확실히 알 수 있는 가장 좋은 방법입니다. 하지만 같은
시간 대화했다고 해서 다 같은 것이 아닙니다. 대화에는 그 깊이와
밀도가 있습니다. 마치 공부를 할 때 집중력 없이 책상에 앉아서 책
만 겉핥기식으로 보는 것과 1시간을 공부해도 정말 집중해서 텍스트
의 행간을 이해하는 것과는 몇 배 혹은 몇십 배 차이가 나는 것과 같
습니다.

20대 초중반까지는 예능 프로그램에서 하는 재미있는 개그와 같이
가벼운 대화가 주를 이루지만, 20대 후반부터는 취업을 하고 나이도
있기 때문에 그런 가벼운 대화만으로는 한계가 있습니다. 물론 어느
나이대나 일상적인 이야기, 무겁지 않고 유쾌한 대화가 비중이 높습
니다. 하지만 어떠한 깊이와 밀도 있는 대화가 없다면 상대방과 정신

적으로 가까워지는 데는 많은 시간이 걸리거나 아예 불가능할 수도 있습니다. 간혹 오래된 연인이나 부부인데도, 깊이 있고 밀도 있는 대화가 너무 부족해서 서로에 대해 너무 모르는 경우도 있습니다.

침묵은 금이라고 하지만, 밀도 있는 대화 없이 상대방을 이해한다는 것은 불가능에 가깝습니다. 정보교환도 좋고, 여자들이 주로 하는 감정공유도 좋지만, 그 사람의 생각을 들어보는 것이 좋습니다. 너무 직접적인 질문도 있겠지만, 이런저런 주위에서 일어나는 재미있는 일이나, 보았던 프로그램이나 영화에 대해서 대화를 해보는 것입니다. TV 예능 프로그램을 보면 각 분야의 교수들이나 유명한 사람들이, 같은 대화 주제에서 자기 전문 분야에 접목시켜 이야기하는 부분이 나옵니다. 물론 대본이 있을 테지만, 그것을 이상치로 삼고, 어느 정도 지적인 대화를 추구할 필요가 있습니다. 딱딱하지 않게, 중간중간에 유머와 위트를 추가해주면 금상첨화겠죠. 유머와 위트는, 웃기는 것과는 많이 다릅니다. 웃기는 사람이 아니라 유머와 위트, 센스를 갖춘 사람이 되기 위해 노력하는 것이 좋다고 생각합니다. 그러면서 상대방의 생각을 들어보고 나의 생각도 이야기하면서, '아 이 사람은 이렇게 생각하는구나. 혹은 이런 가치관을 가지고 있구나. 그럼 다른 문제에 대해서는 이렇게 생각할 가능성이 높겠네.'와 같은 과정을 거치면서 데이터가 점점 쌓이고 그 사람에 대해 잘 알 수 있게 됩니다.

이런 대화를 싫어하는 사람들도 많습니다. 사실 현재 사회가 일이나 학업으로 스트레스가 많으니, 사람들을 만나면 긴장을 풀고 재미있고 즐거운 시간을 가지길 원합니다. 혹은 자신의 생각을 말하는 것을 싫어하는 사람들도 있습니다. 나를 남에게 보여주기 싫거나, 그런 대화법이 익숙하지 않거나, 자신의 생각을 말하는 데 어려움을 겪는 사람들도 있습니다. 그리고 생각이 미성숙하거나 어린 나이 때는, 서로의 생각을 말하면서 오해를 하거나 말싸움으로 번지는 경우도 많습니다. 그런 경험 때문에 꺼리는 부분도 있을 것입니다. 하지만 저는, 그래도 최소한의 밀도 있는 대화를 하는 것도 큰 장점이 있다고 생각합니다.

그래서 내가 사랑하거나 호감이 있는 친구, 혹은 룸메이트 등등 내가 이 사람과 평생 잘 지내고 싶은 사람이 있다면 상황이 되고 시간 날 때마다 밀도 있는 대화를 많이 해보는 것을 추천드립니다. 물론 결혼을 염두에 두고 연애하고 있는 사이라면 더더욱 그럴 필요가 있습니다. 최대한 밀도 있는 대화를 많이 해보고 결혼하는 것이 실패 가능성을 현저히 낮출 수 있는 방법입니다.

밀도 있는 대화의 단점도 있긴 합니다. 사람은 누군가가 나의 내면에 너무 깊이 들어오는 것에 대한 거부감이 있습니다. 그런 부분을 고려해서 상대방의 눈치를 잘 살펴야 합니다. 너무 무례하고 어려운 질문을 하는 것은 인간관계를 해치는 법입니다. 적절하게 밀도 있는 대화로, 같은 시간에 상대방을 더 잘 알 수 있고, 그것은 삶의 질을 높여줄 것입니다.

> PART 3 ◄

어떻게
공부할 것인가

공부의 시대,
인생을 일으키는 하루 1시간 공부법

공부 순서

공부의 첫 번째 단계는 초중고의 의무교과과정입니다. '의무교과과정'이란 나라에서 최소한 이 정도는 알아야 국민으로서 살아가는 데 큰 어려움이 없는 지식수준을 말합니다. 학창시절 공부를 열심히 했던 사람이라면 이 정도를 갖추고 있겠지만, 그렇지 않은 사람도 있습니다. 하지만 성인이라면 사회생활도 하고 이것저것 경험하며 본인도 모르게 1~2번쯤은 접하게 되는 지식들입니다. 공부를 잘했다고 하더라도, 문이과의 구분으로 사회탐구와 과학탐구 영역 중에 한 과목만 공부한 사람이 대부분일 것입니다.

이것을 공부하는 방법은 간단합니다. 본인이 공부하지 않았거나, 잘 못했던 사회탐구와 과학탐구 영역만 공부하면 됩니다. 일단 국영수는 이 단계에서 고려할 필요가 없습니다. 시험과 상관없는 편한 마음으로 사회탐구 11과목, 과학탐구는 부담스럽다면 물리1, 화학1, 생물1만 공부하면 됩니다. 굳이 돈 들일 필요 없이 EBSI에서 개념 강의를 들으세요. 문제풀이 부분은 건너뛰셔도 되고, 하루에 1시간씩만 투자하세요. 그러면 보통 1년도 안 걸립니다. 기왕에 한국 사람이면 한국사능력검정시험도 취득하시 길 바랍니다. 이렇게 1시간씩 1년만 공부하면 충분히 똑똑해집니다. 어디 가서 적어도 무식하다는 소리는 절대 안 들을 것입니다.

공부의 두 번째 단계는 대학교 1학년 기초필수나 교양 수준입니다. 전공 책을 사서 보는 것을 추천합니다. 보통 ○○개론, ○○입문 이런 식입니다. 전공 이름에 개론이 붙은 책(즉 철학과 → 철학개론, 심리학과 → 심리학개론, 경제학과 → 경제학개론)이 가장 기초 전공을 다루고 있습니다. 전공 책을 구매할 때는 개정 제N판이라고 적혀 있는지 확인해야 합 니다. 시대에 따라 변하는 정보나 오류를 반영해 출간한 것이 개정판 이기 때문입니다. 제가 추천하는 개론서나 읽어야 할 분야는 철학, 심 리학, 사회학, 언어학, 경제학, 경영학, 법학, 정치학 등등입니다. 거기 에 추가로 외교학, 윤리학, 무역학, 인류학, 지리학, 교육학 정도까지 읽어보면 좋겠죠. 그리고 '채사장' 님이 쓰신 《지적 대화를 위한 넓고 얕은 지식》 0, 1, 2편을 강력하게 추천드립니다. 이 책만 읽어도 어느 정도 뼈대가 잡힙니다.

시간이 엄청 많이 걸릴 것 같고 엄두도 안 나겠지만, 보통 한 권당 평균 500페이지 정도입니다. 한 달에 한 권 읽을 수 있습니다. 대학 생들은 그 책 한 권을 2학점(한 학기에 18학점 정도)으로 해서 4개월 만 에 과제에 시험까지 중간, 기말 2번 칩니다. 마음 편히 읽으면 충분히 한 달에 한 권 가능하고, 또 여러 책들에서 겹치는 내용이 많습니다.

대부분 응용학문이다 보니 비슷한 챕터나 같은 내용이 반복되어 1/3 정도는 거저먹는 부분이 많습니다. 그 공통분모 때문에 문과 출신이라면 전공과 상관없이, 비슷한 측면이 있는 것입니다. 이 정도 수준이면 웬만한 명문대 나온 사람보다 어떤 부분에서는 더 똑똑해집니다. 여기까지 평일 하루에 1시간, 주말은 2~3시간 정도 투자해서 딱 2년입니다. 충분히 투자할 가치가 있습니다.

공부의 세 번째 단계는 이제 대학교 2~3학년 전공 핵심 부분입니다. 두 번째 단계가 기초필수나 교양인데, 사실 세 번째 단계부터는 아무나 하기 쉽지 않고 두 번째 단계까지만 해도 충분합니다. 심리학개론을 배웠다면 그다음으로는 인지심리, 사회심리, 아동심리, 여성심리, 범죄심리, 진화심리 등등을 배우겠죠. 법학개론을 배웠다면 그다음으로는 헌법, 민법, 형법 등등을 배우겠죠. 이건 대학 커리큘럼을 참고하면 됩니다. 다 공부할 필요는 없고, 학문당 핵심적인 2~3과목 정도만 추가로 더 공부하세요. 이 세 번째 단계에서 공부해야 할 전공 책의 양은 대략 30권 정도입니다. 이 단계는 2년 정도 걸려서 총 4년을 공부했군요. 이 정도 공부했다면 당신은 세상을 바라보는 통찰력도 생기며 이미 주위에서 비교할 대상이 없을 만큼 똑똑한 사람이 되어 있을 것입니다. 베스트셀러를 읽으면 80% 정도는 이미 아는 내용들입니다. 어떤 분야의 전문가를 만나도 적당한 수준의 대화는 가능할 것입니다. 그리고 꼭 대학교 기준이 아니더라도, 도서코드를 참고해서 내가 어느 쪽이 부족한가를 알고 채워가는 것도 좋습니다.

공부의 네 번째 단계는 고전 읽기입니다. 세 번째 단계까지 공부했다면 학문의 체계가 이미 다 잡혀 있고 유명한 고전이 어떤 학문과 어떤 관계가 있는지 다 보입니다. 주제별로 하나씩 고전을 공부하시면 됩니다. 고전은 매우 어렵기 때문에 유튜브 같은 데서 교수님들이 한 좋은 강의를 찾아 들으면 좋습니다. 요약 강의 같은 것들도 들으세요. 일단 고전을 처음 읽었는데 10% 이상 이해하면 엄청난 천재입니다. 좀 쉬운 고전도 있지만 이해가 하나도 안 되는 게 정상일 것입니다. 맨 처음에는 그 고전에서 말하는 정말 핵심적인 개념 3개 정도만 알고 넘어가면 됩니다. 요즘 워낙 공부하기 좋은 세상이라 그 핵심적인 개념이 뭔지 검색만 하면 다 알 수 있습니다. 처음에는 그 정도로 이해하고 넘어가고 계속 다른 고전이나 다른 공부를 하세요. 책은 구매를 하시는 게 좋습니다. 그렇게 계속 공부하다가 오랜만에 문득 책장을 보면, 눈에 다시 들어오는 고전이 있을 것입니다. 저거 이번에 다시 읽어보면 좀 더 보이는 게 있겠다, 직관적으로 느낌이 옵니다. 그럼 이해도가 10%에서 15~30%까지 증가합니다. 그렇게 해서 서서히 이해 정도의 %를 늘려가는 것입니다. 여기서 말한 고전은 문학고전은 제외했는데, 문학고전은 앞의 1, 2, 3단계의 공부와 상관이 크게 없는 것이 많으니 꼭 순서를 안 지켜도 될 것 같습니다. 하지만 이해도를 점점 늘려나간다는 점은 같습니다.

추가로, 이건 앞의 1~4번의 순서와 상관없이, 영어, 한자 공부를 하고 국어사전을 1~2회독하는 것을 추천드립니다. 문학도 읽고, 성경 같은 종교 관련 공부도 괜찮습니다. 필독도서 목록 다 읽기도 추천드립니다. 시사에도 관심을 가지고 신문이나 뉴스도 꾸준히 봐야겠지요. 네 번째 단계는 평생 해도 이루지 못할 것입니다. 어쩌면 네 번째 단계부터가 진짜 공부이고, 앞의 단계를 그것을 위한 준비 단계라고 봐도 무방합니다. 하지만 1, 2, 3단계까지 4년 걸리고, 네 번째 단계를 꾸준히 2~3년 이상 하고 있다면, 당신은 현자의 길을 가고 있는 것입니다.

정신력

──────── 일단 일이나 공부나 운동 등을 하면 노력도 해야 하고, 여러 가지 스트레스를 받을 수 있습니다. 우선 이런 생산적인 것들을 하기에 앞서서 '정신력'이라는 개념을 정확히 이해할 필요가 있습니다. 정신력도 체력같이 에너지를 소비하는 것입니다. 마치 컵에 물이 담겨 있고, 그것이 서서히 빠져나가는 것과 같습니다.

아침에 일어나면, 컵에 정신력이라는 물이 거의 가득 담겨 있습니다. 출근과 동시에 일을 하면서 스트레스를 받게 되면, 그 정신력이 서서히 고갈되기 시작합니다. 퇴근할 때쯤이면 거의 바닥을 보입니다. 집에 오면 보통 30분에서 1시간 동안은 멍하게 있거나 TV와 유튜브를 보는 경우가 많은데요, 이것은 바닥을 보이는 정신력을 조금씩 상승시키는 역할을 합니다.

여기서 이 정신력을 담는 컵의 크기는 사람마다 많이 다릅니다. 태생적으로 컵이 큰 사람이 있고, 작은 사람도 있습니다. 컵의 크기는 사실상 크게 변화하지 않습니다. 노력해도 잘 변화하지 않는 것 같습니다. 하지만 건강 상태에 따라 컵의 크기가 작아질 수는 있습니다. 건강 상태가 많이 안 좋아지면 체력이 안 좋아지고, 체력이 안 좋아지면 본인이 가진 정신력의 크기를 100% 쓰지 못하고 줄어듭니다. 그래서 우선 체력을 향상시키는 것이 중요합니다. 뻔한 이야기지만, 식단관리를 하고 꾸준한 운동을 해야 합니다. 탄수화물 중독, 칼로리가 집적된 음식을 야식으로 먹거나, 술과 담배를 끊거나 줄여야 합니다. 적어도 적정체중을 유지하는 것이 좋습니다. 운동을 정말 열심히 하면 좋겠지만, 가벼운 운동, 유산소를 하는 것이 중요합니다. 이것들을 실천하지 않으면, 만성피로에 시달리고 쉬어도 쉬어도 피곤하며, 우울증이나 번아웃 증상이 나타나기 쉽습니다.

그다음은 정신력이라는 에너지를 천천히 소모시키는 것이 필요합니다. 똑같은 스트레스를 받아도 줄어드는 양이 다릅니다. 같은 스트레스 10을 받아도, 예민해서 20, 30으로 증폭되는 사람이 있고, 둔해서 5 이하로 줄어드는 사람이 있습니다. 물론 성향의 차이도 있습니다만, 현명하게 생각하는 것이 중요합니다. 긍정적으로 생각하고, 타인에 대해 이해하고, 공부를 많이 하거나 본인에게 맞는 스트레스 덜 받는 방법을 터득하는 것이 필요합니다.

이제 정신력의 개념을 어느 정도 설명했으니 중요한 이야기를 해보고자 합니다. 퇴근 후 공부를 하기 위해서는 정신력 관리도 중요하고, 재충전을 위해서 TV, 유튜브, 게임 등등을 하는 것은 그렇게 나쁜 것이 아닙니다. 퇴근 후 30분~2시간 정도는 해도 바람직합니다. 하지만 문제는 그게 습관화되는 것입니다. 재충전을 했으면, 이제 생산적인 활동을 해야 하는데, 계속 유튜브만 보다가 자는 것이 문제입니다. 퇴근시간과 집 도착시간이 사람마다 다르겠지만, 대략 8~9시까지 재충전 후, 일단 운동을 1시간 정도 하는 것이 좋습니다. 운동 끝

내고 10시쯤부터 11시까지는 공부를 하다가 잠드는 것이 좋겠죠. 다시 요약하면, 퇴근 후 재충전의 시간을 갖고, 운동 1시간 공부 1시간을 어떻게든 확보하는 것이 중요합니다.

사실 평일은 좀 빡빡합니다. 주말시간을 활용하는 것이 중요합니다. 토요일 하루 정도는 늦잠을 자는 것도 괜찮다고 생각합니다. 일요일에 늦잠을 자면, 월요일 출근할 때 지장이 있기 때문에 너무 늦게 일어나는 것은 좋지 않습니다. 일어나서 공부를 하거나, 어디 배우러 다니거나, 여행을 가거나, 운동을 하거나 해야 합니다. 물론 가끔 사람도 만나고 노는 것도 나쁘지 않습니다. 경계해야 할 것은, 매 주말마다 늘어져서 시간을 허무하게 보내는 것입니다.

건강관리

———— 직장인이든 아니든, 일단 공부에 앞서서 30대부터는 건강관리에 집중해야 합니다. 건강관리가 잘 안되면, 공부는커녕 뭘 할 수가 없습니다. 일만 하면 피곤해서 퇴근하고 쉬는 데만 시간을 쏟게 되어 있습니다. 만성피로에 시달리며, 충분히 자도 피곤하고, 번 아웃되어 주말에도 하루 종일 늘어져 있게 됩니다. 나이의 영향이 전혀 없지는 않겠지만, 나이 때문이거나 일이 힘들어서가 아닙니다. 물론 몸을 많이 쓰시는 분이거나, 정말 일이 힘드신 분은 그럴 수 있습니다. 하지만 앉아서 하는 사무직인데 만성피로에 시달린다면 분명 문제가 있습니다. 이 책의 주제와는 크게 상관없을 수 있지만, 일단

너무 중요해서 쓰지 않을 수가 없었습니다. 필자도 나름 의사이고, 관심 있어 공부를 많이 한 주제이니 독자에게 도움이 되었으면 좋겠습니다. 아예 관련 책을 한 권 읽어보길 추천드립니다.

우선 건강을 해치는 가장 큰 이유는 탄수화물 중독이라고 생각합니다. 대한민국의 60살 이하의 사람들은 크고 작은 정도는 있겠지만 90% 이상이 많은 양의 탄수화물을 섭취합니다. 여기서 말하는 탄수화물이란, 밥, 고구마, 감자 같은 것을 말하는 것이 아닙니다. 밀가루와 설탕과 같은 단순당입니다. 같은 탄수화물인데 무슨 차이가 있을까요? 우선 탄수화물의 가장 기본단위는 육각형 형태의 포도당입니다. 그 포도당들이 결합하여 연결되어 있습니다. 몸에 들어가면 탄수화물이 분해되어 포도당이 되는데, 이때 효소가 사용됩니다. 그러면 분해된 포도당 때문에 혈당(혈액 속에 함유되어 있는 포도당)이 높아지게 되고, 이 혈액 내 포도당을 세포로 흡수하기 위한 호르몬이 배출되는데, 바로 그 유명한 인슐린입니다. 혈당이 높아지면 포만감을 느껴 배가 고프지 않고, 혈당이 낮으면 배가 고픕니다. 여기서 좋은 탄수화물은 포도당들의 사슬이 매우 길거나 복잡해서, 그것을 포도당으로 만드는 데 시간이 오래 걸립니다. 그래서 천천히 포도당이 생성되고, 오랫동안 혈당이 적정수준으로 유지되어 포만감을 느끼게 되고, 다른 음식물을 덜 섭취하게 됩니다. 하지만 단순당의 경우, 특히 설탕은 이당류로서 포도당으로 급격하게 분해됩니다. 즉, 밀가루나 설탕, 액상과당 같은 것을 먹게 되면 탄수화물이 급격히 포도당으로 전환되고, 혈당량이 급격하게 높아지게 됩니다. 그렇게 되면 인슐린이 상당히 많이 분비됩니다. 많이 분비된 인슐린은 혈당량을 급격히 낮추고, 오히려 저혈당의 상태를 만듭니다. 그러면 다시 배가 빨리 고파지는 효과를 낳게 됩니다. 실제로는 포도당이 세포로 흡수되어 충분한 열량을 섭취했는데도 오히려 배고픔을 더 느끼게 되는 것입니다. 그리고 이렇게 인슐린이 세포에 자주 반응하게 되면, 인슐린 내성이 생기게 되는데 이것이 당뇨병(II형)입니다.

위 설명이 좀 어려울 수도 있습니다. 결과만 이야기하면 디저트류, 과자, 음료수, 아이스크림, 밀가루, 라면, 면, 빵, 튀김 같은 것 등등을 끊으시는 것이 좋습니다. 갑자기 막막하고 끊으면 죽을 것 같이 괴로울 것입니다. 하지만 이는 탄수화물에 중독되어 있기 때문입니다. 막상 2~6주 정도 끊으면 생각이 덜 납니다. 우선 평소보다 밥을 의도적으로 많이 드세요. 그러면 참을만합니다. 탄수화물 중독에서 서서히 벗어나면 그때 밥을 원래대로 줄이면 됩니다. 또 누군가는 이렇게 반문할 것입니다. 그래도 맛있는 것 좀 먹고 살아야 하지 않냐, 무슨 낙으로 사냐. 차라리 고기를 많이 드세요. 구운 치킨, 삼겹살, 족발, 소고기, 생선 등등 튀기지 않고, 양념이 덜 강하며 단백질과 영양소가 풍부한 고기를 드시는 게 차라리 낫습니다. 앞으로는 이산화탄소와 환경오염, 도축 등 여러 가지 이유로 육식이 줄어들 수도 있습니다만, 단순당은 몸에 하나도 좋을 것이 없습니다.

식단관리나 식습관도 결국에는 습관입니다. 습관을 바꾸는 것은 쉽지 않지만, 하나씩 고쳐가시는 것을 추천합니다. 결국 음식은 타협이라고 생각합니다. 아무리 건강도 중요하지만, 맛있는 음식을 먹을 때 느끼는 행복도 큽니다. 내가 이 음식은 포기 못 하겠다, 이건 끊을만하다 그 선을 정하는 것이라고 생각합니다. 저는 과자, 음료수, 라면,

아이스크림, 빵, 면, 튀김류는 거의 끊었습니다. 대신에 치킨을 비롯한 닭요리, 소고기, 돼지고기, 양고기, 생선 등등을 먹습니다. 사람마다 다르겠지만, 하나씩 습관을 고쳐가는 것을 추천합니다. 하지만 습관을 고치기에 앞서, 우선 음식에 대한 공부를 해보는 것도 좋을 것 같습니다. 정확한 정보나 메커니즘을 이해해야, 어디까지 끊을 것인지 현명하게 정할 수 있으니까요. 술, 담배는 너무 당연해서 굳이 설명 안 해도 될 것입니다.

식단관리가 되었다면 그다음은 운동입니다. 저는 하루 1시간 운동을 추천합니다. 물론 더 하면 좋겠지만, 일주일에 3~4번 정도는 규칙적으로 운동합니다. 사람마다 스타일이 다르고, 힘든 운동을 하면 더 좋겠지만, 최소한의 근력운동과 유산소운동을 해야 합니다. 몸 전체의 근육을 골고루 쓸 수 있으며, 땀을 흘리는 유산소운동을 하는 것이 매우 중요합니다. 저는 헬스를 하며, 러닝머신으로 하루 5km씩 주 4일을 뜁니다. 러닝을 하면서도, 유튜브 강의나 영상을 봅니다. 유산소를 하며 땀을 흘려주는 것은, 몸의 노폐물을 배출하고, 찌뿌둥한 느낌을 날려버리고 개운하며 몸의 모든 수치를 정상에 가까워지게 만듭니다. 노폐물을 배출하여, 모세혈관의 혈액순환을 원활하게 하여 몸 전체의 효율을 높입니다. 적정체중을 유지하며, 몸에 에너지가 충분하고, 일상생활을 활력 있게 보낼 수 있고, 정신이 맑아집니다. 과체중이면, 그 체지방에서 염증반응이 자주 일어나고, 활성산소에 의해 노화가 촉진됩니다. 젊게 사는 사람들은 거의 대부분 반드시 운동을 하고 적정체중을 유지하고 있습니다. 저의 개인적인 의견입니다만, 소식이나 채식을 하는 것도 좋지만, 더 중요한 것은 결국 적정체중을 유지하고 유산소운동을 해서 몸의 체지방과 노폐물이 적은 상태를 유지하는 것이라고 생각합니다.

운동이 너무 귀찮고 번거롭다면, 하체운동만이라도 꼭 하길 권합니다. 닥치고 스쿼트라는 말이 있습니다. 20대 때는 딱히 운동을 하지 않아도 큰 차이가 나지 않습니다. 20대 때는 특유의 에너지와 젊음이 있기 때문에 여자뿐만 아니라 남자도 아름다울 때입니다. 하지만 30대가 되면서부터 허벅지 근육이 빠지기 시작합니다. 인간은 근육의 60~70%가 하체에 있고, 가장 많이 하는 움직임은 걷기입니다. 따라서 하체운동을 끊임없이 하지 않으면 일단 하체가 약해져 걷는 것에서 어려움을 느끼고, 몸이 무거워집니다. 피곤합니다. 정신력이라는 것도 결국 강한 체력이 뒷받침되지 않으면 안 됩니다. 하체 근육이 없다면, 심장에서 혈액이 순환할 때, 하체로 간 혈액이 잘 펌핑되지 못하며 성기능 또한 약해집니다. 다른 게 다 귀찮다면 하루에 스쿼트만 꾸준히 하셔도 반 이상은 된 것입니다. 30대 이상인데 나이에 비해 훨씬 젊어 보이고 건강하고 활력이 넘친다면 거의 대부분은 운동을 꾸준히 하고 있는 사람입니다. 운동은 정말 선택이 아닌 필수입니다.

식단관리 식습관과 운동은 정말 중요합니다. 이것을 가볍게 생각할 경우, 만성피로와 번아웃에 시달리며, 정신이 맑지 못하고 멍하거나 몽롱한 상태로, 그저 살아지는 대로 살다가 일찍 죽게 될 것입니다.

직장인의 공부

——————— 저는 하루 1시간 운동 1시간 공부 방법을 추천합니다. 바로 앞글에서 건강관리와 운동을 1시간씩 하면 체력관리가 되어 드디어 공부할 수 있는 에너지와 시간이 마련된다고 서술했습니다. 사실 정말 일이 힘들거나 몸을 쓰는 일을 하면 체력적으로 많이 고단합니다. 저도 살면서 수많은 아르바이트를 했었고, 야간 택배 상하차나 노가다 공장에서 일을 해봤었는데 정말 힘들어서, 집에 오면 기절을 할 정도였습니다. 물론 꾸준히 일을 한다면 적응이 될지도 모르겠지만, 사실 그렇게 힘들게 일하고 퇴근 후 공부를 한다는 건 불가능에 가깝다고 생각합니다. 예전에 막노동을 하면서 공부해 의대에 갔던 박진영 씨의 영상을 보았습니다. 처음에는 10분도 앉아 있기 힘들었는데, 계속하다 보니 적응이 되어 6시간까지 공부를 할 수 있었다고 하였습니다. 그 전에는 막노동을 하면서 수능 수석을 했던 장승수 씨도 있습니다. 《공부가 제일 쉬웠어요》라는 책을 내어 화제가 되었죠. 하지만 이런 분들은 보통사람들이 아닙니다. 저는 그렇지 않은 대부분의 사람들도 할 수 있는 것에 대해서 쓰고 있기 때문에, 힘든 일을 하시는 분들은 쉬는 날이 아니면 현실적으로 공부하는 것이 힘들다는 것을 잘 알고 있습니다.

보통은 퇴근을 6시쯤 하고, 집에 와서 저녁 식사를 한 후 좀 쉬다 보면 8~9시쯤이 될 것입니다. 이때 운동을 하면 9~10시쯤이 되고, 충분히 1시간 정도 공부할 수 있는 시간은 나옵니다. 사실 시간이 없다는 것은 평계에 가깝습니다. 읽을만한 책들은 많고, 무슨 공부를 해야 할지에 대해서도 서술하였습니다. 아니면 본인이 관심 있는 책들을 사서 읽어도 됩니다. 300페이지 책이라도, 하루에 50페이지씩만 읽어도 일주일이면 충분히 읽습니다. 책이 아니면 강의를 들어도 됩니다. 요즘 좋은 강의들이 정말 많고, 쉽게 접할 수 있습니다. 그동안 검색을 하지 않았기 때문에 잘 모를 수도 있지만 조금만 검색해보면 널려 있습니다. 그 강의나 유튜브 구독으로 정주행하는 것도 괜찮습니다. 공부는 결국 습관의 문제입니다. 취업 후 바쁘다 보니, 공부를 등한시하게 되었고, 점점 미루다가 생활패턴이 굳어져 버린 것입니다. 시험이 있는 것도 아니고, 누가 시키는 것도 아니며, 공부하지 않는다고 큰일이 나는 것도 아니기 때문입니다. 여러 가지 하고 싶은 것들을 하면서 살아도 좋습니다. 가족들과 시간을 보내거나, 지인들과 하루 재미있게 노는 것도 중요합니다. 하지만 기본적으로 운동 1시간 공부 1시간을 루틴하게 시행하는 것이 중요합니다.

주말은 더욱 시간이 많습니다. 토요일은 늦게 일어나 커피 한 잔으로 하루를 시작하며, 자연스럽게 책상 앞에 앉는 것도 좋습니다. 저녁에 약속이 있어서 놀아도 괜찮습니다. 하지만 별 특별한 일이 없는 시간이나 날에는 루틴하게 공부를 하는 것이 좋습니다. 빈둥대기도 하고, 쉬기도 하면서, 1시간씩 공부를 여러 번 나눠서 해보세요. 너무 강박적으로 할 필요는 없습니다. 물론 그렇게까지 하기도 쉽지 않겠지만요. 학창시절 대입과 취업, 시험을 위한 경쟁과 공부라는 생각에서 벗어나, 편안한 마음으로 가볍게 공부하는 것이 좋습니다. 일단은 그렇게 습관을 들이면 공부시간도 늘어날 것이며, 점점 더 깊은 공부를 할 수 있습니다. 처음부터 너무 거창하게 목표를 세우면 포기할 가능성이 높습니다.

직업에 따라 다르지만, 간혹 중간중간에 자투리 시간이 많이 남는 일도 있습니다. 사실 그런 일을 한다면 정말 축복받은 것입니다. 출근해서 중간중간에 책을 조금씩 읽다 보면, 퇴근 전까지 책 한 권 읽을 수 있는 직업도 있습니다. 아니면 출퇴근 시간에 대중교통을 이용하며 책을 읽을 수도 있습니다. 출근하는 데 1시간씩 걸리는 사람도 많은데, 운전을 하는 것이 아니라면 그 시간을 절대 헛되이 보내선 안 됩니다. 오히려 그런 자투리 시간이, 퇴근 후 책상 앞에서 앉아서 하는 것보다 더 집중이 잘되는 사람도 많습니다. 그 시간을 루틴으로 만들어보세요.

좀 더 자극적으로 말한다면, 본인의 최종학교가 끝나고 공부를 하지 않으면 서서히 바보가 됩니다. 나쁜 식습관에 정크푸드들을 먹어 체중은 증가하고 체력은 떨어지고, 운동을 하지 않으니 근육은 줄어들고, 그렇게 되면 뇌에도 안 좋은 영향을 미칩니다. 일이나 집안일을 하지만 사실 그렇게 머리를 쓰는 일은 많지 않습니다. 머리를 쓰더라도 하던 일을 반복하는 경우가 많아서 익숙해지면 크게 머리를 많이 쓰지 않습니다. 그렇게 몸은 망가지는데 공부는 하지 않고, 뇌는 나이가 들어감에 따라 급격히 안 좋아지고, 타임킬링이나 TV 시청 예능 프로그램만 보면서 바보가 되어갑니다. 시대에 점점 뒤떨어지고 도태되어갑니다.

미래가 어떻게 변할지는 정확히 알 수 없습니다. 하지만 확실한 것은, 근로시간이 점점 줄어든다는 점입니다. 주6일제에서 주5일제로 변했고, 근로시간도 더 잘 준수하며, 앞으로는 주4일제가 될 수도 있습니다. 더욱이 AI와 로봇들의 발달로 인간의 일을 대체하게 될 것이며, 이것이 재앙으로 다가올 수도 있겠지만, 저는 좋은 방향으로 갈 것이라 믿습니다. 대부분 일을 하지 않는 기본소득자들과 소수의 상위 엘리트 근로자들이 일을 하는 구조가 될 것입니다. 잠자는 시간은 크게 변화하지 않겠지만, 일하는 시간이 줄어듦에 따라 그 남는 시간을 어떻게 보낼 것인가의 비중이 점점 늘어날 것입니다. 그 시간을 의미 있게 보내는 법과 습관을 하루라도 빨리 루틴하게 만드는 것이 중요합니다.

삶의 두 축

——————— 사람들의 일상을 잘 관찰해보면, 사회적인 삶과 개인적인 삶으로 나누어볼 수 있습니다. 일을 해서 돈을 버는 것, 그리고 전업주부도 사회적인 삶의 범주에 포함시킬 수 있습니다. 배우자를 돕고, 자식들을 잘 키워서 사회에 내보낼 수 있는 주 역할을 담당하기 때문입니다. 하지만 일이 끝난 평일 저녁이나 주말을 어떻게 보내는지 보면, 맛있는 음식 먹기, TV 시청하기, 지인들 만나기, 여행 등등 정도로 시간을 보냅니다. 이러한 대부분의 것들은 일로 인한 스트레스나 피로를 풀고 재충전의 역할을 합니다. 조금 과장해서 말한다면, 사람의 삶은 일을 하는 시간과 일을 하기 위한 재충전의 시간으로만 구성되어 있는 것처럼 보입니다.

그렇다면, 나는 무엇을 위해 사는가? 삶의 의미는 무엇인가? 굳이 나눠보자면 인간에게는 '사회적인 구성원으로서의 삶'과 '본질적인 개인으로서의 삶' 이렇게 두 가지의 모습이 있습니다. 사회적인 구성원이라 함은, 톱니바퀴에서 한 축을 담당하는, 직업이나 직책으로 불리는, 누구 아들, 누구 남편, 누구 아빠 등등으로 대변되는 측면입니다. 본질적인 개인으로서의 삶은 본인의 이름으로 대변되겠죠. 물론, 일을 하고 자녀들을 키우는 것, 사회 구성원으로서 한 역할을 담당하는 것은 매우 중요합니다. 하지만 본인의 삶이라는 측면에서 볼 때 뭔가 의미가 약한 것 같다는 생각이 듭니다. 나중에 은퇴를 하거나 자녀가 새로운 가정을 꾸려서 나갔을 때, 회의감이 밀려오거나 이젠 무엇을 해야 하나 고민을 하기도 합니다. 남편을 위해, 아내를 위해, 자녀들을 위해, 즉 내 삶은 없었고 남들을 위해 살았다고 말할 수도 있습니다. 흔한 예로, 연말에 돌이켜보면 올해 난 무엇을 했는가? 기억에 남는 일이 없습니다. 나이가 들수록 시간이 빨리 간다고들 합니다. 이는 여러 가지 이유가 있겠지만, 반복되는 일상 중에 새로울 것이 없기 때문입니다. 뇌는 모든 정보를 동등하게 처리하지 않습니다. 기존의 알던 정보나 변화가 없는 것들은 걸러버리고, 새롭게 바뀐 정보들만을 선별해서 강하게 기억하기 때문입니다.

현재 자본주의하에서, 자기 일에 대한 전문성, 돈을 많이 벌고 재테크 하는 일, 경제적인 삶, 사회적인 구조 속에서 역할을 하는 것은 물론 매우 중요합니다. 하지만, 딱 그것밖에 관심이 없다는 것이 문제입니다. 그것만큼이나 혹은 더 중요한 것이 있는데 그걸 모르는 사람이 많습니다. 돈이나 승진, 사업, 성공과 관련이 없으면 쓸데없는 것이라고 생각하는 현 실태가 안타깝습니다.

그 중요한 것이란 바로 그 사람 개인, 본질입니다. 위의 것이 소유라고 한다면, 본질은 존재라고 하는 것이 좋은 표현일 것 같습니다. 딱 하나로 표현할 적절한 단어를 찾지 못해 여러 가지를 나열한다면, 그 사람의 지적 능력, 사고력, 삶에 대한 철학, 깊이, 내면, 통찰력, 지식, 지혜, 타인에 대한 인내 · 이해 · 존중 · 배려, 말하기 · 글쓰기, 아우라 · 분위기, 내공, 세상을 보는 눈, 세계관의 확장 등등이겠죠.

어떤 사람들은 이런 이야기를 해도 그걸 해본 적이 없기 때문에 무슨 말인지도 모르는 사람이 많습니다. 이런 본질을 업그레이드하기 위해서는 얕은 것이 아닌 깊이가 있어야 합니다. 어떤 것을 공부하더라도, 깊이 있게 파고들어 가다 보면 가장 근저에 있는 학문이 있는데요, 그게 바로 순수학문입니다. 그중에서도 수학, 물리, 철학입니다. 인문학은 문과(이과가 아닌)쪽 인문(자연계가 아닌), 철학 · 역사 · 심리 · 언어 · 문학 등등 여러 학문을 포괄하는 뜻입니다. 인문학을 깊게 꾸준히 공부하다 보면, 깊이 있는 사람이 되고 세상을 보는 통찰력이 생깁니다. 세상이 아무렇지 않게 막 돌아가는 것 같아 보이지만, 사실 어느 정도의 원리와 이치에 의해 돌아갑니다. 세계관이나 지식의 원이 얼마나 넓으냐, 아는 만큼 보입니다.

먹고 자고 배설한다고 해서 다 똑같은 사람이 아닙니다. 돈, 집, 차, 학벌, 직업, 일에 대한 전문성 등등의 중요성을 부정하자는 것은 절대 아닙니다만, 그걸 넘어서서 더 중요한 것이 있다는 것을 깨닫고 하루에 딱 1시간만이라도 꾸준히 공부하는 습관을 가지는 것이 정말 중요합니다. 생각하는 수준이 생각보다 하늘과 땅 차이입니다.

물론 한국은 세계에서 일을 많이 하기로 손꼽히고, 한국 사람들은

공부의 시대, 인생을 일으키는 하루 1시간 공부법

일을 빠르게 잘합니다. 일에 너무 치여 살다 보니 애초에 일과 외 삶, 개인의 삶이 보장되기 힘듭니다. 일 끝나고 쉬기에도 모자란데 무슨 소리냐고 할 수도 있겠지만, 그렇게 말하는 사람 중에서 미래에 상황이 좋아져 근무시간이 줄거나 주4일제가 되어도 삶의 방식이 달라지는 사람은 그리 많지 않을 것이라고 생각합니다. 시간이나 상황의 문제도 분명 있겠지만, 궁극적으로는 삶의 태도와 방향성에 대한 문제입니다. 남을 위해서 살았다고 하는 사람은 많지만, 남들이 나를 위해서 살았다고 생각하는 사람은 거의 없습니다. 결국 본인 스스로가 뭔가 의미를 찾아야 합니다. 물론, 자신의 일에서 충분한 의미를 찾고 있다고 느끼거나, 아니면 가족들을 위해서 사는 삶이 충분히 가치 있다고 생각하면 그것도 나쁘지는 않습니다.

사람은 나이가 들면서 지혜로워질까요? 물론 일반적인 경우에 크게 노력하지 않아도 나아지기는 합니다. 여러 가지 경험을 하게 되는 것도 있고, 상황이나 생리적인 변화, 그리고 보통은 비슷한 나이끼리 어울리기 때문에, 주위 사람들과 소통하고 공유하면서 맞춰지게 됩니다. 특히 학창시절에는 편차가 크지 않은 거 같습니다. 같이 수업을 듣고, 과제 하고, 시험 치고, 시스템과 스케줄에 맞춰 비슷한 생활을 하기 때문에 동년배들과 큰 차이가 나긴 힘듭니다. 하지만 졸업 후 직장인이 되고, 일과 외 시간을 어떻게 보내는지에 따라서 몇 년이 지나 누적이 되어 매우 큰 차이가 나게 됩니다. 평일과 주말에 별생각 없이 지내는 사람과, 목표를 가지고 꾸준히 노력하는 사람은 분명 다를 것입니다.

관성의 법칙

────────── 이 책의 목표 중 가장 주요한 것 하나는 독자들이 하루에 최소 1시간씩 공부하게 만드는 것입니다. 아마도 공부를 오랫동안 하지 않았기 때문에, 이미 공부를 시작한다는 것 자체로 무척 힘든 일일 수도 있습니다. 혹은 공부를 열심히 해야 하는 학생들도 막상 주말이나 방학 때 공부를 시작하기는 쉽지 않습니다. 물론 타고난 인내심과 근성도 더 중요하겠지만, 방법론 또한 알아두면 도움이 많이 될 것 같습니다.

이미 사람들이 많이 아는 내용이겠지만, 관성의 법칙이란 것이 있습니다. 원래는 물리학에서는 "뉴턴의 운동법칙 중 제1법칙. 관성의 법칙은 외부에서 힘이 가해지지 않는 한 모든 물체는 자기의 상태를 그대로 유지하려고 하는 것을 말한다. 즉, 정지한 물체는 영원히 정지한 채로 있으려고 하며 운동하던 물체는 등속 직선운동을 계속하려고 한다."로 서술하고 있지만, 실제 인간의 본능이나 특징과도 비슷한 측면이 많이 있습니다. 인간은 원래 게으르다고 합니다. 따라서 습관이 굉장히 중요합니다.

독서가 습관이 되기만 하면, 독서를 하지 않았을 때 견디기 힘든 느낌이 들고 하루라도 독서를 하지 않으면 입에 가시가 돋친다고 합니다. 저는 가시가 돋친다는 표현보다는 독서를 하지 않으면 뭔가 뇌에 주름이 풀리거나 멍청해지는 기분이 듭니다. 헬스도 하지 않으면 뭔가 찌뿌둥한 느낌이 듭니다. 누구에겐 헬스가 무척 힘든 일이겠지만, 헬스에 빠져 있는 사람은 헬스 중독이 되어 하지 않으면 견디기 힘들어합니다. 반대로 운동이나 독서가 습관화되지 않고 오랫동안 하지 않았던 사람에게는 습관화하기가 매우 힘듭니다.

여기서 중요한 게, 갑자기 독서를 해야겠다고 마음을 먹고 난 후 계획을 세울 때 너무 거창하게 세우면 실패할 가능성이 크다는 사실입니다. 독서를 안 한 지 몇 년이 되었는데 갑자기 내일 당장 1시간씩 한다는 것은 생각보다 무척 어려운 일입니다. 그 정도의 의지력이라면 뭘 해도 할 수 있는 사람일 것입니다. 대부분은 작심삼일 하는 것이 정상입니다. 만약에 정말 하루에 독서 1시간을 해냈다 하더라도 그것이 너무 고통스러워서 계속하기 힘듭니다. 마치 헬스 첫날에 너무 무리하게 운동을 해 근육통이 와서 그다음 날부터 질려 헬스를 가지 않는 것과 비슷한 이치입니다.

따라서 처음에는 조그만 목표를 세우는 것이 중요합니다. 그냥 '책 5~10분 읽기'와 같이 정말 쉬운 목표를 먼저 세워보세요. 여기서 5분 읽는 것의 의미는 정말 독서를 제대로 한다는 것의 의미보다는 시동을 거는 정도의 의미입니다. 부담을 느끼지 않고 하루에 5~10분씩만 집중해서 책을 읽는 것입니다. 이것은 굉장히 중요합니다. 독서를 하지 않는 사람에서 하는 사람으로 그 습관이 바뀌기 시작하기 때문입니다. 얼마를 했냐는 크게 중요하지 않습니다. 머리가 풀리고 독서에 대한 공포나 고통이 없어지면 적응이 되기 시작합니다. 여기서 서서히 시간을 늘려가면 됩니다. 그래서 최종목표인 1시간까지 되는 데 한 달 걸리든 두 달이 걸리든 크게 상관이 없습니다.

그렇게 매일 1시간씩 공부를 하다가도 가끔 특별한 이유로 독서를 못 하게 되는 날이 있을 수 있습니다. 여기서 중요한 것은 하루를 쉬고 다음 날에 조금이라도 하는 것입니다. 독서를 계속한다는 관성이 깨지지 않도록 아무리 적은 시간이라도 독서에 할애해야 합니다. 꼭 공부가 아니더라도 보통 습관화하는 데 두 달 정도 걸린다고 합니다. 무언가 안 하던 것을 하게 하는 습관을 들일 때는, 처음에는 시동을 거는 것을 목표로 아주 조금씩 하되, 그날에 무슨 일이 있어도 조금이라도 실행하는 노력을 기울여야 합니다. 조금이라도 하는 것과 안 하는 것은 엄청난 차이입니다. 이것을 이해하면 좋습니다.

수험생이나 취준생도 마찬가지입니다. 하루도 빠지지 않고 순수 공부를 10시간씩 꾸준히 하는 사람은 극히 드뭅니다. 그런 사람은 이미 빠르게 합격하거나 수석, 차석을 하는 사람들입니다. 합격하는 사람의 가장 큰 특징 중 하나는 꾸준함입니다. 여기서 꾸준하게 한다는 것은, 어떤 일이 생겨 하루를 쉬거나, 공부를 거의 못하는 날이 있다 해도 그다음 날 마음을 가다듬고 다시 공부하는 상태로 돌아오는 능력을 뜻합니다. 처음부터 너무 거창한 목표를 세우는 것은 위험합니다. 목표를 세우는 것은 거창하지 않더라도 달성하기 쉬운 목표를 먼저 세워서 시동을 걸어야 합니다. 그리고 그 목표를 이행함으로써 자신감과 긍정적 순환을 거친 후, 조금씩 목표를 상향조정 하는 것입니다. 그 목표를 실패하더라도 좌절하지 말고 목표를 낮추거나 유지하면 됩니다. 최종목표가 10시간이라면 처음에는 3~5시간을 목표로 잡는 것이 좋습니다. 그리고 나머지 시간은 놀겠다고 생각하면 됩니다. 그러다 점점 1시간씩 늘려가면 됩니다. 그렇게 10시간에 도전하면 됩니다. 그러다가 10시간이 너무 힘들면 9시간으로 줄이든가, 슬럼프가 찾아온다면 다시 3~5시간부터 시작해서 점점 올려나가는 것입니다.

많은 사람들이 처음부터 지킬 수 없는 거창한 목표를 세워놓고 그것을 지키지 못했다는 자괴감에 빠져 아예 안 해버리는 어리석은 오류를 범합니다. 인간은 원래 게으른 것이 디폴트고, 주위의 경쟁자들도 크게 다르지 않습니다. 하루를 의미 없이 보냈다고 하더라도 자괴감을 느낄 필요 없습니다. 원래 사람은 그렇다고 위안하며 다시 하면 됩니다. 내가 하루에 딱 이 공부시간만 채우고 나머지는 놀겠다, 혹은 평일에 열심히 하고 주말 딱 하루는 놀겠다든가 보상을 주는 개념으로 접근하는 것도 좋습니다.

즉, 요약하자면

1. **처음에는 최종목표 공부량의 30~50%부터 시작해서 점점 올려나가자.**
2. **일이 생겨 하루를 쉬더라도 빠르게 다시 돌아가기만 해도 충분하다.**
3. **인간은 원래 게으르고 열심히 하는 사람은 생각보다 드물다. 그렇게 보이는 것뿐이다. 자괴감을 갖지 말자.**

읽기 능력을
향상하는 방법

───────── 읽기 능력을 논하기에 앞서서 읽기에는 크게 두 가지가 있습니다. 그냥 사람들이 흔히 쓰는 의사소통 수준이나 일상용

어의 글이 있고, 학술적인 내용이나 깊고 밀도 있는 내용이 있습니다. 전자의 경우에는 우리나라 문맹률이 거의 없기 때문에 누구나 다 읽을 수 있습니다. 문제는 후자의 경우에는 한글을 소리 내어 읽을 수는 있지만, 실제로 내용을 제대로 이해하지 못합니다. 이런 경우에는 실질 문맹률과 관련이 있는데, 이 실질 문맹률은 75%로 생각보다 굉장히 높습니다. 이 실질 문맹률이라는 것을 맹신할 수는 없지만, 확실히 우리나라 사람들이 독서나 글 읽는 것을 게을리하고 읽기 능력이 현저하게 낮은 것은 사실인 것 같습니다.

그 이유를 군이 꼽자면 한자를 이제 더 이상 가르치지 않고, 인터넷과 스마트폰 영상의 발달로 글보다는 영상을 통해 지식을 접하는 경우가 많기 때문인 것 같습니다. 물론 한자보다 영어를 더 중점적으로 가르치는 것에 대한 장점이 크고, 글보다는 영상이나 요즘 좋은 강의들을 통해서 쉽게 지식을 접할 수 있다는 측면은 긍정적입니다. 그렇다고는 하지만, 결국 텍스트를 통해서 지식을 접하는 것은 매우 중요하기 때문에 읽기 능력은 반드시 필요합니다. 왜냐하면 강의로 나와 있는 지식들은 전체 지식 중 굉장히 극소수이며, 결국 스스로 공부를 하기 위해서는 글을 필수적으로 읽어야 하기 때문입니다. 하지만 바쁜 일상에서 읽기 능력을 향상시킨다는 것이 쉽지만은 않습니다.

그래서 하루에 10분 정도만 투자하고도 읽기 능력을 극도로 향상시킬 수 있는 방법을 한번 추천드려보고자 합니다. 그것은 바로 수능 국어나 LEET시험 같은 문제들을 풀어보는 것입니다. 문제집 말고, 기출들만 풀어보면 됩니다. 갑자기 무슨 말도 안 되는 소리를 하냐고 반문하실 수도 있는데, 수험생처럼 시간을 재고 하루에 많은 문제를 풀어보라는 뜻이 아닙니다. 그냥 하루에 딱 한 지문만 풀면 됩니다. 시험이나 점수에 연연하지 않아도 되니 마음 편하게, 처음부터 끝까지 읽되 이해되지 않는 부분이 있다면 넘어가지 말고 곰곰이 생각하며 문제도 풀어보는 것입니다. 지문을 제대로 이해했다면 거의 대부분 맞출 수 있습니다. 문제가 잘 안 풀린다면 다시 지문을 보고 풀어보면 됩니다. 실제 시험에서는 한 지문당 10분씩 주어지지도 않고, 여러 문제를 풀어야 하니 시간 압박이 심하지만 그냥 딱 한 지문을 10분 정도에 푸는 것은 그리 어렵지 않을 것입니다.

영어도 마찬가지입니다. 수능영어나 TEPS 같은 문제를 하루에 한 지문 정도만 꾸준하게 풀어보는 것이 좋습니다. 역시 시간 압박에 상관없이 천천히 풀면 됩니다. 모르는 단어가 나오면 찾아봐도 되고, 이해되면 넘어가는 것이 좋습니다. 정 어렵다면 이해되지 않는 부분은 넘기고 한 번 끝까지 읽고 다시 읽어보면 이해되는 경우도 많습니다.

사실 이런 기출문제들을 풀어보는 이유는, 이 지문들이 굉장히 훌륭한 지문들이기 때문입니다. 정말 좋은 책들과 비교해도, 같은 길이의 글을 비교했을 때 훨씬 더 밀도 있고 좋은 내용이 많습니다. 일단 문장력이나 글이 좋은 것은 말할 것도 없고, 그 글을 통해서 습득하는 지식도 굉장히 도움이 많이 됩니다. 학창시절에 열심히 공부한 학생들의 상식이 풍부한 이유는, 수많은 국어와 영어 지문들을 집중해서 반복적으로 읽고 풀어, 그 지문들의 내용과 지식들을 본인도 모르게 습득했기 때문입니다. 실제로 웬만한 상식과 필수적인 지식들이 지문을 통해 반복해서 나옵니다. 따라서 열심히 공부한 사람들이 기본상식조차 모르는 사람들을 보면, 이렇게 반복되어 나온 것들을 어떻게 모를 수 있지라는 생각을 할 것입니다. 헷갈리는 맞춤법이 있기는 하지만 너무 기본적인 맞춤법을 틀리는 것에 대해서도 그런 생각이 들 수 있습니다.

그리고 이렇게 꼼꼼하고 완벽하게 이해될 때까지, 문제를 거의 다 맞힐 때까지 집중해서 읽어보는 것은 실제 수험생들의 등급 향상에 필요한 방법입니다. 단순히 문제를 많이 푸는 것만으로도 3등급 정도까진 갈 수 있겠지만, 그 이상은 힘듭니다. 1, 2등급이 나오려면 기출을 꼼꼼하고 완벽하게 철저히 분석해서 왜 그것이 답이 되는지 이해될 때까지 생각하는 방식으로 공부해야 합니다. 그것이 읽기 능력을 향상시키는 방법이기도 하고요. 직장인들은 이렇게 읽기 능력이 향상되면, 텍스트에 대한 두려움이 없어지고 다른 웬만한 책들은 금방 읽습니다.

꼬리에 꼬리를 물고
질문하라

─────── 어떤 사람들은 호기심이 드는 지식이나 현상을 보고 저건 '왜' 저럴까라는 의문을 가집니다. 이런 호기심도 어느 정도 타고나는 부분이 있겠지만, 이것을 가지고 있는 사람과 그렇지 않은 사람은 나중에 엄청난 차이가 나게 됩니다. 사실 대한민국의 교육은 이 '왜'라는 의문을 자주 가지게 만들지는 않습니다. 의문을 가지는 대신, 수많은 지식과 개념들을 습득하는 데 초점이 맞춰져 있죠. 물론

이것이 꼭 나쁘다는 것은 아닙니다. 하지만, 교육이 끝났을 때 지적 호기심을 가지고 질문을 하거나 '왜'라는 것에 관심을 가지기는 힘듭니다.

나이가 들수록, 어떠한 질문에도 막힘이 별로 없고 생각이 잘 정리되어 있는 사람들이 있습니다. 생각의 깊이가 있고, 질문의 꼬리를 물고 들어가도 비교적 답을 잘하며 자신만의 생각이 잘 구축되어 있습니다. 이들은 불안해하는 경우가 드뭅니다. 이런 사람들의 특징은 항상 평소에 생각을 한다는 것입니다. 본인이 잘 모르거나, 정확하게 모를 때는 궁금증을 가지고 사색을 합니다. 물론 답이 바로 나오는 경우도 있지만 그렇지 않은 경우도 많을 것입니다. 그러면 요즘 같은 시대에는 검색만 해도 대부분 답을 잘 알 수 있습니다. 물어볼 사람도 많고요. 하지만 그렇게 고민하다가 답이 안 나왔어도, 살다가 어느 순간 답이 떠오를 수도 있고, 그 답에 도움이 될만한 내용이나 현상들을 봤을 때 깨닫게 되는 경우도 있습니다. 그와 반대로, 고민을 하지 않은 사람들은 그런 상황에서 전혀 기억도 못 할 만큼 의미 없게 중요한 순간을 스쳐 갑니다.

많은 사람들은 생각하는 것을 별로 좋아하지 않고, 특히 '왜'에 관심을 가지지 않습니다. 사실 어느 정도 상식을 갖추고 살아간다면, 대한민국의 사람들과 소통하면서 모르는 것이 크게 많지 않을 수도 있습니다. 다 아는 이야기거나 알만한 내용입니다. 여기서 뻔하고 일반적인 결론을 재미없어하는 사람이 많습니다. 그래서 뭔가 색다른 결론이나 예외적이고 특이한 케이스에 관심을 가지는 사람도 있습니다. 그것에 관심을 가지는 것만으로 나쁘다고 할 수 없지만, 그런 것에 계속 흥미를 가지면 실제 가장 뻔하고 기본적이고 당연한 내용들을 덜 중요하게 생각하는 오류를 범할 수도 있습니다.

따라서 색다르고 특이하거나 minor한 부분에 자꾸 관심을 가지기보다는, 우리가 아는 뻔한 상식과 이야기들이 왜 그런지 그 이유를 정확히 파악하는 데 고민을 해보는 것이 훨씬 중요합니다. 그것에 대한 답을 얻게 되면, 그 답에 대한 답, 즉 소크라테스가 산파법을 사용해서 모르는 것이 나올 때까지 끝없이 질문을 하던 것과 같이 꼬리에 꼬리를 물며 이어나가 봅시다. 이런 태도는 세상을 깊이 이해하는 데 매우 강력한 도움을 줍니다. 그것이 바로 인사이트, 통찰력입니다.

즉, 반드시 혼자만의 시간을 가지며 평소에 사색하는 것, 모르는 것에 의문과 호기심을 가지고 고민해보는 것, 평소에 해결되지 않았던 것에 대해서 생각해보는 태도는 매우 중요합니다. 혹은 내가 지금 겪고 있는 문제점이나 갈등에 대해서 고민해보는 것도 좋습니다. 힐링으로 순간을 넘기기보단, 문제의 본질을 정확히 파악하고 이해해보려는 노력은 점점 본인을 강하게 만들고 앞으로의 불행을 줄여 행복하게 만듭니다.

평소에 여러 분야의 공부를 많이 하는 것은, 어떤 의문을 가졌을 때 해결할 수 있는 도구나 조각들을 늘려줍니다. 공부를 한 후 망각하겠지만, 이런 게 있었던 것 같은데라고 다시 찾아볼 수 있는 것과 그런 것이 있는 줄도 모르는 것은 엄청난 차이입니다. 또한 공부를 하면서 새로운 의문을 가질 수도 있겠죠. 학창시절에도 그렇게 공부하는 것이 훨씬 효과적입니다. 물론 그럴 만큼의 시간적 여유가 없을 수도 있지만, 왜라는 의문을 가지며 공부하는 것이 짧게 봤을 때는 비효율적인 것 같아도, 나중에 엄청난 깊이를 가지며 범접할 수 없는 차이를 만들어냅니다.

Specialist와 Generalist

———————— 당연하게도 현재는 전문성이 중요한 시대입니다. 인류 역사상 얼마 전까지만 해도 전문성은 그렇게까지 중요하지 않았습니다. 하지만, 산업혁명 이후 분업화가 되고 사회가 급격히 발달함에 따라 한 사람이 여러 가지를 하는 것은 효율이 떨어지게 되었습니다. 학문과 기술이 발전하여, 하나만 하기에도 벅찬 시대입니다. 심지어 요즘은 기술의 발전이 너무나도 빨라, 유례없는 발전을 함으로써, 배운 지식의 50%가 쓸모없어지는 데 걸리는 시간이 7년밖에 되지 않는다고 합니다. 도태되지 않기 위해서는 자기 분야에서 꾸준히 열심히 하지 않으면 살아남기가 힘듭니다. 자본주의 같은 시스템에서는 전문성을 지닌 Specialist가 되지 않으면, 수입이 많을 수가 없습니다. 누구나 쉽게 배울 수 있는 진입장벽이 낮은 일들은, 경쟁자가 많아서 돈을 많이 받기가 힘들고, 그마저도 AI나 로봇에 의해 대체될 가능성이 높습니다.

Specialist는 공부를 깊이 있게 함으로써, 그 분야에서 얻은 깨달음으로 남들과 차별화될 수 있습니다. 어떤 분야든, 공통분모가 있기 때문에 한 분야의 대가들은 다른 분야도 다른 사람들에 비해 잘하는 경향이 있습니다. 또한 그 사람의 품격이나 교양, 성실성, 인내심, 장인

정신, 내공과 분위기 등등 그 사람의 말과 행동뿐 아니라 그 사람 자체를 변화시킵니다. 대가가 되기 위해서 그런 요건들이 필요한 것인지, 아니면 그런 것들을 갖춘 사람들이 대가가 되는 것인지 정확히 인과관계를 정하긴 힘들지만, 둘 다 어느 정도는 맞는다고 생각합니다.

따라서 취미로 공부를 하거나, 일을 안 해도 될 만큼의 부자가 아니라면, 일단 전문가가 되는 것이 중요합니다. 적어도 한 분야에서는 공부의 끝을 한번 맛보는 것이 중요합니다. 박사학위를 취득하는 것은 많은 장점이 있지만, 무엇보다 어떠한 학문을 끝까지 도달해보는 경험을 한다는 것에서 의미를 가진다고 생각합니다. 박사과정 없이 장인이 되는 사람들도 있지만, 기능장을 취득하는 것도 하나의 방법입니다.

사실 근대시대만 해도, 하나의 학문만 하는 사람보다는 여러 학문을 하는 사람들이 많았습니다. 하나의 학문에서 두각을 나타내는 사람들은 보통 여러 가지의 학문에 능통했습니다. 그럴 수 있었던 이유는, 학문이 지금에 비해 발달을 하지 못해 여러 분야를 공부하는 데 전체 양이 적었기 때문입니다. 그리고 현대사회와 달리 꼭 전문성을 띨 필요도 없었습니다. 하지만 가장 중요한 이유 중 하나는, 학문이라는 것이 원래는 굳이 나누어져 있지 않았다는 점입니다. 학문이 세분화된 것은 사실 그렇게 오래되지 않았고, 과거에는 그렇게 나눌 필요도 없었습니다. 현재와는 분류가 많이 달랐을 것입니다.

하지만 Specialist만으로는 뭔가 부족합니다. 다른 분야와 공통분모가 있다고는 하지만, 그 공통분모가 생각보다 클 수도 있고 작을 수도 있습니다. 따라서 한 분야만 팠다면, 다른 분야에서는 문외한일 수도 있습니다. 또한 한 분야에서 성공한 사람은 자신만의 자존심이나 고집, 그리고 다른 사람의 말을 잘 듣지 않는 위험에 빠질 가능성이 높습니다. 다른 분야도 공부해봄으로써 세상을 더 넓게 보고 열린 사고를 하는 사람이 될 수 있습니다. 따라서 한 분야에서 우선 일정 수준 이상의 성공을 거두거나 그 길을 감과 동시에, 다른 분야도 하루에 1시간이나 그 이상 공부하는 것이 중요합니다.

의사임에도 인문학을 공부하고, 운동, 악기와 요리, 플라워클래스를 듣는다면 훨씬 멋지고 훌륭한 삶이 될 것입니다. 물론 한 분야의 권위자가 되어, '췌장암 수술 1인자'가 되는 것이 저도 더 좋다고 생각합니다. 하지만 그건 쉽지가 않습니다. 그 정도가 되려면 노력만으로는 안 되고 재능이 반드시 필요합니다. 그런 재능을 운 좋게 가졌다면 그 길을 가는 게 맞습니다만 99%의 사람들은 그러하지 못합니다. 어떤 분야에서 아무리 노력해도 일정 이상 실력이 늘지 않는 최대 한계치가 있다고 생각합니다. 따라서 그 한계까지 노력하면서도, 다른 분야를 조금씩 공부하며 배우는 것이 더 밸런스 있는 삶입니다.

그리고 한 분야만 아는 사람들과 여러 분야도 조금씩 아는 사람은 다릅니다. 쓸데없어 보이는 다른 분야들이, 자기 분야에서 엄청난 도움을 주는 경우가 많습니다. 컨버전스, 융합인재라는 말이 점차 각광받는 이유와도 동일합니다. 여러 분야를 조금씩 안다면, 자신의 본업에 접목시킴으로써 엄청난 시너지 효과를 낼 수도 있습니다. 세상의 많은 발명은 전혀 다르게 보였던 두 분야가 만남으로써 이루어졌던 경우가 상당히 많습니다. Specialist를 1순위로 하되, Generalist로서의 길도 추구해가는 것이 의미 있다고 생각합니다.

확률 곱셈 법칙 공식

——————— "확률 곱셈 법칙 공식 : 확률의 곱셈 법칙은 두 사건의 교사건의 확률을 한 사건이 일어날 확률과 그 사건이 일어났을 때 다른 사건이 일어날 조건부확률의 곱으로 표현할 수 있음을 서술한다. 어떠한 사건이 일어날 확률이 있을 때, 2개 이상이 동시에 일어나기 위해서는 여러 확률들을 곱하기 해야 한다." 즉, 쉬운 예를 하나 들자면, 주사위를 던져 1이 나오고 동전의 앞면이 나올 확률은 1/6x1/2입니다. 곱셈 법칙은 학창시절부터 계속 반복해서 나오기 때문에, 대부분의 사람들은 알 것입니다. 그런데 이 곱셈 법칙의 함정은, 사람들이 생각하는 직관보다 훨씬 적은 결과가 나온다는 점입니다.

즉, 한 가지를 매우 잘하는 것보다는 평균 이상으로 2~3개를 하는 사람이 훨씬 적은 숫자가 됩니다. 요즘 보통 여자들이 바라는 30대 남자라고 하면, 연봉 5천 이상에, 키 177 이상에 얼굴 무난하고, 성격 잘 맞는 사람? 이 정도로 이야기하는 사람이 많습니다. 뭐 이 정도면 여자들 중에서는 그리 눈이 많이 높은 편도 아니죠. 그러면 '1. 연봉 5천 이상, 키 177 이상, 외모와 성격 무난 2. 의사기만 하면 된다.' 이 두 가지 조건 중에 어떤 조건이 어려울까요? 우선 의사를 상위 1% 정도라고 생각해봅시다. 그런데 30대에 연봉 5천이면 상위 15%, 키 177이면 상위 25%, 성격과 외모가 무난하다 상위 20%. 이것을 다 곱하면 0.15x0.25x0.2=0.75%가 됩니다. 즉 적당히 괜찮은 조건 3개 정도면, 일반적으로 특출나게 하나를 잘하는 것보다 어렵습니다.

이를 이해한다면, 하나를 특출나게 잘하는 것도 당연히 의미가 있고 모두가 인지하고 있지만, 여러 개를 적당히 동시에 잘하는 것은 당신을 특별하게 만들어준다는 사실을 알 수 있습니다. 본인의 주 분야 말고, 별로 상관없을 것 같은 것에서 조금만 잘해도 반전매력이고 삶을 윤택하게 만들어줍니다. 공부만 하는 사람이 악기 하나 다루고 곡 하나를 연주할 정도의 취미를 가지거나, 체격이 크고 운동을 잘하는 사람이 요리를 취미로 하는 것처럼요.

그리고 이것은 가성비 측면에서, 적은 시간과 노력을 투자하고도 총점을 높이기 쉬운 방법입니다. 원래 점수가 오르면 오를수록, 실력이 올라가면 올라갈수록 더 이상 잘 안 오릅니다. 두 과목에서 지금 70, 40점이라고 치면, 70점을 90점으로 올리는 것보다, 40점을 60점으로 올리는 게 훨씬 쉽습니다. 고득점일수록, 점수를 더 올리기 위해 해야 하는 공부의 양은 배로 늘어나고, 심화학습을 해야 하기 때문에 훨씬 어렵습니다. 새로운 것을 배우는 것도 쉽지는 않겠지만, 이미 잘하는 실력에서 더 올리려면 훨씬 더 노력을 해야 합니다.

얼마 전까지만 해도, 한 가지를 특출나게 잘하는 것이 성공하기 쉬웠습니다. 물론 지금도 그렇지만, 앞으로는 점점 융합인재가 많이 필요할 것입니다. 본인의 주 분야 말고, 추가적으로 한두 가지만 잘해도 유일하거나 매우 희소성 있는 인재가 될 수 있습니다. 공학도인데, 미술이나 디자인적인 지식, 인문학적인 지식을 갖추면 설계나 여러 측면에서 독보적인 성과를 낼 수도 있습니다.

세상의 유명한 발견은 천재성을 가진 사람이 번뜩이는 영감으로 이룬 것도 있겠지만, 전혀 관련 없어 보이는 두 분야가 한 접점에서 만남으로써 이루어진 것도 많습니다. 창의력도 마찬가지입니다. 천재적인 영감으로 갑자기 나오는 것이 아니라, 기존에 알던 것이 많고 여러 분야를 잘 알 때 그것을 접목시킴으로써 이루어지는 경우가 많습니다. 스마트폰도 기존에 있던 것들을, 핸드폰에 모두 넣어버린 것뿐입니다.

물론 한 가지를 제대로 전문성 있고 특출나게 잘하는 것이 더 중요하다는 것을 부정할 수는 없습니다. 하지만 여러 분야를 조금씩 배워나가 보는 것도 그동안 보지 못했던 새로운 세상을 볼 수 있게 하고, 다양한 분야의 사람과 대화하는 데 훨씬 유익합니다. 자신의 전문 분야와 전공 지식은 상대방과 대화할 때 큰 도움이 되지 않기 때문입니다.

다양한 매체

──────── '공부'라고 하면 지루하고 빽빽한 텍스트에 두꺼운 벽돌 책이 연상되는데, 현재는 꼭 그렇지만도 않습니다. 과거에는 책밖에 없었고, 현재에도 책만 한 것이 없긴 합니다. 요즘은 확실히 과거에 비해 책을 안 읽는 것이 사실입니다. 그 첫 번째 이유로는 독서를 하기에는, 대학 입시를 위한 공부와 취업을 위한 공부를 하느라 바쁘기 때문입니다. 두 번째로는 재미있는 것이 너무 많습니다. 과거에 TV가 나오기 전만 해도, 딱히 재미있는 것이나 다른 선택지가 별로 없었습니다. 현재는 컴퓨터, 스마트폰, 스포츠, 여행 등등 다양한 활동들이 너무 많습니다. 세 번째로는, 책 말고도 다양한 매체가 많

아서 지식을 습득할 수 있는 경로가 많이 열렸다는 것입니다. 따라서 책을 기본으로 다양한 매체들을 이용하여 공부를 할 수가 있습니다.

우선은 ebook의 활용이 늘어난 점에 대해 주목해야 합니다. 가벼운 책도 있지만, 책은 보통 두껍고 무겁습니다. 그리고 책을 펼쳐서 보기 때문에 반경이 늘어납니다. 물론 집이나 책상에서 볼 때는 아무 상관이 없습니다만, 어디 들고 다니기가 좀 애매합니다. 지하철이나 버스와 같은 대중교통을 이용할 때나, 여러 권을 들고 다니기 애매할 때, 여러모로 편리합니다. 하지만 고전이나 중요한 책들은 꼭 소장해서 집에 꽂아놓는 것이 좋습니다. 손님을 위한 데코레이션용으로 꽂아놓는 것이 아닙니다. 물론 그런 용도로도 좋습니다만, 언제든 참고해야 할 때 몇 초 만에 다시 볼 수 있기 때문입니다. 종이책에 거부감이 있거나 습관화되기에 아직 부족한 단계라면, ebook으로 쉽게 시작할 수 있습니다.

또한 요즘은 여러 가지 강의를 듣기 좋아졌습니다. 과거에는 대입을 위한 강의 빼고는 별 강의가 없었습니다. 오프라인 강연도 있었지만, 찾아가 듣기에 번거로운 측면이 많았습니다. 하지만, 요즘은 선진국답게 일단 EBS부터 잘 되어 있습니다. 그리고 유튜브에서 검색만 하면 좋은 강의들이 정말 많이 널려 있습니다. 훌륭한 교수들이나 전문가, 혹은 외국 교수들의 강연조차 전부 볼 수 있습니다. 계속 검색해서 듣다 보면 알아서 알고리즘이 좋은 강의들을 추천해주기까지 합니다. 좋은 강의가 많으면 채널을 구독해서 정주행하는 것도 좋은 방법입니다. 책 요약 강의부터 해서, 철학, 역사, 문학 등등 주제별로 좋은 강의들이 엄청 많습니다. 이런 석학들의 강의를 집에서 공짜로

들을 수 있다는 것은 엄청난 축복입니다. 과거에는 종이책 구하기부터가 어려웠는데, 이렇게 유례없이 좋은 세상에 살고 있습니다. 공부하기 좋은 콘텐츠를 정말 훌륭한 수준으로 숟가락에 퍼서 입에 넣어주는데도 안 먹는 것은 손해입니다.

그리고 TV 정규 프로그램에서도 좋은 것들이 많습니다. 재미를 위한 프로그램보다는, 여러 교양 프로그램들을 보는 게 좋습니다. 예를 들면 〈어쩌다 어른〉 같은 프로그램을 정주행하는 것도 좋은 방법입니다. 하루에 하나씩 보는 것입니다. 재미도 있으면서, 뭔가 새로운 지식들을 자연스럽게 습득할 수 있는 그런 프로그램부터 시작하는 것이 좋습니다. 그렇게 어느 정도 지식이 쌓이고 흥미도 생기면 점점 독서를 확장해나갈 수 있을 것입니다.

모르는 것을 들으면 바로바로 검색해보는 습관이 필요합니다. 사람들과 대화하거나 무엇인가를 보고 들으면서 모르는 게 있으면, 스마트폰에 메모해놓았다가 나중에 집에 와서 꼭 검색해서 알고 넘어가는 습관을 들여야 합니다. 사실 공부를 1시간씩 하는 습관이면 더 좋지만, 적어도 모르는 걸 그때그때 알고 넘어가는 사람과 몰라도 된다라는 생각으로 사는 사람은 5년, 10년이 지나면 엄청나게 그 차이가 벌어집니다.

유튜브 특성상 너무 길면 사람들이 잘 시청하지 않기 때문에 보통 5~10분으로 구성되는 것이 많습니다. 그러다 보니 짧은 시간 안에 핵심내용을 재미있고 효율적으로 잘 전달하는 영상들이 너무 많습니다. 사실 책 한 권 요약이나, 여러 내용들을 그 짧은 시간 안에 습득할 수 있는 것은 사실상 치트키를 쓰는 것과 같습니다. 궁극적으로는 책을 전부 읽어보는 것이 가장 좋지만, 때론 보고도 잘 이해가 안 가거나, 추가로 참고하거나, 여러 면에서 지식을 빠르게 습득할 수 있는 방법입니다. 주말에 별일 없을 때, 특히 코로나라 집에 있는 경우가 많은 지금, 지식 관련 강의나 영상들을 많은 시간 오전부터 쭉 시청한다면 정말 방대한 내용들을 머리에 넣을 수 있습니다.

퀘스트로서의 삶

———— '인생이란 무엇인가.'라는 대답에 여러 좋은 비유들이 많습니다. "인생은 마라톤이다. 인생이란 여행이다. 인생이란 B(Birth)와 D(Death) 사이에 C(Choice)이다." 저도 비유를 하자면 '인생은 하나의 게임이며, 퀘스트의 연속이다.'라고 한번 표현해보고 싶습니다. 장기, 중기, 단기의 퀘스트가 주어지고, 그 퀘스트를 멋지게 이행하였을 때 그에 따른 보상이 주어집니다. 퀘스트를 안 해도 되지만, 보상은 주어지지 않으며, 다음 퀘스트에서는 상대적으로 좀 더 불리하게 할 수밖에 없습니다. 퀘스트를 성공적으로 수행한 사람은, 그 주어진 보상으로 다음 퀘스트에서 유리하게 임할 수 있습니다. 부모님의 재산은 게임에 대한 현질이라고 볼 수 있으며, 선천적으로 타고난 인간 개개인의 외모나 재능은 그 캐릭이 얼마나 성능이 좋은지를 나타내줍니다….

열심히 퀘스트를 수행하고 노력하면 보상뿐만 아니라 레벨업을 하게 됩니다. 점점 더 강해질 수 있습니다. 진짜 게임에 비해, 인생이란 게임에서는 수많은 여러 능력치들을 향상시킬 수 있습니다. 이 얼마나 재미있는 게임입니까. 인생이 가상현실이고, 누군가가 나라는 캐릭터로 플레이한다고 생각해볼 수도 있습니다. 영화 〈매트릭스〉에서 나오는 것이 황당할 수도 있지만 틀렸다라고 증명할 수 없기 때문에 (아니 어쩌면 아주 희박한 가능성으로 진짜 그러할 수도 있습니다), 누군가가 인생이라는 가상게임에서 나라는 캐릭터로 플레이하고 있다는 것을 명백히 부정할 수는 없을 것 같습니다.

재미있는 상상 이야기는 이제 접어두고, 본 이야기를 하자면 인생은 퀘스트의 연속인데 사람들은 보통 취업을 하는 30살 정도부터는 일 끝나고 나면 아무것도 하지 않는 경우가 많습니다. 왜냐하면 항상 퀘스트가 있었고, 타인이 주어지는 퀘스트만을 해왔기 때문입니다. 초등학교, 중학교, 고등학교 때는 일단 등교를 해야 하고, 수업을 듣고, 과제가 주어지고, 시험이 주어졌습니다. 시험 성적이 좋으면 보상을 받아 좋은 대학교에 갈 수가 있습니다. 대학교를 가면, 석사, 박사를 하든 안 하든, 일단 취업이라는 퀘스트가 주어집니다. 학점관리, 영어점수, 기타 등등의 스펙을 잘 채우면, 상대적으로 사람들이 더 선호하는 직장에 들어갈 수 있습니다. 직장에 들어가면 이제 위에서 시키는 일을 열심히 잘하면 됩니다.

문제는, 항상 타인이 시키는 퀘스트를 해왔기 때문에 퀘스트가 주어지지 않으면 하지 않습니다. 어렸을 때는 그 주어지는 퀘스트에 불평불만을 했지만, 서서히 20대, 30대가 되면 남이 주는 퀘스트에 익숙해져 버립니다. 물론 그게 나쁘다는 건 아닙니다. 수많은 전문가들이 고안하고 채택된 퀘스트는 사회에서 다 나름의 의미가 있습니다.

하지만 문제는, 스스로 퀘스트를 만드는 법을 배우지 못했다는 점입니다. 1/3은 잠을 자고, 1/3은 타인이 만든 퀘스트로서의 시키는 일을 해야 하지만, 나머지 1/3은 그 남는 시간을 잘 쓸 줄 모른다는 것입니다. 평일 저녁과 주말을 헛되이 보내는 사람이 많습니다. 시간은 정말 금방 갑니다.

알차게 사는 사람들은 스스로 목표를 세워서 열심히 합니다. 타인이 시키는 퀘스트를 열심히 하는 사람은 외재적 동기가 강한 사람들이라 할 수 있고, 스스로 잘하는 사람은 내재적 동기가 강하다고 볼 수 있습니다. 정말로 하고 싶은 것, 해볼 것은 무궁무진합니다. 평생해도 다 못합니다. 한 300년 살아도 다 하기 쉽지 않을 것 같습니다. 하고 싶은 공부, 배우고 싶은 운동, 악기, 요리, 세계여행, 각종 취미활동 등등. 한국 사람들이 일은 정말 잘합니다. 일은 다들 대부분 열심히 잘하기 때문에 딱히 할 말이 없지만, 스스로 뭔가를 하는 것은 일 능력에 비해 부족한 것 같습니다. 스스로 퀘스트를 만들어서 하지 않는다면, 발전도 없고, 인생의 시간이 정말 금방 흐르고, 무의미한 삶이 될 수도 있습니다. 나만의 퀘스트를 만들어서 해봅시다. 습관이 되면 그것만큼 재미있는 것도 또 없습니다.

꾸준함의 중요성

──────── "마부작침(磨 : 갈 마, 斧 : 도끼 부, 作 : 만들 작, 針 : 바늘 침)
: 도끼를 갈아 바늘을 만든다는 뜻이니, 아무리 힘들고 어려운 일이라도 끈기

있게 매달리면 마침내 달성할 수 있다는 말이다.

이백(李白)은 시선(詩仙)이라고까지 추앙받는 당나라 때의 대표적 시인이며, 자는 태백(太白)이다. 그는 5살 때 아버지를 따라 촉 땅에 가서 어린 시절을 보냈는데, 10살에 시와 글씨에서 어른을 능가할 정도의 특출한 재능을 보였지만, 정작 공부는 재능에 어울릴 정도의 열성이 없었다. 아버지는 그에게 훌륭한 스승을 붙여 주어 상의산(象宜山)에 들어가 학문에 정진하게 했지만, 그는 따분한 산 생활과 끝도 없는 글 읽기가 진력이 나서 견딜 수 없었다.

'이미 다 아는 글을 더 이상 읽어서 뭘 해.'

이렇게 생각한 이백은 스승 몰래 산을 내려가기로 결심했다. 아버지한테 야단을 맞고 말고는 다음의 문제였다. 그래서 집을 향해 한참 가는데 어느 냇가에 이르러 보니 한 노파가 물가에 앉아 바윗돌에다 도끼를 갈고 있었다. 이백은 호기심이 생겨 물어보았다.

"할머니, 지금 뭘 하고 계세요?"
"바늘을 만들고 있단다."
"아니, 그 '도끼로 바늘을 만들어요?'"
"그래, 돌에다 갈고 또 갈아 가늘게 만들면 바늘이 되지 않겠니."

그 말을 듣고 이백은 깔깔 웃었다.

"참 할머니도, 그 도끼를 도대체 언제까지 갈아야 바늘처럼 가늘게 만들 수 있다는 거예요?"

"웃긴 왜 웃느냐. 열심히 갈다 보면 도낀들 바늘로 만들지 못할 리가 어디 있어. 도중에 그만두지만 않는다면 말이다."

순간, 이백은 뒤통수를 세게 얻어맞은 느낌이 들었다.

'그렇다. 노력해서 안 될 일이 어디 있는가. 처음부터 시도하지 않는 것이 문제일 뿐이고, 더욱 나쁜 것은 하다가 끝장을 보지도 않고 그만두는 짓이다.'

이렇게 깨달은 이백은 집으로 가려던 마음을 돌이켜 산으로 도로 올라갔다. 그리고 그 후 마음이 해이해질 때마다 노파를 떠올리며 분발하곤 했다고 한다.[14]

泰山(태산)이 놉다 호되 호눌 아래 뫼히로다
오르고 또 오르면 못 오를 理(리) 업건마논
사룸이 제 아니 오르고 뫼흘 놉다 하느니

사람들이 어떤 일을 하다가 중도에 그만두는 이유 중 한 가지는, 능력이 선형적으로 증가하지 않기 때문입니다. 성과가 눈에 보일 때는 열심히 하지만, 어느 순간 실력이 정지되어 있는 것처럼 보이기 때문에 거기서 스스로 한계를 지어버리고 포기하게 될 가능성이 큽니다. 공부든 운동이든 분야마다 차이는 조금 있지만, 실력이 꾸준히 증가하는 구간이 있고 정체되어 보이는 구간이 있습니다. 이 정체되어 보이는 구간에서 포기하는 사람이 대부분이지만, 조급해하지 않고 꾸준하고 묵묵하게 계속하다 보면 어느새 긴 터널을 빠져나와 한 단계 업그레이드된 자신의 모습을 발견하게 됩니다.

　김연아 선수에게 "스트레칭할 때 무슨 생각을 하세요?"라고 물었더니 "무슨 생각을 해. 그냥 하는 거지." 마이클 펠프스도 인터뷰에서 "오늘이 무슨 요일인지 몰라요. 날짜도 모르고요. 저는 수영만 해요." 라고 대답했다고 합니다. 꼭 운동뿐만 아니라 세계 최고에 오른 사람들은 아무 생각 없이 묵묵히 루틴하게 계속 그 일을 했습니다. 왜 실력이 늘지 않을까라는 고민을 하면 할수록, 슬럼프에 빠질 가능성이 높습니다. 원래 실력이 어느 수준에 도달하면 빨리 안 느는 것이 당연합니다. 마치 고득점자의 경우 점수가 잘 안 오르고, GDP가 높은 나라일수록 경제성장률은 낮은 것과 같은 이치입니다. 그것을 깨닫거나 그렇지 못했다고 하더라도, 조급하거나 걱정하지 않고 묵묵히 열심히 하다 보면 어느새 긴 터널을 빠져나와 향상된 모습을 볼 수 있을 것입니다.

　흔히 '스타'형과 '대기만성'형이 있습니다. 재능 면에서는 '스타'형이 더 있었을지도 모르나, '대기만성'형은 꾸준히 열심히 하여 여러 단계의 터널을 거쳐 높은 경지까지 올라간 사람입니다. 사람은 전부 다르며, 차이가 있고, 공평하지도 않습니다. 특정 분야에서 사람들의 실력은 꽤 많은 차이가 있습니다. 시작점과 한계점이 다르며 실력이 향상되는 속도도 다릅니다. 하지만 공통적인 것은 한계에 도달하지 못한다는 것입니다. 아무리 간단해 보이는 분야라도 실력의 한계에 도달하는 것은 불가능에 가깝습니다. 그러나 사람들은 스스로 한계를 짓습니다. 그 한계가 실제 한계보다도 훨씬 못 미칠지라도 말입니다. 어떤 것을 시작하면 성과가 빨리 나타나지 않더라도 당연한 것이라 생각하고, 자신을 믿고 끝까지 한번 해보는 것이 필요합니다. 그 터널을 빠져나왔을 때의 쾌감은 느껴본 자만이 알 수 있습니다. 한 분야에서 성공한 사람이 전혀 다른 분야에서도 남들보다 잘하는 것에는 이러한 이유가 있습니다. 꾸준히 한다는 것은 정말 무서운 일입니다. 공부 역시 꾸준함이 정말 중요합니다.

경

─────── '경(經)'은 가장 궁극적인 공부라고 할 수 있습니다. 성경은 종교상 신앙의 최고 법전이 되는 책입니다. 기독교의 성경, 불교의 불경, 유교의 사서오경, 이슬람교의 코란 등이 있을 것입니다. 이런 경들은 역사에서 거의 2천 년 동안 그 시대 그 나라 사람들에게 가장 기본이며 강력한 힘을 가져 거의 절대적으로 여겨졌던 책들이었습니다. 근대 이후부터 점점 철학이나 과학과 같은 여러 학문들이 발달하여 점점 중요성이 약해지긴 했지만, 여전히 지금도 많은 종교인들은 그 책들을 인생에 가장 중요한 책으로 삼습니다.

종교인이라면, 적어도 그 종교에 해당하는 경을 공부하는 것이 좋다고 생각합니다. 스스로 공부를 하지 않으면서, 그 경을 설파해주는 종교인들의 말은 믿음직하지 못합니다. 종교인도 결국 사람이기 때문에, 본인의 생존과 생식이 우선이며 조금이라도 본인에게 유리한 쪽으로 해석할 수밖에 없습니다. 정말 훌륭한 참 종교인도 있겠지만, 언론에 이런저런 기사들을 보면 의구심이 생깁니다. 그 종교 자체가 나쁜 것이 아니라, 그 경을 공부하여 이용하는 종교인들이 잘못된 것입니다. 종교인이라기보다는 종교산업에 종사하는 사람이라는 표현이 어울릴 것 같습니다. 따라서 종교활동에 많이 치중하기보다는, 경 공부를 열심히 하는 것이 훨씬 더 바람직할 것 같습니다. 심지어 종교활동을 아예 하지 않고, 집에서 경 공부를 열심히 하는 것이 더 좋을지도 모르겠습니다.

종교인이 아니더라도, 어느 정도 공부가 바탕이 되었다면 경 공부를 한번 해보는 것도 좋을 것 같습니다. 2천 년 동안이나 이렇게 큰 영향을 끼친 책이니 그 내용이 허접하지는 않을 것입니다. 가장 깊이가 있는 책이라고 생각합니다. 그 내용들은 대부분 진리에 가깝고, 한 문장마다 굉장히 심오한 뜻을 가지고 있습니다. 꼭 신앙을 가지거나, 신을 찬양하지 않더라도 경 공부를 하는 것은 충분히 의미가 있는 일입니다.

한국인이라면 가장 쉽게 접할 수 있는 책이 성경일 것입니다. 저는 기독교인도 아니고 종교인도 아니지만, 성경은 충분히 공부해볼 만큼 좋은 책이라고 생각합니다. 어쩌면 성경은 상식이라고 표현해도 무방합니다. 또한, 지금 서양 중심의 사회를 살아가고 있는데, 성경을 이해한다면 서양인의 근저에 깔려 있는 사고방식이나 많은 공감대를 배울 수도 있을 것입니다. 그리스로마신화를 공부하는 이유도 그와 비슷합니다. 긴 인생을 살면서 1년 정도는 투자해서 한번 성경 공부를 해보는 것이 좋지 않을까 싶습니다.

막연한 노력과
현명한 노력

———————— 어떤 성공이나 성취를 두고 이야기할 때, 제일 중요한 것은 재능이며 그다음은 노력입니다. 보통 노력이라고 하면, 많은 시간을 투자해서 무작정 열심히 하는 모습을 떠올리는 사람이 많습니다. 물론 노력을 하는 것은 아주 중요합니다. 왜냐하면 노력도 하지 않는 사람이 무지 많기 때문에, 열심히만 해도 어느 정도 남들보다는 잘할 수 있기 때문입니다. 사람들은 노력도 타고난다고 합니다. 물론 어떤 분야에 재능이 있으면, 잘하기도 하고 실력이 빨리 느니까 흥미를 느껴서 남들보다 더 노력하게 되어 있습니다. 또한, 분야나 종목에 상관없이 무엇을 하든 더 열심히 하는 근성도 어느 정도 타고납니다.

하지만 여기서 아주 놀라운 사실을 간과하고 있습니다. 예를 하나 들어보겠습니다. 남자들을 보면, 공부나 다른 대부분의 분야에서 열심히 하지 않는 사람도 게임은 좋아하고 밤새워서 열심히 합니다. 게임에도 여러 장르가 있지만 보통 RPG라 불리는 장르가 있는데, 이는 열심히 사냥을 해서 레벨업을 하는 것을 기본으로 합니다. 하지만 이 사냥을 하는 것이 무척 재미있지만은 않습니다. 게임을 좋아하는 사람도 '노가다'라고 표현할 만큼 힘들기도 합니다. 그럼에도 불구하고, 이것이 재미있는 이유는, 몬스터를 잡을 때마다 경험치가 오르는 것이 숫자로 보이며, 경험치가 차면 레벨업을 하는 것을 아주 정확하게 예측할 수 있기 때문입니다.

만약에 현실에서 공부든 다이어트든 운동이든 일이든 종목이 뭐가 되든 간에 내가 노력하면 경험치가 오르는 것이 보이고, 그것이 쌓이면 레벨업을 하거나 실력이 향상이 되고, 그렇게 업그레이드하면 아주 적절한 보상이 주어진다고 가정해봅시다. 그러면 열심히 하지 않을 사람이 있을까요? 노력에 대한 보상이 확실하고 그것이 수치로 정확하게 보인다면 그 노력이 고통스럽지 않고 재미있을 것입니다. 현실에서 노력하지 않는 가장 큰 이유 중 하나는, 당장에 노력이 고통스러운데 그것에 대한 보상은 너무 막연하고 먼 미래이기 때문입니다. 따라서 즉각적인 보상에만 관심을 가지게 되는데 이것도 일종의 도파민 중독이라고 볼 수 있습니다.

따라서 노력을 위한 비법 중 하나는 막연하게 노력을 하는 것이 아니라, 노력을 어떻게 얼마나 해야 실력이 업그레이드되는지 그 연결 관계를 최대한 가시화하고 정확하게 파악하는 것입니다. 공부를 잘하는 학생들은, 어떻게 얼마나 했을 때 점수나 성적, 등수가 얼마만큼 나오겠다는 예측을 상대적으로 굉장히 정확하게 합니다. 그냥 막연하게 노력하는 것이 아니라, 수많은 시험을 쳐오면서 공부를 어떻게 얼마나 해야 하며 시험에 대충 뭐가 나올 것인지에 대한 방법론과 테크닉을 발전시켜서 체화되어 있습니다. 노력을 한 만큼 성적이 나오니 공부를 해도 덜 힘든 것입니다.

운동선수도 마찬가지입니다. 농구선수가 무작정 자유투를 몇백 개씩 던지는 것보다 몇십 개를 던지더라도 던지는 모습을 찍어서 어떤 부분이 부족하고 어떻게 바꿀지를 연습하는 것이 더 효과적입니다. 다이어트도 마찬가지입니다. 무작정 적게 먹고 운동을 하는 것보다, 탄단지나 음식에 대해 이해하고 체중이 변화하는 메커니즘을 정확하

공부의 시대, 인생을 일으키는 하루 1시간 공부법

게 파악해야 성공할 수 있습니다. 다이어트에 대한 기본이해도 없이, 잘못된 방법으로 실패하는 사람도 많습니다. 다이어트에 대한 방법론을 정확하게 공부하고 그 길이 보인다면 노력이나 의지를 훨씬 적게 들이고도 성공할 수 있습니다.

물론 그 메커니즘을 이해한다는 것이 쉽지는 않습니다. 수많은 이론도 찾아보고, 실제로 노력을 해야 합니다. 아무 생각 없이 막연하게 노력하기보단, 연구하고 방법론에 대해서 생각하며 피드백하고 분석하는 과정이 필요합니다. 뭐가 먼저라고 말하긴 어렵지만, 노력과 방법론에 대한 연구를 둘 다 병행하면서 해야 효율도 올라가고, 훨씬 덜 힘듭니다. 그런 연구를 하지 않는다면, 어느 순간 실력이 정체되어 있는 구간이나 슬럼프가 오면 극복하지 못하고 포기하게 됩니다. 그 구간에서는 노력을 계속했는데도 실력이 향상되지 않거나 오히려 더 떨어지기도 하기 때문입니다. 그 구간에서는 노력의 양이나 고통이 훨씬 크기 때문에 웬만큼 압도적인 노력과 의지력을 타고난 게 아니라면 거기서 도전은 멈추게 되어 있습니다.

흔히 스타형 VS 대기만성형의 차이가 무엇인지 이야기합니다. 이는 '현명한 노력'이라는 관점에서 일부 설명할 수 있다고 생각합니다. 스타형은 재능은 있지만, 실력향상의 메커니즘을 잘 모르는 사람이라고 할 수 있습니다. 재능이 있으니 초반에는 실력이 빨리 늘었겠지만, 어떻게 실력이 늘었는지 본인도 잘 모르기 때문에, 어느 한계에 도달하면 더 이상 늘지 않습니다. 반대로 대기만성형은 재능은 스타형에 비해 부족했을지도 모르지만, 꾸준히 노력하며 연구나 분석 방법론에 대한 생각을 많이 한 사람입니다. 따라서 슬럼프나 실력이 정체되어 있어도, 그것을 어떻게 돌파할 것이며 어떻게 해야 실력이 느는지에 대한 통찰력을 갖추게 된 것입니다. 이런 사람들은 은퇴 후에도 코치나 감독으로 활동하는 데 유리한 조건을 갖추고 있습니다.

　재능과 노력은 당연히 중요하고 그것은 대부분의 사람이 알고 있습니다. 요약하자면, 노력을 할 때 막연하게 노력하는 것이 아니라, 어떻게 얼마나 노력하면 실력이 어떻게 향상될지, 어떤 부분을 보완해야 할지, 그 방법론에 대해 연구 분석하고 피드백하며, 실력향상의 메커니즘에 대한 통찰력을 가지는 것이 중요합니다. 그러면 노력하는 것이 훨씬 덜 고통스럽고, 슬럼프나 실력 정체구간도 줄어들며, 본인이 도달할 수 있는 실력의 최종 한계까지 도달할 수 있습니다.

PART 4

공부하면 유익한
주제와 개념들

도, 공, 로고스

우주, 세계 혹은 모든 만물을 구성하는 물질이 있을 것이고, 그것이 작동하는 원리가 있을 것입니다. 이러한 개념은 고대 때부터 있어왔습니다. 동양에서는 '도'와 '공'이라는 개념이 있었고, 서양에서는 '로고스'라는 개념이 있었죠. 이것은 궁극적인 개념이라 인간이 모두 안다는 것은 절대 불가능하지만, 그것을 최대한 많이 깨닫는 걸 목표로 삼는 것도 충분히 괜찮은 삶입니다. 우리가 하는 공부나 학문들이 그물처럼 있다면, 그물로 채워지지 못하는 수많은 공간들이 있을 것입니다. 그것을 전부 포함하는 개념이 도, 공, 로고스 같은 것입니다. 따라서 공부와 학문을 열심히 하고, 경험과 사색 등 여러 가지 것들을 최대한 채워나간다면 그 빈 공간을 줄여나갈 수 있습니다. 너무 막연하기는 하지만, 적어도 이런 개념이 있다는 것을 아는 것만 해도 많은 도움이 될 것 같습니다.

도

마땅히 지켜야 할 이치. 만물을 만드는 원리 또는 법칙. 도(道)는 우주의 근본적인 원리를 말하며, 유교·불교·도교 등 동양종교에서 광범위하고 다양한 뜻으로 사용되고 있다. 도를 구체적으로 나누어, 우주의 근본원리인 천도(天道), 인간의 올바른 길인 인도(人道), 모든 만물의 이치가 정연하게 이루어지는 지도(地道)로 나누어 설명할 수 있다.

중국의 도(道)와 음양의 원리에 대한 사상은 《주역(周易)》을 중심으로 체계화되었으며, 유교·도교·음양오행 사상들을 중심으로 만물을 음양으로 범주화시키고, 음양의 원리에 따라 만물이 변화하는 이치를 밝혀 음양, 오행, 팔괘, 64괘(卦), 360효(爻) 등 세분화하여 발전되었다. 후대에 사람의 이름을 짓고, 결혼 예법 및 절기 따라 행하는 의례 또한 음양오행의 원리에 따라 행하는 등 전통문화 곳곳에 영향을 끼치지 않은 곳이 없을 정도이다. 고대의 한국사상 또한 우주의 생성원리인 도와 대립적 개념의 음양의 조화에 의한 우주적 순환을 밝히고 있다.[15]

공

우주 만물은 인연에 의하여 일시적으로 생겨나서 곧 없어지고 마는 것이므로 영원하고 고정된 실체가 없다는 의미이며, 유(有)에 대한 비유(非有)로 존재를 부정하는 말이다. 그러나 존재 그 자체를 부정하는 것이 아니라 존재하는 모든 것은 자체(自體)·실체·아(我)가 없다는 것이다. 무(無) 또는 허무와는 그 의미가 다른 실상(實相)의 의미이다. 가장 일반적인 의미로는 아무것도 없는 것, 텅 비어 있는 것의 의미이지만 불교에서 그런 의미로 공을 사용하는 예는 드물다. 원시불교에서는 모든 개체적 존재의 실체가 공(空)하다는 의미에서 연기(緣起)의 원리가 성립되었는데 의미적으로 보면 연기와 공의 원리는 상통한다.[16]

로고스

사물의 존재를 한정하는 보편적인 법칙, 행위가 따라야 할 준칙, 이 법칙과 준칙을 인식하고 이를 따르는 분별과 이성(理性)을 뜻한다. 파토스(Pathos)와 대립 되는 개념으로, 본래는 고전 그리스어로 '말하다'를 뜻하는 동사 'legein'의 명사형이며 '말한 것'을 뜻한다. 여기서 '로고스'는 많은 종류의 파생적 의의를 낳아 고대철학에서 중요한 구실을 하게 되었다. 고대철학은 대개 '로고스적'이라고 특징지을 수 있다.

사물의 '설명' '이유' '근거'를 뜻하게 되었으며, 따라서 사물의 정의(定義)·논증(論證)을 뜻하기도 한다. 그리스인은 로고스를 이런 뜻으로 추구하여 논증과학과 철학을 탄생시켰다.

또 로고스는 정의에 의하여 파악되는 사물의 '본질존재'이다. 따라서 로고스는 사물의 '성립'을 규정하고, 각 사물을 각각 고유하고 일정한 것이 되게 하는 '모양'이다. 그러나 사물이 일정한 것으로서 한정됨은 그것이 다른 사물과 구별됨으로써, 곧 다른 사물과의 관계 안에 놓이는 것에 의해서 이루어지기 때문에 로고스는 이 관계를 다루는 것으로서 어떤 사물과 다른 사물과의 '비율'이다. 따라서 모든 사물에 '공유'하는 것이다. 헤라클레이토스는 여기서 만물은 하나의 로고스에 의하여 지배되고, 이 로고스를 인식하는 것 안에 지혜가 있다고 하였다.[17]

양자역학

────────── 양자역학이란 원자나 분자와 같은 미시적인 물질세계를 설명하는 현대물리학의 기본 이론입니다. 그전까지는 고전물리학이 거시적인 물질세계를 설명하였지만, 미시적인 부분에서는 양자역학이 대체하였습니다. 양자역학을 제대로 이해한 사람은 거의 없다고 합니다. 저 역시 마찬가지입니다.

하지만 '신'이라는 것이 존재한다면 그것은 양자역학에서 답을 찾을 수 있다고 생각합니다. 세상은 물질과 에너지로 구성되어 있습니다. 그 외의 것은 없습니다. 과거에는 더 이상 쪼갤 수 없는 물질을 구성하는 최소단위를 원자라고 하였습니다. 그러나 원자 역시 양성자, 중성자, 전자로 이루어져 있고, 그것보다 더 작은 소립자까지 연구되었습니다. 현재는 약 300여 종의 많은 소립자가 알려져 있습니다. 앞으로 인류가 얼마만큼 더 작은 단위까지 알아낼 수 있을지는 모릅니다. 불가능할 수도 있습니다.

저는 '신'을 정의한다면, 물질의 최소단위와 그 물질이 작동하는 원리라고 하고 싶습니다. 바로 그것이 궁극적으로 만물을 모두 구성하고 있기 때문입니다. 모두 구성하고 있으니 어디에도 있고, 또한 신이 아닌 것도 없을 것입니다.

현재 알려진 물질의 최소단위 혹은 근본물질을 소립자라고 한다면, 그 근본물질들이 작동하는 원리나 상호작용, 힘, 에너지 등이 있을 것입니다. 그것을 연구하는 것이 통일장이론(Unified field theory)입니다. 과거에는 수많은 힘들이 존재했습니다. 그것이 통합되어가며 현재는 네 가지의 근본적인 상호작용이 존재하는데 이들은 각각 중력, 전자기력, 강한 상호작용, 약한 상호작용입니다. 하지만 지금까지도 통합되어왔듯이, 이 네 가지도 결국에는 같은 힘이며 하나의 힘으로 설명하고 통일될 수 있다는 것이 통일장이론입니다.

아직은 밝혀지지 않았지만, 1980년대에 네 가지 상호작용을 모두 통합하는 이론으로 '초끈이론'이 부상했습니다. 기본물질을 끈이라고 가정하고 적절한 조건에서 보니 네 가지 상호작용 힘이 자연스럽게 결합할 수도 있어, 현재까지 가장 유력한 후보로 활발히 연구되고 있습니다.

저는 이런 현대물리학, 양자역학, 통일장이론 등등에서 말하는, 물질의 최소단위 혹은 근본물질, 그것이 작동하는 원리나 상호작용을 신이라고 생각합니다. 그것을 인류가 밝혀내든 실패하든 간에 그것은 반드시 존재하는 것이니까요. 그런 정확한 원리를 밝혀내는 것은 물리학자들이 할 일이고, 우리가 중요하게 생각해야 할 것은 세상을 바라보는 눈입니다. 정확히는 모르더라도 최소한 원자가 무엇인지 정도는 알아야 한다고 생각합니다. 과학적인 식견, 물리화학적인 지식이 없다면 세상을 눈에 보이는 것만 볼 수밖에 없습니다. 과학을 전혀 모르면, 허무맹랑한 소리를 믿기 쉽습니다. 세상에 일어나는 현상들을 과학적으로 바라보려 하기보다, 있지도 않은 이상한 설명들로 해석하려는 경향이 있습니다.

과거에는 세균이나 감염이라는 개념이 전혀 없었고, 출산을 담당하던 의사들이 손을 씻지 않아 산모들의 사망률이 굉장히 높았습니다. 그것은 무려 1847년에 일어난 일입니다. 이그나츠 제멜바이스

(1818~1865)가 손 씻기의 중요성에 대해 밝혀낸 것입니다. 하지만 현재에는 세균이나 감염에 대해서 모르는 사람이 거의 없습니다. 세균이나 DNA 세포와 같은 생물학적 개념들은 눈에 보이지도 않고, 공부를 하지 않으면 전혀 알 수 없는 것입니다. 기본적인 과학적 개념들을 알고 모르고는 우주와 자연, 세상을 바라보고 이해하는 깊이에 차이를 만듭니다.

신이란 무엇인가

———————— 세상을 이해하는 데 '신'에 대한 본인만의 정의를 내리는 것은 아주 중요하다고 생각합니다. 신에 대한 관점은 크게 다섯 가지로 나뉘는 것 같습니다. 다신론, 유일신, 범신론, 불가지론, 무신론입니다.

다신교(多神敎, Polytheism)

인간을 포함한 우주의 변화가 다양한 신의 지배 아래 있다고 믿는 신앙입니다. 다수의 신을 인정한다는 면에서 볼 때 일신교를 제외한 대부분의 종교가 다신교에 포함될 수 있습니다. 그러나 엄격히 말하면 다신교나 일신교는 신을 우주의 최고 존재자로 상정하는 종교문화에서만 의미가 있는 것입니다. 진화론에 영향을 받은 초기 종교학자들은 다신교를 애니미즘과 일신교의 중간에 해당하는 종교형태로 간주하였습니다. 그러나 영적 존재와 신과의 구별은 실제 그렇게 명확하지 않으며, 다신교에서 일신교로 발전한다는 일방적인 도식 또한 현재에는 받아들여지지 않고 있습니다.

일신교(一神敎, Monotheism)

유일신(唯一神) 신앙을 나타내는 말입니다. 이는 아예 신(神)이 없다는 '무신론(無神論)'이나 여러 명의 신 또는 다수의 신이 있다는 '다신교(多神敎)'와는 구별되며, 또 한 분 신을 지고하게 예배하지만 그 밖에 다른 신을 부정하지 않는 '일신숭배(一神崇拜)'나 신들 가운데서 하나의 신을 선택하여 최고의 지위를 부여하는 '단일신교(單一神敎)'와 구별됩니다. 아브라함계열의 유대교, 기독교, 이슬람교가 일신교에 속합니다.

범신론(汎神論, Pantheism)

세계의 밖에 초월적으로 존재하는 인격적인 신을 인정하지 않고 신을 세계와 동일시하여 세계가 즉 신이라는 신의 비인격화를 말하는 주장입니다. 이에 따르면 자연의 풀 한 포기, 나무 한 뿌리도 신의 형상인 것으로, 유신론에 대립합니다. 이 사고방식은 스토아학파, 또 고대 인도의 우파니샤드의 세계관에서도 나타납니다. 특히 중세 이후의 유럽 사상사에 두드러지게 나타나며, 스피노자의 철학에서 명확히 보여주듯, 범신론은 실질적으로는 신학의 옷을 입은 유물론이었습니다. 그러나 현대의 범신론은 세계가 신 속에 있다는 것을 주장하며, 이에 의해 종교를 과학과 조정하기 위해 주장되는 관념론이 되었습니다.

불가지론(不可知論, Agnosticism)

일반적으로 사물의 궁극의 실재; 절대자, 무한자, 신은 알 수 없다라고 주장하는 입장을 가리킵니다. 인간의 인식을 유한 것의 경험으로 제한하며, 무한하고 절대적인 신에 대한 인식은 있을 수 없다는 것입니다. 즉, 불가지론은 절대자, 무한자는 알 수 없거나(알 수 있는 것은 유한자, 상대자만이다), 이론적·대상적으로는 알 수 없는 절대적인 것이 이론적 인식, 과학 이외의 인간의 태도에는 존재한다고 주장하는 두 가지 형으로 나뉘어 있습니다.

무신론(無神論, Atheism)

큰 의미에서 신의 존재에 대한 신앙을 부정하거나, 신의 존재 자체를 인정하지 않는 사상입니다. 무신론은 신을 비롯한 모든 영적인 존재를 부정하는 것을 골자로 합니다. 무신론은 보통 일신교를 포함한 적어도 하나 이상의 신의 존재를 인정하는 유신론의 반대 개념입니다.

저의 생각을 말씀드리면 몇 년 동안 여러 분야의 공부를 하면서 불교의 '공' 개념과 중관사상, 노장사상의 '도', 그것이 양자역학과 거의 같다는 것을 알게 되었습니다. 저는 '범신론'을 믿습니다. 모든 것은 원자로 이루어져 있고, 그 원자도 쪼개고 들어가면 쿼크며 더 복잡하겠지만, 제가 생각하는 '신'이란 물질의 최소단위와 그것의 기본 작용원리라고 생각합니다. 그것들이 결국 세상 모든 것을 구성하고 있으니까요. 모두 연결되어 있습니다. 연결되어 있다는 것을 설명하는 것이 초끈이론이며, 기본 작용원리를 밝혀내려는 것이 통일장이론입니다.

빅뱅 이전에 창조주가 있었는지 없었는지는 알 수 없고 그것에 대해 논하는 것은 무의미하다고 생각합니다. 만약에 창조주가 있다고 해도, 그것이 과연 예수와 관련이 있을지 없을지도 한번 고민해볼 문제라고 생각합니다. 창조주가 예수거나 예수를 보냈다는 것도 마찬가지입니다.

과학주의와 반과학주의

──────── Anti-Science 반(反)과학 :

말 그대로 "과학은 뒤질 놈들의 소설이다!!!"를 외치는 것. 과학과 다른 학문을 반반 섞었단 말이 아니다. 반지성주의와 상통하며, 계몽주의 및 과학주의의 대척점에 있다. 대중주의와 신앙주의와도 밀접한 관계가 있다.

인간 지식 축적의 방법으로서 실증적이고 경험적인 세계를 관찰한 결과에 대한 합리적 의심과 철저한 검증 절차를 사용하지 말아야 한다고 주장하는 것. 태생이 그런 것은 아니겠지만 엄연히 극단주의의 한 종류라고 할 수 있겠다. 그러나 보다 광의의 개념 내지는 온건한 개념으로 이해할 경우, 환원주의에 한해서만 반대하는 경우까지도 포함될 수 있다. 이 경우에는 의외로 대화의 여지가 상당히 있는 편.

인류 역사상 다양한 이유들로 인해서 과학은 욕을 먹어 왔는데, 극좌에게는 가진 자들에게만 봉사하는 학문이라고 까이고 극우에게는 공연히 체제를 위협하고 기득권을 훼손한다는 반계몽적인 논리로 까이기도 했다. 그 외에도 자연을 분석함을 통해 파괴하고 자연과 인간의 연결을 끊어서 인간을 타락시킨다며 철학자, 문학인에게 까이기도 했는데, 이런 비판은 무려 과학이 생겨날 때부터 있어왔다. 대표적으로 영국의 시인 블레이크는 과학이 자연과 인간의 연결을 끊어버리고 인간을 개개인으로 조각내 버린다며 과학을 공격하기도 하였다.

대한민국이나 미국의 경우 가장 대표적으로 일컬어지는 반과학의 사례는 아마도 종교적인 이유로 나타나는 사회현상일 것인데, 사실 이는 엄밀히 말하면 반과학이 아니라 유사과학이다. 애초에 기독교 우파 근본주의에서 반과학을 표방했다면 그들의 슬로건을 "창조과학"이라고 하지는 않았을 것이기 때문이다. 그들만의 구시대적인 교리를 구태여 "과학"이라고 치장하는 것은, 과학적 방법은 사용하지 않으면서 과학적 방법을 통해 확보된 권위는 훔쳐 누리겠다는 의도이며 이것은 유사과학의 특성에 아주 정확하게 부합하며, 반과학이 아니다. 한때 미국에서 꽤 재미를 보았던 뉴에이지 운동 역시 반과학적인 성격도 있지만 괴랄한 이론을 만들고 심취했다는 점에서 유사과학적 성격이 더 강하다.

일부 극단적이고 강경한 인문학계 인사들이 반과학적인 관점을 갖게 되는 경우도 있다. 이를테면 "과학은 총천연색 상상력과 경이로 가득한 아름다운 세계를, 냉혹한 이성의 메스로 자르고 재단하여, 결국에는 박제된 회색빛 지식의 묶음으로 바꾸어 버린다."와 같이 주장하는 경우다.

이는 과학과 과학적 방법론의 성격에 기인한다. 위에서 언급한 대로 비과학은 기본적으로 검증되지 않은 것이기 때문에 과학 측에서는 증명되기 전까지 비과학을 배척할 수밖에 없고, 비과학에서 유사과학이 나오기 쉽기 때문. 그러나 미학과 같이 주관적이라 객관적으로 검증할 수 없는 가치들도 이 비과학에 해당되기 때문에 상상과 마법, 신화는 과학이 밝혀내는 사실과 이론에 의해 사라질 수밖에 없다. 거기에 주관적 가치도 검증의 대상이 될 수밖에 없으니 과학전쟁과 환원주의를 비롯한 논쟁이 일어날 수밖에 없다. 거기에 과학은 계몽주의와도 일맥상통하니, 과학을 하지 않는 사람들에게는 이러한 말이 엘리트주의로 똘똘 뭉친 어그로로 들릴 수밖에.

그러나 '가치'라는 것은 모두 객관적으로 검증할 수 없는 것이지, 딱히 검증할 수 없는 가치가 따로 있는 것이 아니다. 얼마나 많은 사람들에게 가치를 인정받느냐의 차이일 뿐이다. 즉, 과학이 미학을 배척하거나 사라지게 하는 것이 아니라, 과학으로 인해 얻어진 지식이 미학의 내용을 바꿔갈 뿐이라는 것이다. 과학이 밝혀내는 사실들이 기존의 상상을 현실로 끌어내버린다면, 그것에 기반하여 완전히 새로운 상상력을 발휘할 여지가 생긴다. 하늘을 나는 상상이 현실이 된 뒤에는 우주로 나가는 상상이 그 자리를 차지했듯이 말이다. 지금까지 쭉 그래왔듯이, 과학이 발달한다고 해서 아름다움을 느끼는 감정이 바뀌는 것은 아니다. 그 대상이 바뀔 뿐인 것이고, 그것은 굳이 과학이 아니어도 항상 일어나는 일이다.

이런 사례들은 즉 인문학자들과 예술인, 일반인들로 이루어진 비과학적 사람들과 과학자들이 교류하고 소통할 기회가 없었음을 암시적으로 드러내고 있다. 21세기가 오면서 학제간 연구 및 교류가 늘고 있는 상황이지만, 일부에서 과학만능주의라는 어그로 끌기 좋은 카드를 내세우는 경우가 생겨서 반과학주의도 맞불마냥 번져가고 있다.[18]

필자는 이과를 나왔고, 대학교를 가서도 10년 이상에 걸쳐 끊임없이 수학과 과학을 바탕으로 한 물리학 관련 공학을 전공으로 배웠습

니다. 생물학은 전공자 수준이고, 일반화학과 유기화학도 공부를 많이 하였으며 학문에 대해 의심하지 않았습니다. 하지만 과학이라는 학문도 10~100년이 지나면 많은 부분이 틀렸거나 새롭게 바뀝니다. 논문이나 여러 실험과 통계, 논리적 접근법에도 불구하고, 생각보다 오류가 많습니다. 반과학주의에 대해서도 한번 귀를 기울여볼 필요는 있습니다.

사실 과학만큼 정확한 것도 없다고 생각합니다. 심지어 사회과학, 사회에도 과학을 붙입니다. 과학을 너무 맹신하는 태도는 좋지 않지만, 현시대에 살고 있는 우리는 과학으로 증명된 것을 믿고, 과학적으로 틀렸다고 증명된 것은 믿지 않는 태도를 가지는 것이 가장 현명하다고 생각합니다. 코페르니쿠스 같은 전환을 할 수 있는 사람은 세계에서도 매우 드물기 때문입니다. 그리고 과학으로 증명되지 않은 것들에 대해서는 '나는 믿는다, 나는 믿지 않는다.'라는 태도를 가지는 것이 좋을 것 같습니다.

세계관

———————— 사람의 성격과 가치관, 생각 등등은 다양하지만, 그것을 포함하는 더 상위 개념이 있습니다. 바로 세계관입니다. 세계관이라는 것을 이해하면 사람을 이해하는 데 정말 많은 도움이 됩니다. 여러 가지 세계관이 있을 수 있겠지만, 사람들을 관찰하면 웬만하면 크게 세 가지로 분류할 수 있습니다. 세계관 자체가 비슷하면 은근히

공통분모가 매우 크지만, 세계관 자체가 다르면 정말 생각과 가치관이 많이 충돌할 것입니다.

첫 번째는 종교적 세계관입니다. 많은 종교들이 있지만, 일단 많은 인구들이 크리스트교(개신교, 천주교, 그리스정교)나 이슬람교(수니파, 시아파)를 믿고 있습니다. 크리스트교와 이슬람교 그리고 유대교는 아브라함과 모세 구약이라는 세계관을 공유하고 있습니다. 이들은 일단 유일신을 믿습니다. 이들의 주된 가치는 아마도 '믿음과 신앙' 정도가 될 것입니다. 크리스트교는 하나님이 절대적이며, 하나님이 창조했고, 하나님의 뜻을 따르려고 합니다. 성경이 인생의 중요한 지침서가 되겠죠. 이들은 믿지 않는 사람들을 인정하지 않습니다. 왜냐하면 나도 옳고 너도 옳을 수 없는, 하나님을 믿지 않는 것은 양립할 수 없기 때문에 그 배타성을 가지게 되는 것입니다. 물론 요즘 선교 행위가 많은 거부감을 주어 조심하는 경우가 많지만, 속으로는 믿지 않는 사람은 선교의 대상이라고 생각합니다. 따라서 결혼을 하게 되면 반드시 배우자를 믿게 만들려고 하는 경우가 대부분입니다. 타종교인이나 무교인 사람이 그냥 종교, 주일에 교회 가고, 십일조 내는 정도로만 생각하면 큰 오산입니다. 세계관 자체가 다르다는 것이 얼마나 큰 것인지 알고 있어야 할 것입니다. 그 사람을 정말 사랑하고, 결혼을 생각한다면 개종하는 것이 좋습니다.

두 번째는 이성적 세계관입니다. 이 세계관은 비교적 역사가 짧습니다. 종교적 세계관이 중세 때부터 이어져 왔다면, 이성적 세계관은 근대부터 인간의 이성을 주축으로 등장했습니다. 이들은 학문을 하고, 주된 가치는 '진리와 이성' 정도가 될 것입니다. 어떤 주장의 근거나 이유, 연역법과 귀납법 등등 논리적이고 합리적인 사고를 합니다. 증명되지 않은 것들을 맹신하는 것을 싫어합니다. 물론 이성적 세계관은 이과와 문과로 나뉘고 약간의 차이는 있지만 같은 세계관입니다. 과거에는 학문이 지금처럼 세분화되어 있지 않았고, 한 사람이 여러 학문을 다 하는 경우가 많았습니다. 특히 현대의 의무교과과정에서 교육은, 이 이성적 세계관을 가진 사람이 학업성취도가 높은 경향을 갖습니다. 특히 수능은 이성적 세계관을 잘 구현하는 사람이 고득점을 받게 되어 있고, 사회적으로 성공할 가능성이 높습니다. 신을 믿지 않는다면, 범신론이나 양자역학적으로 모든 것은 물질(원자)로 구성되어 있다고 생각하는 사람이 많습니다.

세 번째는 주정주의적 세계관입니다. 딱히 하나의 이름을 정하기 어려웠습니다. 이들은 인간의 감정과 마음이 중요합니다. 주된 가치는 '사랑'입니다. 어떤 생각이나 행위를 할 때, 어렵게 생각할 필요 없이 그 의도가 선하고 아름다운가를 우선적으로 생각합니다. 아리스토텔레스의 '미덕이론'과 비슷합니다. 주로 드라마나 영화에서 권선징악이나 선을 추구하고, 인간적이고 따뜻한 마음가짐을 가지며, 가족이나 친구 혹은 나아가 반려동물이나 살아 있는 자연을 사랑하는 사람들입니다. 감정이 풍부하고 좋은 사람이라는 이야기를 들을 가능성이 높습니다. MBTI 검사 세 번째 항목에서 F와 비슷하다고 할 수 있습니다(두 번째 세계관인 이성적 세계관은 T). 머리보단 가슴의 목소리를 듣습니다. 아무래도 남자보다는 여자가 높은 비율을 보입니다.

위 세 가지 세계관을 자세히 들여다보면 진선미라는 단어가 떠오릅니다. 두 번째 이성적 세계관을 '진', 첫 번째 종교적 세계관을 '선',

세 번째 주정주의적 세계관을 '미'라고 부를 수 있습니다. 물론 완전히 일치하지는 않습니다만, 크게 무리는 없을 것 같습니다. 플라톤이 가장 먼저 진선미라는 단어를 사용했다고 알려져 있는데, 지금까지도 사용되는 것을 보면 충분히 의미가 있다고 생각합니다. 이렇게 세 가지로 구분했지만, 꼭 하나의 세계관을 가지고 있는 것이 아닙니다. 주 세계관, 부 세계관이 있을 수 있고 혼재되어 있으며, 각각 어느 정도의 비율로 조합되어 있는가에 따라 달라집니다. 세계관 자체가 없는 사람이나, 제가 생각하지 못한 다른 세계관이 있을 수도 있습니다. 자본주의와 돈도 하나의 세계관으로 생각할 수 있을 것 같습니다. 세계관에는 정답이 없습니다. 하지만 다른 세계관에 대해서 이해하고, 다양한 관점으로 사람을 바라본다면 상대방에 대한 이해도가 올라가고, 마찰도 적을 것이며 생각보다 많은 것들이 보일 수 있습니다.

매슬로우 욕구 5단계

────────── 매슬로우의 동기이론(Maslow's motivation theory) : 인본주의 심리학의 근거로 매슬로우가 주장한 욕구 단계설. A. H. 매슬로우가 인간에 대한 염세적이고 부정적이며 한정된 개념을 부정한 인본주의 심리학을 근거로 주장한 욕구단계설. 그의 주장에 따르면 인간행동은 각자의 필요와 욕구에 바탕을 둔 동기(motive)에 의해 유발되고, 이러한 인간의 동기에는 위계가 있어서 각 욕구는 하위 단계의 욕구들이 어느 정도 충족되었을 때 비로소 지배적인 욕구로 등장하게 되며 점차 상위욕구로 나아간다고 보았다. 매

슬로우는 인간의 욕구를 생리적 욕구·안전 욕구·소속 및 애정 욕구·자존 욕구 등 5단계로 구분하였으며, 가장 고차원적인 상위 욕구를 자아실현 욕구로 보았다.

　　1단계 : 생리적 욕구(Physiological Needs)로 의식주 생활에 관한 욕구 즉, 본능적인 욕구를 말한다.

　　2단계 : 안전의 욕구(Safety Needs)로 사람들이 신체적 그리고 정서적으로 안전을 추구하는 것을 말한다.

　　3단계 : 소속감과 애정의 욕구(Belongingness and Love Needs)로 어떤 단체에 소속되어 소속감을 느끼고 주위 사람들에게 사랑받고 있음을 느끼고자 하는 욕구이다.

　　4단계 : 존경의 욕구(Esteem Needs)로 타인에게 인정받고자 하는 욕구이다.

　　5단계 : 자아실현의 욕구(Self-Actualization Needs)는 가장 높은 단계의 욕구로서 자기만족을 느끼는 단계이다.[19]

매슬로우의 욕구 5단계설은 너무 유명하고, 이제는 진부할 것입니다. 현재는 자본주의 사회이고, 돈이 목적인 사람이 많습니다. 물론 돈은 아주 중요합니다. 돈이 많고, 남에게 피해만 안 주어도 충분히 행복하게 살 수도 있습니다. 문제는 돈이 전부고 최고이며, 그 이상의 것은 없다는 태도입니다. 부모님 재산이 많아서 물려받았거나, 아니면 부정적인 방법 혹은, 정말 운이 좋게 돈이 많다면 사람들에게 부러움을 살 수는 있습니다. 이는 매슬로우에 따르면 3단계 욕구입니다. 하지만, 돈을 버는 과정에서 노력을 많이 했거나, 남들에게 인

정을 받을 수 있는 수준, 혹은 존경받는 직업이나 사람들에게 도움을 주는 사람이라면 4단계에 머무른다고 할 수 있습니다.

문제는 그 위 5단계가 있다는 것입니다. 물론 일을 정말 열심히 해서 어떤 장인이나 대가의 수준에 이른다면 이는 5단계 자아실현에 가깝다고도 볼 수 있습니다. 하지만 이는 매우 어려운 일입니다. 그렇게 되려면 어느 정도 재능과 타고난 부분이 있어야 합니다. 그러나 그 방법 외에도 누구나 5단계에 이를 수 있습니다. 바로 독서나 꾸준한 공부, 강의 등을 통해 충분한 교양을 쌓고, 사고의 깊이를 더하는 것입니다. 혹은 다양한 취미활동을 하는 것도 자아실현의 단계라고 볼 수 있습니다.

다행히 대한민국은 선진국이며, 아르바이트만 해도 1, 2단계까지는 쉽게 충족될 수 있습니다. 제가 다시 한번 이야기하지만, 돈은 매우 중요합니다. 돈 없이 4, 5단계를 가는 사람도 있지만 매우 극소수이며, 현실적으로는 대부분 부족하지 않을 정도의 돈을 갖추는 것이 행복의 필요조건에 가까우며 그 상위 단계를 가기 위한 토대가 됩니다. 그 상위 단계가 있다는 것조차 알지 못하는 사람도 많습니다. 이러한 자아실현의 욕구는 돈보다 더한 행복을 가져다주는 경우가 많습니다. 돈이나 사회적 성공을 추구하는 과정에서 얻을 수도 있지만, 여러 다양한 활동을 하면서 자아실현을 목표로 삼는 것이 좋다고 생각합니다. 자아실현을 위한 가장 좋은 방법은, 독서나 꾸준한 공부, 다양한 활동과 체험, 경험, 취미활동이라고 생각합니다.

오컴의 면도날

――――――― 어떤 문장이 참인지 거짓인지, 혹은 진리인지를 판단하는 여러 가지 근거 중에 '오컴의 면도날'이 있습니다. 여러 가지 가정을 많이 해야 할수록 참에서 멀어지게 됩니다. 왜냐하면, 여러 가지를 동시에 만족시킬 가능성이 줄어들기 때문입니다. 그리고 진리란 굉장히 어렵고 복잡할 것 같다고 생각하는 분도 많겠지만, 보통 진리는 간단명료합니다. 듣는 순간 직관적으로 맞는다는 생각이 들게 되어 있습니다. 속된 말로, "혀가 길면 거짓말이다."라는 말과 같습니다. 실제로 어떤 사람이 거짓말을 하는지 아닌지 빠르게 판단할 수 있는 방법 중 하나는, 그 사람이 말을 많이 할수록 거짓말일 가능성이 높다는 사실입니다. 거짓이기 때문에 말이 되게 하기 위해, 여러 가지 것들을 덧붙입니다.

오컴의 면도날(Occam's Razor 또는 Ockham's Razor)은 흔히 경제성의 원리(Principle of economy), 검약의 원리(Lex parsimoniae), 또는 단순성의 원리라고도 한다. 14세기 영국의 논리학자이며 프란체스코회 수사였던 오컴의 윌리엄(William of Ockham)의 이름에서 따왔다. 원문은 라틴어로 된 오컴의 저서에 등장하는 말이다.

1. "많은 것들을 필요 없이 가정해서는 안 된다."(Pluralitas non est ponenda sine neccesitate.)
2. "더 적은 수의 논리로 설명이 가능한 경우, 많은 수의 논리를 세우지 말라."(Frustra fit per plura quod potest fieri per pauciora.)

간단하게 오컴의 면도날을 설명하자면, 어떤 현상을 설명할 때 불필요한 가정을 해서는 안 된다는 것이다. 좀 더 쉬운 말로 번역하자면, '같은 현상을 설명하는 두 개의 주장이 있다면, 간단한 쪽을 선택하라(given two equally accurate theories, choose the one that is less complex).'는 뜻이다. 여기서 면도날은 필요하지 않은 가설을 잘라내 버린다는 비유로, 필연성 없는 개념을 배제하려 한 '사고 절약의 원리(Principle of Parsimony)'라고도 불리는 이 명제는 현대에도 과학 이론을 구성하는 기본적 지침으로 지지받고 있다.

예를 들어, 새까맣게 그을린 나무가 있다고 가정하자. 이는 나무가 벼락에 맞았기 때문이거나, 아니면 누군가가 어떤 장치를 이용해서 나무가 완전히 잿더미로 변하지 않도록 적절히 그을린 다음 자신이 그을렸다는 흔적을 완전히 없앤 것일 수도 있다. 이 상황을 판단할 다른 증거가 없는 경우 오컴의 면도날을 적용해 본다면, 나무가 그을린 것은 벼락에 맞았기 때문이라고 추론하는 것이 옳다. 왜냐하면, 나무가 벼락에 맞아서 그을린 것이라고 설명하는 것이 더 적은 수의 가정을 필요로 하기 때문이다.

중세의 철학자들과 신학자들의 복잡하고 광범위한 논쟁 속에서, 오컴은 1324년의 어느 날 무의미한 진술들을 토론에서 배제시켜야겠다고 결심한다. 그는 지나친 논리비약이나 불필요한 전제를 진술에서 잘라내는 면도날을 토론에 도입하자고 제안했다. 오컴은 "쓸데없는 다수를 가정해서는 안 된다."고 말한다. 이를 좀 더 알아듣기 쉽게 바꾸면 "무언가를 다양한 방법으로 설명할 수 있다면 우리는 그중에서 가장 적은 수의 가정을 사용하여 설명해야 한다."고 표현할 수 있다. 더 짧게 말하면, 설명은 간단할수록 좋다. 오컴의 면도날은 다음과 같이 일종의 계율처럼 말해지기도 한다. "가정은 가능한 적어야 하며, 피할 수만 있다면 절대로 하지 말아야 한다."

이는 논리학에서의 '추론의 건전성' 개념과도 비슷한 면이 있다. 논리학에서는 추론이 타당한 것으로 밝혀지면 추론의 건전성을 검사하는데, 타당한 추론이라면 결론이 정당화될 수 있는 정도는 그 추론에서 가장 정당하지 못한 전제가 정당화되는 정도를 넘지 못한다.

따라서 논리의 형식상으로는 타당한 논증이라고 해도, 논증에 가정이 많이 들어가면 들어갈수록 그 논증이 건전하지 못한 논증이 될 가능성도 높아지는 것이고, 이를 바꿔 말하면 가능한 한 가정이 적게 포함된 논증일수록 더욱더 건전할 가능성이 높다고 할 수 있는 것이다.[20]

확증편향

───────── 세상과 사회현상은 아주 다양합니다. 장님 코끼리 만지기처럼, 어떠한 관점에서 보느냐에 따라 정반대의 의견을 가질 수도 있습니다. 정답이 없는 문제도 많고, 사람마다 생각이 다를 수 있습니다. 그러나 여기에는 함정이 있습니다. 아래의 개념들은 네이버 백과사전에 있는 개념입니다.

필터버블(Filter Bubble) : 이용자의 관심사에 맞춰 필터링된 인터넷 정보로 인해 편향된 정보에 갇히는 현상.

필터버블(Filter Bubble)은 대형 인터넷 정보기술(IT) 업체가 개인 성향에 맞춘(필터링된) 정보만을 제공하여 비슷한 성향 이용자를 한 버블 안에 가두는 현상을 지칭한다. 미국 온라인 시민단체 무브온 이사장인 일라이파리저

(Eli Pariser)가 쓴 책《생각 조종자들(The Filter Bubble)》에서 제기된 개념이다. 구글, 페이스북, 트위터 등 콘텐츠 제공업체는 콘텐츠를 유통하는 플랫폼을 운영한다. 기업은 좋은 사용자환경(UI)을 마련해 주기 위해 개인이 좋아하는 것, 개인이 자주 보는 것 위주로 정보를 제공한다. 사용자가 어떤 콘텐츠를 소비했는지, 어디에 반응했는지, 좋아하는 주제는 무엇인지 파악해서 사용자가 좋아할 법한 콘텐츠 위주로 제공한다. 이용자는 방대한 정보 가운데 필요한 정보만 받게 되는 것이다. 광고도 마찬가지이다. 광고 제공업체들은 사용자 정보를 바탕으로 사용자가 관심을 가질 만한 광고 콘텐츠를 내보낸다. 게임을 검색해 봤다면 광고에도 게임을 추천하는 식이다. 스마트폰 보급으로 인해 이와 같은 데이터 분석이 가능해졌다. 스마트폰 안에는 한 사람 기록이 온전히 담겨 있기 때문에 추천 개인화가 가능하다. 이를 정교한 알고리즘을 이용해 맞춤형 뉴스와 정보를 서비스한다. 필터버블의 위험성도 존재한다. 자기가 좋아하는 뉴스, 보고 싶은 뉴스만 보면 비슷한 성향 때문에 계속 노출된다. 다양한 정보를 접하기는 어려워지고 자신 생각과 비슷한 것만 보다 보니 인식이 왜곡될 수 있다. 정치·사회 문제에서 고정 관념과 편견을 강화하는 계기가 된다. 강화된 고정 관념과 편견은 좀 더 입맛에 맞는 게시물만 가지고 온다. 악순환이 이어지는 셈이다. 이렇게 되면 여론을 잘못 이해하게 될 뿐만 아니라 전혀 잘못된 소식이 확산되는 상황도 생긴다.[21]

확증편향(確證偏向, Confirmation Bias) : 기존의 신념에 부합되는 정보나 근거만을 찾으려고 하거나, 이와 상반되는 정보를 접하게 될 때는 무시하는 인지적 편향을 의미한다.

확증편향은 인지적 편향의 일종으로, 기존에 형성된 사고나 가치, 신념에 일치하는 정보들만을 받아들이려고 하는 경향을 뜻한다. 신념과 객관적 사실이나 상황이 배치되어 내적인 갈등이 일어나는 경우에 사람들은 자신의 생각을 바꾸거나, 반대로 기존의 관념을 유지한 채 정보를 취사선택하는 태도를 보인다. 인지부조화가 전자에 해당한다면 확증편향이 후자에 해당한다. 확증편향은 정보선택뿐만 아니라 정보해석에 대한 편향적 태도까지 포함한다. 확증편향은 외부로부터 입력되는 수많은 정보들을 빨리 판단하고 처리하기 위한 인지적인 노력의 일환이라고 볼 있다. 기존의 신념에 부합되는 정보는 취하고, 그렇지 않은 정보들은 걸러냄으로써 개인은 신속한 의사결정을 내릴 수 있다. 이러한 현상은 오랜 시간 축적된 데이터를 활용하여 위험 요소를 차단하고자 하는 생존전략이라고 해석할 수도 있다. 또 다른 측면에서는 지적 유능감이나 자존감 유지를 위한 노력이라고 보는 견해도 있다. 즉, 자신의 생각이나 이를 지지하는 정보가 신뢰할 수 있는 것이며, 자신이 타당한 견해를 가지고 있다고 믿음으로써 지적 능력이나 자존감을 유지하기를 원한다는 것이다. 확증편향은 빠른 의사결정과 효과적으로 정보처리를 돕기도 하지만, 성급한 결정과 선입견의 강화는 객관성이 결여된 의사 결정으로 귀결되고 여러 가지 문제점을 가져올 수 있다. 따라서 정보를 균형 있게 검토하고 해석해 합리적인 선택을 할 수 있도록 해야 한다. 확증편향으로 인한 영향을 최소화하기 위해서 기업이나 공공기관 등에서는 합리적 의사결정과 위험요인 분석, 각 직군 종사자들의 전문성 고양을 위한 다양한 방법들을 시도하기도 한다.[22]

 필터버블과 확증편향 효과에 따라, 본인의 생각이 점점 맞는다고 확신하는 착각을 하게 됩니다. 생각이 비슷한 사람들과 어울리고 계속 소통을 하게 되고, 본인이 틀렸다는 생각을 하기가 점점 힘들어지

게 됩니다. 간혹 우연히 생각이 다른 사람이나 다른 집단의 사람을 만나서 대화를 나누면 본인이 평소에 하고 있었던 확고한 생각과 반대되지만, 그냥 그 사람이 이상한 사람이라고 치부하고 넘어가게 됩니다. 상대방도 그렇게 생각하겠죠. 유튜브 알고리즘도 마찬가지입니다. 정확한 메커니즘은 알 수 없지만, 본인이 클릭하거나 오래 시청하고 관심 있는 영상과 그와 관련된 것들만 추천됩니다. 요즘은 그 사람의 유튜브 로그인 화면에서 추천 동영상만 20개 정도만 대충 봐도 그 사람이 어떤 사람인지 빠르게 파악이 가능합니다.

　이는 매우 위험합니다. 왜냐하면 원래 본인이 틀릴 수도 있다는 의심을 하는 것 자체가 쉬운 일이 아니며 어느 정도 수준이 있는 사람만 가능하기 때문입니다. 하지만 그런 사람들도, 이런 함정에 빠지기 쉽다는 점에서 훨씬 경계를 해야 합니다.

호르몬

───────── 인간은 호르몬의 노예라고 합니다. 호르몬이나 노예라는 단어에 부정적인 감정을 가지거나, 그런 것을 잘 안 믿거나 중요하지 않게 생각하는 사람도 많습니다. 하지만 중요한 몇 개 호르몬에 대해서만이라도 알아두면 본인이나 타인을 훨씬 잘 이해할 수 있습니다. 이 챕터에서는 몇 개의 호르몬에 대해서만 간단히 소개해드리지만, 좀 더 깊이 있게 공부해볼 필요가 있다고 생각합니다.

　첫 번째는 도파민입니다. 도파민은 의욕을 샘솟게 해주는 신경전달

물질이며 쾌락을 느끼게 해주고 뇌의 활동을 증진시키며, 여러 가지 방면에서 성취를 이뤄주는 데 높게 관여합니다. 따라서《도파민형 인간》이라는 책을 보면 도파민을 잘 활용해야 끊임없이 노력하고 좋은 삶을 누릴 수 있다고 서술하고 있습니다. 특히 끊임없이 자기계발을 하거나 일을 열심히 하거나 하는 사람들은 이 도파민과 관련이 높습니다. 이 책에서 말하는 것들을 잘 시행할 수 있는 사람입니다. 하지만 잘못 활용하면 도파민 중독에 빠질 가능성이 높습니다.

두 번째는 세로토닌입니다. 세로토닌은 주로 감정상태에 영향을 많이 줍니다. 따라서 세로토닌이 부족하면 우울증이나 여러 가지 감정 장애를 겪을 수 있습니다. 흔히 우울증에 걸리거나 극단적인 선택을 하는 사람을 보고 한심하게 여기는 사람도 있는데, 절대 그렇지 않습니다. 적절한 세로토닌이 나오는가 그렇지 않은가는 인간의 행복과 매우 밀접한 관련을 지닌다고 볼 수 있습니다.

세 번째로는 에스트로겐입니다. 이 호르몬은 프로게스테론과 더불어 여성호르몬입니다. 이 호르몬은 여성의 생식에 관여하고, 여성의 성격이나 여러 가지 측면에서 영향을 많이 미칩니다. 폐경기 여성은 에스트로겐의 농도가 급격히 저하되며 이는 갱년기 현상에 대해서도 설명할 수 있습니다. 생리 전 증후군이나 나이에 따른 여자들의 성격 변화에 대해서 잘 이해할 수 있습니다.

네 번째로는 테스토스테론입니다. 대표적인 남성호르몬입니다. 역시 남성의 생식에 관여하고, 남자를 남자답게 만드는 성격에 관여합니다. 역시 나이가 들며 급격히 수치가 감소하고, 20대와 달리 30대 남자는 이 호르몬 수치가 급격히 떨어져 성격적으로 여러 가지 변화합니다. 공격적인 성향을 가진 남성이 좀 부드럽게 바뀌는 것도 이 이유가 큽니다.

또한 에피네프린(Epinephrine)과 노르에피네프린(Norepinephrine)도 중요합니다. 이와 같이 적어도 사람의 성격이나 성향에 영향을 주는 호르몬들에 대해서는 잘 알아두면 좋습니다. 어떠한 호르몬의 과다 분비, 적정, 부족에 따라 사람은 크게 영향을 받습니다. 따라서 어떤 사람을 보며 '아 저 사람은 어떤 호르몬의 작용으로 저런 성향을 가졌거나 저렇게 행동할 수도 있겠구나.' 하며 이해할 수 있다는 측면에서 놀라운 것입니다. 과거에 호르몬의 존재에 대해 알지 못했을 때는 사람에 대해 보다 이해하기 힘들었을 테니까요. 현재에도 호르몬이 눈에 보이지 않으므로 그에 대해 지식이 없다면, 사람을 이해하는 데 아쉬움이 많을 것입니다.

그 외에도 성격에는 크게 관여하지 않지만 생리적인 조절을 하는 여러 가지 호르몬들도 대충 이름이나 뭔지 간단하게 알아두면 좋을 것 같습니다. 뇌하수체 전엽에서 갑상선자극호르몬(TSH), 부신피질자극호르몬(ACTH), 여포자극호르몬(FSH), 황체형성호르몬(LH), 성장호르몬, 프로락틴(Prolactin), 뇌하수체 후엽에서 항이뇨호르몬(ADH), 옥시토신(Oxytocin), 갑상선에서 갑상선 호르몬(또는 타이로이드 호르몬, Thyroid hormone)과 칼시토닌(Calcitonin), 부갑상선에서 부갑상선 호르몬(Parathyroid hormone), 흉선에서 티모신(Thymosin), 이자에서 글루카곤(Glucagon), 인슐린(Insulin), 소마토스타틴(Somatostatin) 부신에서 코르티졸(Cortisol), 알도스테론(Aldosteron), 송과선에서 멜라토닌(Melatonin) 등등이 있습니다. 이러한 호르몬들의 불균형에 따라 여

러 가지 증상이 있을 수 있기 때문에, 상식으로 알아두면 나쁠 것이
없습니다.

역사는
어떻게 움직이는가

———————— '역사와 인류문명사는 어떻게 발달해왔는가?' 이 질
문은 굉장히 방대한 양의 답을 요구합니다. 어떠한 학문을 공부하더
라도 보통은 그 역사부터 시작하는 경우가 많습니다. 철학사, 미술
사, 정치, 경제, 종교, 사회, 문화 등등에는 그 흐름이 있습니다. 여러
분야를 공부하다 보면 신기하게도 굉장히 비슷한 흐름을 이어갑니
다. 물론 학문의 대부분이 서양의 학문이라 그런 것도 있겠지만 말입
니다. 따라서 이 흐름을 알게 되면 공부를 할 때 매우 쉬워집니다. 정
치 · 경제 · 종교 · 사회 · 문화 · 예술은 연결되어 있습니다.

이러한 역사를 움직이는 가장 큰 원동력은 경제. 즉 인간의 생존이
나 이익과 직결된 것이 가장 근본적이고 강력한 힘입니다. 반복해서
이야기하지만 인간의 가장 큰 욕구와 본능은 생존과 생식입니다. 그
러한 이익이 대변되는 것이 바로 돈입니다. 돈이라는 것을 학문적으
로 미시 · 거시적으로 탐구하는 학문이 경제입니다. 따라서 마르크스
가 말한 경제가 정치를 결정한다는 말, 하부구조가 상부구조를 결정
한다는 말은 지극히 맞는 말입니다.

어느 시대나 학자, 예술인, 종교인 등은 각자의 방향성을 가지고 있

습니다. 원래부터 한두 가지의 방향만 있는 것이 아닙니다. 하지만, 그 시대의 흐름, 즉 대다수의 군중이나 높은 권력자들이 서로의 이익과 생존을 위한 균형을 잡기 위해서 가장 적합한 것을 택합니다. 따라서 그 시대 사람들이 선택한 것이 학문·예술·종교·문화 등등에서 채택되고 다른 것들은 비주류가 되거나 묻히게 되는 것입니다. 간혹 죽은 지 100~200년이 지난 사람의 이론이나 예술작품들이 각광을 받게 되는 경우도 있는데, 이 역시 그 시대의 흐름에 적합했기 때문입니다. 군중과 권력자들의 욕심, 이익이 균형을 이루기 위해 그 시대의 흐름과 대세를 만들어내게 되고, 그것에 가장 잘 맞는 정치·학문·사회·문화·예술·종교 등등을 채택하는 것입니다. 따라서 여러 학문들이 비슷한 분위기로 흘러갑니다.

간혹 정의가 승리하는 것처럼 보이는 역사들이 많습니다. 물론 모든 인간들이 본인의 이익만을 위해서 살아가지는 않습니다. 가끔 정말 정의감이 투철한 아주 극소수의 사람들도 있습니다. 정말 대단한 사람들이죠. 이런 사람들은 목숨을 걸고 사회를 바꾸기 위해 노력합니다. 하지만 그것도 역시 그 시대 사람들의 니즈와 맞아 떨어졌기 때문입니다. 미국의 노예해방도 정의감 때문에 된 것이 아닙니다. 정말로 그런 사람도 아주 극소수 있었겠지만, 대부분은 경제적인 이유가 큽니다. 그러나 정치인이나 높은 사람들은 그런 경제적인 이유로 설득하려 하지 않습니다. 뭔가 그럴듯해 보이는 명분이 항상 필요합니다. 특히나 개개인이 아닌 정치나 국제관계에서는 명분이 굉장히 중요합니다.

사람들은 실질적인 이유를 잘 이야기하지 않습니다. 보통은 명분상의 이유를 많이 제시합니다. 이상하게도, 그런 실질적인 이야기를 솔직하게 이야기하면 속물이 되어버리는 경우가 많습니다. 이 역시 인간관계라는 것이 단순하지 않기 때문입니다. 본인은 이익을 좇아 움직이는 존재가 아니라, 정의와 윤리, 사랑 등등을 따라 움직이는 고상하고 품격있는 존재라는 것으로 비쳐지는 것이 결국에 더 큰 이익을 불러일으킬 수 있다는 것을 알고 있기 때문이기도 합니다.

서양사는 고대, 중세, 근대, 현대로 나뉩니다. 고대는 신화의 세계에서 벗어난 시대, 중세는 신 중심, 근대는 신 중심에서 벗어나 인간의 이성으로, 현대는 비판과 해체의 시대입니다. 서양미술사를 봐도 그 시대 흐름에 맞는 그림만 주목받습니다. 화가들도 먹고살기 위해서 반강제적으로 그 시대가 채택한 흐름에 맞는 것을 잘 그려야 할 수밖에 없었을 것입니다. 간혹 시대를 뛰어넘거나 앞서나갔던 사람들도 있지만, 그것은 역사의 큰 흐름과 틀에서 가끔 나오는 예외적인 경우입니다.

PART 5

대입 공부에
대한 생각

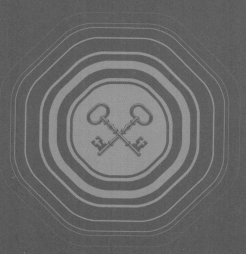

공부의 시대,
인생을 일으키는 하루 1시간 공부법

수능과 교육제도

대학수학능력시험, 수능이 시행된 지 30년이 되어갑니다. 대학교를 가능 방법에는 크게 정시, 수시가 있고 그 비율은 시대에 따라 변해왔습니다. 저는 개인적으로 수능은 정말 훌륭한 시험이고, 꼭 필요한 극소수의 할당제나 특별전형 수시를 제외하고는, 수능이 결정적인 역할을 하는 정시로 대학을 가는 것이 좋다고 생각합니다. 물론 장단점이 있습니다만, 제가 그렇게 생각하는 이유를 말씀드리겠습니다.

우선 시험의 가장 중요한 덕목은 변별력과 공정성입니다. 변별력은 수많은 응시생들을 줄 세우기에 적절해야 함을 의미하고, 공정성은 문제가 유출될 우려가 없어야 함을 의미합니다. 30년 넘게 수능이 유출되었을 거라는 의심은 누구도 하지 않았고, 수능을 싫어하는 사람도 이건 부정하지 않을 것입니다. 그래도 다른 시험 같은 경우에는 시험출제

위원으로 누가 들어갔고 평소에 뭘 강조했다라는 정도로 문제를 추측해볼 수 있는데 수능은 그마저도 없습니다. 꼭 수능이 아니더라도 공무원 시험처럼 객관식 줄 세우기가 정말 단순 무식해 보이지만 가장 변별력이 좋습니다. 현재 직업을 택할 때, 그나마 공무원 시험이 가장 공정하다고들 말을 합니다. 다른 요소 없이 순수하게 시험으로 당락이 결정되는 것이니까요. 물론 가끔 이상한 문제가 가뭄에 콩 나듯 있거나, 난이도 조절에 실패하는 경우도 있지만, 수능과 공무원 시험, 토익 같은 객관식 시험이 가장 변별력이 있습니다. 더군다나 수능은 1~2등급 정도 나오는 사람이라면 알게 될 수도 있겠지만, 그 문제에서 답이 되는 논리적인 이유나 근거, 연결고리 등등을 자세히 들여다보면 정말 훌륭하고 아름답습니다. 세계 어딜 내놓아도 수능보다 훌륭한 시험을 찾기는 힘들 것이라고 저는 생각합니다.

각종 할당제나 블라인드, 면접의 비율이 확대되는 것은 대입이나 취업 시 매우 정의롭고 공정해 보입니다. 사람의 인성을 정확히 측정할 수 있거나, 지방 할당제나 면접의 취지 딱 그대로만 된다면 저도 당연히 찬성합니다. 하지만 이것은 정말 단순한 생각입니다. 인간은 그런 존재가 아닙니다. 그런 주관적인 요소가 늘어날수록 반드시 비리가 생깁니다. 알려진 입시 비리만 수없이 있고 그건 빙산의 일각에 불과합니다. 주관적인 요소가 커질수록, 권력과 돈을 가진 사람, 정권에 호의적인 사람들의 자녀들이 대거 합격합니다. 객관식 5지 선다형 줄 세우기 시험으로 들어갈 실력이 안 되기 때문에 그런 제도들을 자꾸 만들고 확대하는 것입니다. 저는 이런 비리를 저지르는 사람들이 나쁘다고는 생각하지만, '어떻게 인간이 저럴 수 있지.'라고까지는 생각하지 않습니다. 원래 인간은 그렇고, 그 유혹을 뿌리치기는 굉장히 어려운 존재입니다. 가지지 못한 자들은 분노하지만, 막상 그 자리에 가서 그렇게 하지 않을 사람은 소수입니다. 과거에 나에게 도움을 주었거나, 정말 친한 사람이 돈까지 주면 거부하기가 쉽지 않습니다.

따라서 법이나 제도적으로 비리를 최소화해야 합니다. 객관식 5지 선다형이야말로 그런 비리가 개입될 수 없다는 측면에서, 아니 그것 하나만으로도 이미 더 좋은 시험제도입니다. 사람들은 자꾸 달콤한 이야기를 속삭입니다. '학벌과 관계없이 정말 실력이 있는 인재를 뽑겠다.' 1차원적으로 생각하면 굉장히 정의로워 보이고 학벌이 좋지 않은 많은 사람들은 혹시 본인도 들어갈 수 있지 않을까? 별로 열심히 살지도 않았는데 제로 베이스에서 시작한다? 하며 유혹에 빠집니다. 간혹 정말 취지에 맞는 좋은 인재가 들어가는 경우도 꽤 있습니다. 하지만 결국에는 비리가 난무하는 더러운 세상, 정말 노력한 사람들이 못 들어가는 계층이동의 사다리를 줄어들게 만드는 결과를 나타낼 것입니다. 장점보다 폐단이 훨씬 큽니다. 공무원 면접처럼 혹시 정말 인성적으로 문제가 있는 사람 1~2명 정도 탈락시키는 것. 8명을 뽑아야 한다면, 성적순으로 10명 정도만 뽑아서 특이사항이 없으면 1~8등까지 붙이고, 혹시 그중에 정말 좀 문제가 있다 싶으면 9, 10등이 붙을 수도 있는 그 정도의 면접입니다. 이 정도면 저도 찬성합니다. 장애인 할당제같이 꼭 필요한 것들만 남기고 최소화해야 합니다.

또 어떤 사람들은 수능과 정시로 뽑아놓고 봤더니, 결국에는 부모님 재산과 비례하더라고 말합니다. 물론 통계적으로 틀린 말은 아니지만, 인과관계가 잘못되었다고 생각합니다. 정확히 말하면 부모님 재산과 비례하는 것이 아니라, 부모님의 공부 능력과 비례하는 것입니다. 대한민국이 한강의 기적을 이루면서, 고학력자나 대학 졸업자(그때는 대졸자가 매우 적었음)들이 대기업에 취업해서 나라 발전에 이바지하며, 고금리시대나 부동산으로 부를 축적한 사람들입니다. 즉, 공부 잘하는 사람이 좋은 곳에 취업해서 돈을 많이 벌었고, 재산을 증식시켰으며, 유전적으로 공부 잘하는 자녀들을 낳았기 때문입니다. 마치 사람들은 부모님이 부자건 가난하건 공부 재능은 별반 차이 없는 것처럼 이야기합니다. 그렇지 않습니다. 매우 불편한 진실이겠지만, 부자 동네일수록 학생들의 공부 재능이 훨씬 높습니다.

과거에는 가난한 사람들이 성공한 신화가 많았는데 왜 요즘은 개천에서 용 나는 경우가 없을까요? 제 생각은 이렇습니다. 과거에는 대한민국이 가난했고, 딱히 부자라고 할만한 사람도 없었지만, 그나마 재산이 많은 사람들도 그냥 물려받은 것일 뿐, 공부를 잘해서 재산이 많은 경우는 아니었습니다. 그때는 정말 재산이나 소득 수준이 공부 능력과 상관관계가 많이 떨어졌습니다. 자본주의가 발달하고 학벌이 좋으면 성공할 수 있었기 때문에 계층이동이 많았습니다. 하지만 현재 부자들은 학벌주의 사회에서 성공한 사람들이고, 고학벌이나 전문직 등등이 많습니다. 당연히 자녀들이 공부에 대한 재능을 타고났을 가능성이 높습니다.

너무나 당연한 말이지만, 수능과 공무원 시험, 토익은 공부에 재능 있고, 열심히 하는 사람이 잘 치는 시험입니다. 물론 너무 가난해서 공부에 집중하기 힘들고, 아르바이트까지 해야 한다면 그건 명백한 지장이 있겠죠. 수능은 요즘 EBS나 1타 강사 온라인 강의도 많고, 부모님의 재산으로 고액과외 한다고 해서 잘 보는 것이 아닙니다. 가난해도 인강 듣고, 정말 열심히 집중해서 하루 종일 공부한다면 충분히 해볼 수 있는 시험입니다.

그리고 부모님들의 동기부여와 공부하기 좋은 환경을 만들어주는 것도 큽니다. 학력 수준이 높은 부모님들은 왜 공부를 해야 하는지, 혹은 질문에 대한 대답, 동기부여, 정보력, 혹은 같이 공부를 하면서 공부 분위기를 만들어줍니다. 또한 좋은 학군에서 비슷한 부모님과 자녀들을 만나 어울립니다. 학력 수준이 낮은 부모님들은 공부하라고 잔소리하지만, 왜 해야 하느냐고 하면 별말을 해줄 수 없습니다. 막상 본인들도 정확히 모르기 때문이죠. 자녀에게 독서하는 모습을 보여주기는커녕 TV만 시청하면서 말이죠.

여기까지 오면 이렇게 반문할 것입니다. 근본적으로 공부에 대한 재능이나 부모님의 환경 이런 것 자체가 불공평한 것이 아니냐고요. 당연히 세상은 원래 어느 정도의 불공평은 있습니다. 사실 따지고 보면 외모도 정말 중요합니다. 키 크고 잘 생긴 남자나, 예쁜 여자들은 사는 데 정말 압도적으로 유리합니다. 여자가 예쁘게 태어나면 고시3관왕을 한 것과 마찬가지라는 말도 있죠. 물론 여기에 동의하진 않지만, 그 정도의 말이 나올 정도로 세상이 원래 그렇습니다. 또한 이런 '운'적인 요소도 정말 중요합니다. 어떤 시기에 어느 나라나 어디서 태어나는 것도 중요하겠죠. 공부에 대한 재능도 어쩔 수 없습니다. 그런 것까지 나라나 세상에서 어떻게 다 보정을 해주겠습니까. IQ가 높다고 해서 점수 마이너스를 할 수는 없지 않겠습니까. 정부는 초중고를 의무화하여 양질의 교육을 받을 수 있게, EBS 강의 제공, 비리가 없는 공정하고 변별력 있는 시험제도, 수능 시험장까지 같은 장소에 입실해서, 같은 시간을 주고 시험에 응시하게 하는 것만이 해줄 수 있는 것입니다. 원래 불리한 조건에서 태어나면 훨씬 더 열심히 하는 수밖에 없습니다. 그것이 인생이고, 더 힘든 조건에서 성공한 사람을 우리는 더 존경합니다.

언더도그마에 빠져 부자나 고소득자를 미워하고 그 돈을 어떻게든 빼앗으려 하는 사람들이 많습니다. 본인이 딱히 능력은 없고, 노력은 하기 싫고, 부자들 돈 빼앗아서 나눠준다니 좋고 왠지 정의로워 보이기까지 하죠. 그건 부자나 고소득자들이 잘사는 현재 결과만 보이고, 그 사람들이 얼마나 노력했고 인생을 갈아 넣었는지 잘 모르기 때문일 것입니다. 정말 열심히 노력해본 사람은 다른 사람의 노력을 폄하하지 않습니다. 그리고 부자들의 관점에서도 생각해보세요. 남들 놀때, 본인이 정말 열심히 살았고 그것을 바탕으로 자녀들에게 더 좋은 것을 주고 싶은 것은 부모님의 마음 아니겠습니까. 그리고 재산도 30억 이상이면 증여세가 50%입니다. 대한민국 평균연봉을 받으면 세금 별로 안 내고, 혜택까지 고려하면 정말 적습니다. 그러니 잘 모르는 사람이 더 많겠지만, 고소득자들은 생각보다 세금 40%씩 정말 많이 내고, 그 돈으로 나라가 굴러갑니다. 오히려 부자들이 더 억울할 수도 있습니다.

수학

────────── 수학은 정말 중요한 학문입니다. 학문적으로도 중요하고, 대학교 갈 때도 사실 당락을 가르는 과목이기도 합니다. 학문의 분류에 의하면, 모든 학문이 동등한 위치에 있지는 않습니다. 기초학문과 응용학문이 있듯이, 좀 더 이론 위주의 바탕이 되는 학문이 있고, 그 위에 여러 학문의 도움을 받아 실생활에 도움이 되는 학문이 있습니다. 과학이 순수학문이라면, 공학은 응용학문이라고 할 수 있겠죠. 이렇게 분류했을 때 가장 기저에 있는 학문이 3개 있는데요, 그 것은 바로 수학, 철학, 물리학입니다. 이들은 다른 학문의 도움을 거의 받지 않는 근본적인 학문입니다. 암기보다는, 이해와 인간의 이성을 가장 깊게 파고들어 가야 하는 학문입니다. 또한 수학은 대학 가서도 정말 많이 쓰입니다. 공학 쪽은 말할 것도 없고, 다른 모든 전공도 석사까지 가면 결국 통계가 매우 중요하며, 고등학교 수학이 안 되면 사실상 학문이라는 것을 하기 힘듭니다. 다른 과목들은 나중에 노베이스로 대학 가서도 노력하면 어느 정도 따라갈 수 있지만, 수학은 어떻게 안 됩니다.

또한 불편한 진실이겠지만, 수학은 재능을 많이 탑니다. 즉, 머리가 그쪽으로 발달하지 않으면 쉽지가 않습니다. 다른 과목도 재능이 중요하겠지만, 국어와 영어는 노력만 하면 어느 정도는 따라갈 수 있습니다. 인류는 타인과 소통하고 교감하는 쪽으로는 많이 발달되어 있지만, 수학과 과학을 잘하는 쪽으로는 크게 진화를 하지 못했습니다. 따라서 수학과 과학을 잘하는 사람은 소수입니다. 어쩌면 잘 못하는 것이 더 일반적인 것일지도 모릅니다. 하지만, 대한민국도 근대화 이후 서양학문들을 받아들임에 따라 수학을 잘하는 사람들이 명문대에 진학하고, 성공과 높은 사회적 지위를 차지하는 데 아주 유리하게 작용하는 핵심적인 과목이 되었습니다. 즉, 수학 실력과 학벌은 상관관계가 매우 크다고 봐도 무방합니다. 수학을 잘하면 대부분 국어와 영어도 어느 정도는 하는데, 수학을 못하면 국어와 영어를 잘해도 좋은 대학에 가기 힘듭니다. 즉, 수학만큼 사회의 계층을 결정짓는 데 큰 역할을 하는 학문도 드뭅니다. 어쩌면 머리 좋고 이성적인 사고가 발달한 사람을 뽑기 좋아서일지도 모릅니다. 아이큐 테스트 같은 것으로 대학을 갈 수는 없기 때문입니다.

하지만, 사람의 수많은 능력 중에 수학과 그에 관련된 능력이 얼마나 그 사람의 많은 부분을 나타내줄까요? 저는 크지 않다고 생각합니다. 다만 대한민국 현실이, 중국 · 일본 사이에 있고, 인구도 많지 않은데 자원은 없고, 오로지 인적자원만으로 버티고 있는 나라이기 때문에 산업을 발달시키기 위해서는 어쩔 수 없는 측면이 있다고 생각합니다.

수학은, 실제 학문과 수능 수학시험의 접근법이 많이 다릅니다. 우선은 개념을 이해해야 하지만, 결국 고득점의 관건은 수많은 문제 유형을 익히는 것입니다. 매년 신유형의 문제를 내려고 학자들이 머리를 쥐어짜지만, 이미 수능은 너무 오래되고 각종 교육청 모의고사를 통해 대부분의 유형은 이미 알려져 있습니다. 결국 수학문제를 푸는 것은 유형을 익히는 것입니다. 그런데 유형을 '암기'한다는 표현은 잘못되었다고 생각합니다. 숫자만 바꿔서 그대로 낸다면 암기로 가능하겠죠. 하지만 유형도 조금씩 다르며, 그 유형을 확실히 이해하지 않으면 문제를 풀어낼 수가 없습니다.

최초 문제의 단서로부터 답에 이르기까지는 여러 단계들이 필요한데, 그 단계의 문을 넘어가기 위해서는 바로 유형들로부터 익힌 열쇠들이 필요합니다. 그리고 그 수많은 유형의 열쇠들 중에, 이 문에서는 어떤 열쇠를 써야 하는지 정확하고 빠르게 인지하는 것이 수능 수학 문제 푸는 고득점의 비결입니다. 유형을 정확하게 많이 익혀놓으면, 문제를 봤을 때 아 이건 이렇게 풀면 되겠네라는 생각이 들게 됩니다.

아무리 머리가 좋아도 기본문제부터 풀어야 하고, 아주 쉬운 3점짜리 유형이라 하더라도 처음부터 풀어내기는 쉽지 않습니다. 하나하나씩 습득해서 결국 어려운 유형까지 전부 숙지하게 되는 것입니다. 그런데 사실 수학적 재능이 없으면, 어느 정도 이상의 난이도 유형에서 막히고 잘 이해하지 못하게 됩니다. 공부를 계속해도, 그 유형이 아리송하게 50% 정도밖에 이해되지 않고, 결국 그 유형의 문제가 나오면 잘 풀어내지 못합니다.

그리고 수학에 재능이 없는 많은 학생들은 애초에 개념을 제대로 이해하는 것부터 쉽지 않습니다. 개념 수업만 딱 듣고 매우 정확하게 이해하는 것은 엄청난 재능입니다. 보통은 적당히 이해하고, 문제를 풀어보고 다시 개념을 보고 반복하면서 개념에 대한 이해도를 점차 올려 100%에 가까워지게 하는 것입니다. 개념을 완벽하게 이해하고 문제를 푼다는 것은 비효율적이고 불가능에 가까울 수도 있습니다. 개념과 문제를 반복하면서 개념에 대한 이해도를 올리고, 유형도 익히는 것이 효율적인 공부법이기도 합니다.

영어

─────────── 가끔 수능 영어에 논란이 되는 지문이 나오기도 합니다. 또한 요즘은 원어민이 틀리는가 하면, 외국 영어교수들이 뭔가 문제가 잘못되었다는 듯이 말하는 영상이 많습니다. 수능 영어에 대해 말이 많습니다만, 현실적으로 모든 시험의 중요한 점은 공정성과 변별력이라는 것을 고려해야 합니다. 수능만큼 그 두 가지를 훌륭하게 지켜내는 시험은 없죠. 수능은 이미 오래된 시험이고 준비 시기도 점점 빨라지고 있습니다. 또, 공부법이나 요령이 진화하기 때문에 영어 지문을 일상대화 수준으로 출제하면 만점자가 속출할 겁니다. 출제자들도 출제하기 매우 곤혹스러울 것입니다. 논란의 문제 하나 가지고 수능 자체를 부정하는 건 너무 나갔다고 생각합니다. 무엇으로 평가를 하든 장단점은 있습니다. 하지만 객관식으로 줄 세우기 하는 게 단순하면서도 가장 깔끔하고 뒷말이 없습니다. 비리가 있을 수 없습니다. 수능의 보안성이 여태까지 문제 되지 않았다는 것 자체가 어마어마하게 큰 장점입니다. 앞으로 논란 자체가 안 되도록 신경 쓰면 더 완벽해질 것입니다.

수능을 잘 쳤다고 영어를 잘한다고 보기는 어렵지만, 영어 잘하는 사람이 수능에서 고득점 받을 확률은 비례합니다. '영어를 모국어로 하는 사람이 못 푸니까 이상한 거 아니냐?'고 하지만 학술적으로 어려운 책, 철학, 과학이나 깊은 내용은 한글로 봐도 어렵습니다. 국어 영역을 높은 수준의 내용을 가지고, 지문의 길이를 영어만큼 줄여서 내봐도 만점은 쉽지 않을 겁니다. 교육 자체를 회화 중심에 둔다거나,

수능이 아닌 다른 평가 방식을 생각해보고 더 좋은 방법이 있으면 바꾸면 좋겠죠. 하지만 그건 실효성이 떨어지는 이야기입니다. 아직 수능을 대체할 만큼의 대안이 없습니다.

그리고 대학수학능력시험에서 영어를 채택하는 이유는 대학에서 학문을 하기 위함입니다. '대학수학능력시험'이라는 말뜻 자체가, 이 학생이 대학을 가서 얼마만큼 공부를 잘할 수 있는가를 평가하는 것입니다. 수많은 세계의 석학들이 영어라는 언어를 사용해서 학문을 합니다. 물론 대부분 번역서로 공부하지만, 모두 번역이 되어 있는 것도 아니고 원서도 가끔 참고해야 하고 나중에 최신 논문이나 여러 가지 것들을 받아들이려면 영어가 필수적입니다. 무슨 여행 가서 놀려고 영어 배우는 게 아닙니다. 물론 일상회화가 가능해서 한국인들이 글로벌기업이나 해외로 많이 진출하면 국가적으로 큰 이익이 될 수도 있겠고, 교육목표가 그렇게 바뀌어가는 것도 좋을듯하지만 아직은 현실적으로 많이 어렵습니다. 영어회화 중심으로 가면 그것도 그것대로 불만 엄청 많이 나올 것입니다. 그리고 애초에 12년 동안 영어 교육을 잘 소화했거나 해외로 진출할 정도의 인재라면 회화를 따로 배워도 금방 배웁니다. 초중고 교육이 소수의 엘리트를 위한 교육이 아니라 국민 대다수의 평균에 맞춰져 있는 점에 대해 크게 반대하지 않습니다.

사실 과거로 거슬러 올라가 보면, 출세나 취업 등등에서 채택되는 과목이 되는 순간, 이미 그 학문의 본질적 의미를 벗어나 도구의 의미가 되어버리는 경향이 있었습니다. 사실 사람이란, 공부나 학문이라는 순수한 목적적 의미보다는, 출세하고자 하는 욕구가 훨씬 더 근원적이고 강력합니다. 순수한 목적으로 학문을 하는 사람은 극히 소수이며, 오히려 그것이 더 비정상이라고 생각합니다. 미국이 최강대국이고, 전 세계적으로 가장 영향력 있는 언어는 영어이기 때문에, 현재 학문적으로나 비즈니스적으로나 영어는 굉장히 중요한 것이 사실입니다. 따라서 영어를 채택하는 것은 충분히 합리적입니다. 수능 말고도, 취업에서도 영어점수를 봅니다. 영어와 직무가 거의 관련 없는 직업이라도 모든 대부분의 곳에서 채택하기 때문에, 어떤 회사나 기관이라도 굳이 채택하지 않을 이유가 없습니다.

국어

——————— 과거에는 언어영역이었고, 현재는 국어영역으로 바뀌었습니다. 사실 다른 과목에 비해 국어영역이 가장 중요합니다. 언어라는 것에도 수준이 있습니다. 기본적으로 일상생활이나 의사소통을 하기 위한 것이기도 하지만, 학술적이고 학문적인 것을 가능하게 하는 언어 수준까지 있습니다. 사람들끼리 대화를 할 때도 깊이가 다르고, 어떤 정보를 주고받거나 주제에 대한 토론이나 생각을 이야기할 때는 단순한 어휘나 언어능력만으로는 한계가 있습니다.

수학은 사칙연산만 하면 되고, 영어는 알파벳이나 외래어만 알면 되고, 국어는 말만 통하면 된다고 하는 사람이 있는데 일단 그런 생각 자체에도 문제가 있지만, 중요한 것은 말이 안 통한다는 것입니다. 같은 한국 사람이고, 모국어인 한글과 한국어를 쓰는데도 말이 잘 안 통하는 경우가 있습니다. 서로 의사소통이 문제없이 된다는 것은 생각보다 쉬운 일이 아니며, 이는 인간관계에서 엄청난 메리트를 가지기도 합니다.

국어에서 접하는 수많은 지문들은, 일단 엄청 좋은 지문들입니다. 훌륭한 문장과 좋은 어휘들을 담고 있으며, 보통 한 지문당 적어도 2~3개의 개념을 익힐 수 있습니다. 그리고 상식을 갖출 수가 있습니다. 상식은 다음과 같은 뜻을 가지고 있습니다.

"상식(常識) : 사람들이 보통 알고 있거나 알아야 하는 지식. 일반적 견문과 함께 이해력, 판단력, 사리 분별 따위가 포함된다."[23]

보통 사람들의 상식이 언제 많이 습득되냐? 묻는다면, 고등학교 때 국어영역의 수많은 지문들을 접하는 시기라고 생각합니다. 고등학교 때 수업시간에 수업 듣고, 시험공부를 하거나 수능대비 국어영역 지문들을 풀면서 습득되는 양이 엄청납니다. 그리고 모든 학문들을 조금씩 포함하고 있습니다. 수능과목에 포함할 수 없었던 학문이나 과목을 국어영역에 조금씩 포함시켰다고 봐도 무방합니다. 특히, 그냥 독서와는 다르게 문제를 풀기 위해서는 집중해서 보기 때문에 더욱 효율적입니다.

따라서 공부를 잘하든 못했든 간에 그래도 포기하지 않고 끝까지 완주한 사람과, 애초에 포기하고 잠만 자는 사람은 기본상식의 양이 엄청나게 차이 나게 됩니다. 그리고 맞춤법도 잘 안 틀리게 됩니다. 수많은 글들을 보았기 때문에, 맞춤법이 틀리면 뭔가 어색한 느낌을 받게 됩니다. 물론 졸업 후에 독서를 아주 열심히 하면 극복 가능하지만, 애초에 고등학교 때 공부를 포기한 사람이 갑자기 나중에 독서를 할 가능성은 매우 희박하며, 한다고 해도 공부할 때 공부하는 것에 비해 훨씬 비효율적이고, 많은 시간과 노력을 투자해야 합니다.

그리고 언어논리라는 것이 있습니다. 문장 간에는 유기적이고 논리적인 구조가 있습니다. 흔히 국어점수가 낮은 학생들이 국어는 좀 주관적이지 않냐고 생각합니다. 물론 수학, 과학에 비해서는 그 객관성이 약간은 부족할 수 있지만, 생각보다 굉장히 객관적입니다. 수능이나 교육청에 나왔던 모의고사 지문과 문제를 가지고 정말 꼼꼼히 분석해보고, 이게 왜 답이 되는지 그 근거와 논리를 이해하면 정말 소름 끼칠 정도로 정확합니다. 그냥 텍스트의 나열 같아 보이는 글 속에서, 그 문장과 문장의 연결, 전체 지문에서 문단과 문단의 끈끈한 구조를 파악하면, 언어 속에서도 과학을 파악할 수가 있고, 그렇게 단순하지 않다는 것을 깨달을 수 있습니다.

마지막으로 문학 공부를 할 수 있습니다. 문학이란 것도 매우 중요합니다. 도서코드에서 당당히 00~900 코드 10개 중에서 800번대를 차지하고 있으며, 사실 책이란 것이 소설과 비소설로 나뉠 만큼 문학이 차지하는 양은 방대합니다. 이 문학이라는 것에 대해서 공부를 할 수 있다는 것은 국어의 엄청난 장점입니다. 물론 단점은, 문학이란 것이 사실 학습을 통해 접근한다는 것은 부작용이 있고, 너무 한국 문학만 다루고 있기 때문에 자칫 흥미를 잃어버리게 될 수도 있다는 점입니다. 그럼에도 불구하고 문학을 통해서 많은 것을 배울 수가 있습니다. 이는 뒤 챕터에서 자세히 서술해보고자 합니다.

국영수사과는
쓸데없는 것인가?

─────────── 꼭 좋은 학벌을 가지기 위해서, 혹은 대학교에 가서 학문을 하기 위해, 취업을 하기 위해서가 아니라 초중고 공부는 그 자체로 중요합니다. 간혹 국영수사과가 전혀 쓸데없다고 생각하는 사람이 많은데 그렇지 않습니다. 우리나라 교육 교과과정 자체가 굉장히 수준이 높습니다. 고등학교 때 공부만 열심히 해도 어디 가서 무식하다는 소리 안 듣고, 살아가면서 어려움이 별로 없습니다. "국어는 말만 통하면 되고, 맞춤법 상관없다. 수학은 사칙연산만 하면 된다. 영어는 간판 읽을 줄만 알면 된다." 이런 말 하는 분들은 정말 답답합니다.

첫 번째로 기본상식 수준이 높아집니다. 살아가면서 알아야 할 수많은 상식들이 있습니다. 대학교를 나오지 않았다고 하더라도(중퇴 제외), 인성이 좋고, 일 센스가 있고, 말을 잘하거나, 사업 수완이 좋거나 여러 장점이 있는 사람도 많이 보았습니다만, 대부분의 공통점은 기본상식이 부족하다는 것이었습니다. 고등학교 수준에서 포기하고 수업시간에 잠자거나 딴생각을 하는 것이 아니라 나름 완주만 했어도 기본상식은 충분합니다. 고등학교를 나왔다고 해서 고등학교 교과과정을 60점 이상 합격선을 받는 것이 아닙니다. 심하면 고등학교가 아니라 중학교 교과과정도 제대로 안 되어 있는 사람도 많습니다. 대학교에 가서 전공을 배우는 것도 중요하지만, 이 초중고 때 배운 공부량을 무시할 수는 없습니다. 보통 이때 배운 기본상식으로 평생을 살아가는 경우도 많고, 이후에 공부를 하더라도 초중고 때 공부량이 비하면 많지 않을 겁니다. 따라서 어차피 가야 하는 학교라면 체력도 좋고 공부머리도 잘 돌아갈 공부해야 할 시기에 공부하는 게 매우 효율적입니다.

두 번째로는 이성적·논리적 사고를 하게 됩니다. 공부를 하면서 합리적인 사고를 하고, 사고력 추론과 문제해결능력, 주장과 근거를 이용한 토론능력 등등, 다양한 능력들을 기를 수가 있습니다. 저는 이런 부분에서는 타고난 재능이 중요하고, 그걸 가지고 태어난 사람이 더 잘하게 될 가능성이 높다고 생각하지만, 교육과 공부로 더 향상시킬 수 있다는 사실은 변하지 않습니다. 재능이 없어도 학창시절 포기하지 않고 완주했다면, 적어도 말이 안 되는 이상한 소리는 하지 않고 말귀를 못 알아먹는 경우는 드뭅니다.

세 번째로는 여러 가지 개념들을 배웁니다. 패러다임, 유전자, 규모의경제, 불소급의원칙, 안나카레니나의법칙, 도그마, 시민혁명, 헤게모니, 엔트로피, 삼권분립 이런 기초 개념들을 학습할 수 있습니다. 이런 개념들은 몇백 몇천 개가 있고 국어영역 지문을 읽다 보면 반복해서 나오기 때문에 자연스럽게 알게 됩니다. 요즘은 영어도 일상언어가 아니라 다양한 학문적 분야에 관련된 어려운 지문도 많이 나옵니다. 그런 지문들을 공부하면 적어도 개념 하나 이상은 잘 알고 넘어갈 수 있습니다. 그냥 책이나 글을 읽는 것이 아니라, 문제를 풀기 위해 읽으면 더 집중해서 읽고, 해설을 보면서 반복해서 보게 되어 기억에 더 잘 남습니다. 이런 개념들이 명확하게 박혀 있는 사람과 아닌 사람은 일단 세상을 보는 시야 자체가 다르고 갖추지 못한 사람과는 일단 대화가 답답하고 말이 잘 안 통하게 됩니다.

따라서 꼭 대학을 안 가거나 중퇴를 하더라도, 학창시절 공부는 중요합니다. 대학은 학문 전공을 배우러 가는 곳이지(사실 현실적으로 요즘은 취업을 위해서도 많이 가지만), 기본적이고 일반적인 공부를 하러 가는 곳은 아닙니다. 대한민국 국민으로 살아가는 데 어려움이 없을 여러 가지 능력들(기본적인 상식과 지식, 생각 등등)은 사실상 초중고 때 배웁니다. 그 중요성을 무시하면 안 됩니다. 우리나라 교육의 단점만 너무 비판하는데, 세계적으로 한국의 교육 수준은 굉장히 높고, 이것을 의무교육으로 받을 수 있다는 것은 한 인간으로 태어나서 더 나은 삶을 사는 데 엄청난 축복이고 혜택이라고 생각합니다.

수능은
이해인가 암기인가?

───────── 간혹 공부를 암기라고 생각하시는 분이 많은 것 같습니다. 일단 엄밀히 말해서 공부와 시험은 약간 다릅니다. 시험에서는 암기가 중요할 수도 있습니다. 하지만 저는 공부에 있어서는 암기를 중요하게 생각하지 않습니다. 특히 요즘 같은 시대에는 폰으로 검색만 해봐도 바로 정보를 찾을 수 있습니다. 대신 철저하게 이해하는 과정이 중요합니다. 개념과 원리 등등 공부를 하면서 새로운 지식도 습득하지만, 어떠한 이해를 하고 이치 하나를 깨닫는 것이 중요합니다. 물론 암기란 것이 단순하지는 않습니다. 단순 암기도 있지만, 보통은 암기를 하기 위해서는 일정 수준 이상의 이해가 수반되어야 하

므로, 암기 자체가 의미가 있다기보다는 암기를 할 수 있는 수준의 이해까지 도달하는 것이 중요하다고 생각합니다.

과거에는 암기를 중요하게 생각했고, 시험도 암기형의 문제가 많았습니다. 하지만 1994년 대학수학능력시험이 시행되고 나서는, 암기가 많이 줄어들게 됩니다. 한마디로 수능은 '푸는' 것입니다. 수능과 토익을 비롯한 각종 영어시험, PSAT, 각종 대기업 인적성, MEET, DEET, LEET, PEET 같은 시험들도 전부 푸는 시험들입니다. 암기도 필요하지만, 이해하고 푸는 능력이 압도적으로 중요합니다.

수능이란 공부도 마찬가지입니다. 물론 문제를 푸는 데 유형 익히기 등 어떠한 요령을 습득하는 보조적인 부분도 있지만, 결국에는 풀어야 합니다. 국어와 영어는 글을 읽고 문제를 푸는 것입니다. 결국에는 읽기 능력이 가장 중요합니다. 그다음으로는 문제를 많이 풀어보며, 푸는 방법이나 요령을 익히는 것이긴 한데, 가장 근본은 읽기 능력입니다. 언어라는 것이 그렇게 간단하지가 않습니다. 일단 어휘력부터가 차이가 많이 납니다. 다 아는 단어 같지만, 이해도에서 차이가 많이 납니다. 그리고 그 어휘력에서 나아가 문장을 읽고 정확하고 빠르게 이해하는 능력은 천차만별입니다. 그런데 이러한 읽기 능력은 단기간에 발전하는 것이 아닙니다. 유명한 강사들은 마치 대단한 비법이 있는 것처럼 이야기하지만, 결국에는 읽기 능력이 가장 중요하고, 그것은 타고난 부분도 크며, 고등학교 때쯤이면 어느 정도 결정이 되어 크게 바뀌지 않습니다. 그렇다고 강의를 들을 필요가 없다는 것은 아닙니다. 적어도 본인의 잘못된 읽기 방법을 바꾸고, 문제 푸는 요령과 본인이 잘못하고 있는 습관을 고칠 수 있다는 측면에서 충분히 들을 가치가 있다고 생각합니다.

이러한 언어적 능력, 읽기와 듣기 능력은 아주 중요합니다. 인간은 언어를 통하여 지식을 습득하고 소통하며 이해를 합니다. 단순히 수능 국어, 영어 고득점이 아니라 앞으로 살아감에 있어서 내가 받아들일 수 있는 속도와 세계의 한계가 다르게 됩니다. 공무원 시험도 마찬가지입니다. 공무원 시험은 그래도 수능보다는 암기가 많이 필요하긴 합니다. 한국사와 선택과목은 암기가 중요하겠지만, 사실 그것보다는 국어와 영어 실력이 어느 정도 뒷받침되어야 합니다. 문제를 풀어보며 유형을 익히고, 외울 것도 있겠지만 사실 그렇게 오래 걸리지 않습니다. 즉, 국어와 영어를 잘했거나 수능 고득점을 맞은 명문대 학생들은 비교적 빠른 시간 안에 공무원 시험에 합격하는 경향이 있습니다. 하지만 국어와 영어를 잘 못한다면, 공무원 시험은 장수를 해도 합격하기 힘들 수 있습니다. 한국사와 선택과목은 열심히 공부하면 되겠지만, 국어와 영어 같은 언어는 급격하게 실력이 느는 학문이 아니기 때문입니다.

특히 수학은 앞서 설명드렸지만, 유형을 익히는 것이지 암기라고 표현하는 것은 잘못되었다고 생각합니다. 개념 수업만 듣고 완벽하게 이해하는 것은 정말 수학적 재능이 뛰어난 것이며, 보통은 어느 정도 이해하고 문제와 유형을 풀어보며 개념에 대한 이해도를 올려야 합니다. 개념과 문제는 조금의 간극이 있습니다. 개념을 100% 이해해도 처음 보는 유형의 문제는 쉬워도 풀기 쉽지 않으며, 유형을 익혀서 문제는 잘 푼다고 해도 개념에 대한 이해도가 아주 높다고 말하기에는 무리가 있습니다. 학문으로서의 수학은 개념을 이해하고 증명하는 것이 중점이지만, 수능은 그렇게 낼 수 없고, 결국에는 객관식 문제를 통해서 점수를 내고 줄을 세워야 하기 때문에, 고득점을 받기 위해서는 유형과 스킬을 잘 익히는 것이 중요합니다. 개념에 대한 이해도와 유형 익히기를 반복하면서, 두 가지를 각각 올려야 합니다.

물론 과학과 사회는 국영수에 비해서 상대적으로 지식 자체를 습득하는 것이 중요하긴 합니다만, 그래도 암기보다는 푸는 능력과 유형 익히는 것이 더 중요합니다. 그중에서도 물리학은 정말 중요하면서도 어려운 과목입니다. 보통 고등학교에서는 국영수에 비해 중요도가 떨어지지만, 학문이라는 큰 틀에서 봤을 때 전체 학문 중에서도 아주 중요한 자리를 차지하고 있습니다. 철학, 수학, 물리학은 모든 학문의 가장 기저에 있고 근본이 되는 학문입니다. 이 세 학문의 공통점은 다른 모든 학문의 도움을 필요로 하지 않고, 도움을 준다는 점입니다. 이건 이 세 학문이 사실 거의 유일하다고 보면 됩니다. 또 다른 공통점은 이해를 바탕으로 하고 아주 어렵다는 점입니다. 솔직히 재능이 없다면 이 학문들은 고통만 유발하고 이해하기 힘듭니다. 어쩌면 흥미를 느끼고 이해가 쏙쏙 잘되는 게 비정상일지도 모릅니다. 물리학이 화학, 생명과학, 지구과학 같은 학문과 엮인다는 것 자체가, 대학 입시라는 측면에서는 어느 정도 이유가 있겠지만, 사실 좀 의아합니다. 대학 잘 가는 것도 중요하지만, 특별한 이유가 없다면 꼭 물리학을 선택하는 것을 추천드립니다.

수능과 대입에
재능이 필요한가

———————— 대학 입시나 수능에 재능이 필요한가? 거기에 대한 논란은 정말 많고, 의견도 다 다릅니다. 여기에 따른 제 생각을 말씀 드리려 합니다. 노력도 안 하고 재능 탓으로 돌리는 게 가장 큰 문제 입니다만, 사실 재능 정말 중요합니다. 공부는 재능이라는 수많은 논 문과 통계가 있습니다. 물론 재능이 아니라는 증거도 제시하려면 할 수 있겠지만, 사실 세상에는 불편한 진실을 감추려고 하는 경우가 많 습니다. '노력하면 다 할 수 있어.'라는 말이 듣기에도 좋고, 세상의 불만을 잠재우고 안정을 유지하는 데 더 도움 되기 때문입니다. 공부 가 재능으로 대부분 결정된다면, 그 충격이 얼마나 크겠습니까.

하지만 저는 이런 생각에 반대합니다. 오히려 '공부는 노력하면 된 다.'는 생각으로 학생들을 몰아붙이는 것은 폭력이며 비극을 유발합 니다. 공부에는 재능이 중요하다는 걸 깨닫고, 빠르게 다른 길로 가거 나, 적당히 하면서 행복하게 사는 길을 택할 수도 있습니다.

보통 수능 정도의 시험은 노력으로 '커버된다'고 말합니다. 저도 동 의합니다만, 여기서 '커버'라는 뜻의 의미를 잘 해석할 필요가 있습 니다. 여기서 커버된다는 말은 노력하면 누구나 명문대에 갈 수 있다 는 뜻이 아닙니다. 노력하면 인서울이나 지방거점 국립대에 들어갈 수 있고, 들어가서도 꾸준히 학점관리 하면 공부와 머리를 쓰는 직업 군에 갈 수 있다는 뜻입니다.

수능을 정말 열심히 해보면 알겠지만, 아무리 재수, 삼수까지 하더

공부의 시대. 인생을 일으키는 하루 1시간 공부법

라도 어느 점수 이상으로는 오르지 않습니다. 자기가 받을 수 있는 수능점수에는 한계가 있습니다. 하지만 머리가 아주 나쁘지 않은 이상에는 인서울 중하위~지방거점 국립대 정도는 갈 수 있고, 대학 가서도 노력해서 대기업, 공기업도 갈 수 있으며, 9급 공무원도 노력으로 합격 가능하다고 생각합니다.

공부가 재능이 아니라고 하는 사람들은 열심히 하니까 공부를 잘하는 것이고, 공부 못하는 학생들은 실제로 노력을 안 하거나 공부량이 적다고 주장합니다. 맞는 말이지만 이것은 원인이 아니라 결과에 가깝습니다. 재능이 있으니까 공부를 열심히 할 수 있는 것이고, 재능이 없으니 공부하는 게 너무 괴롭고 고통스러운 것입니다. 노력도 어느 정도 타고납니다. 모든 분야에 해당하는 일반적 노력과 각 분야마다의 노력이 있는데요. 공부에 재능이 있으면 이해도 잘되고 3시간씩 해도 버틸만하고 덜 괴롭지만, 재능이 없으면 30분만 해도 무지 고통스럽습니다. 재능 없는 사람이 2배로 열심히 해도 따라갈까 말까인데 현실적으로 재능 있는 사람들이 더 많이 노력하게 됩니다.

공부에 재능이 별로 없는데도 독하게 하는 사람들은 일반적 노력에 대한 부분이 타고난 것입니다. 고통을 버티는 인내력인 것이죠. 이런 사람들은 분야를 가리지 않고, 비슷한 재능이라면 남들보다 더 좋은 성과를 내게 됩니다.

그리고 남의 머리가 안 되어봐서 그렇습니다. 똑같은 사람인데 차이가 얼마나 나겠어 하지만, 막상 학생들을 가르쳐보면 알 수 있습니다. 기존의 생각이 붕괴되는 경험을 하게 될 것입니다.

즉, 한마디로 정리하자면 '각자의 재능에 의해 공부나 점수의 한계치와 학습속도는 대략 정해져 있고, 한계치까지 도달할 수 있게 하는 것이 노력이며, 노력을 하게 만드는 가장 중요한 요인 중의 하나가 환경이다.'라고 말하고 싶습니다.

공부와 시험의 간극

───────── 보통 공부와 시험은 같은 뜻으로 많이 사용되곤 합니다. 시험 때문에 공부를 하는 경우가 많기 때문입니다. 공부를 잘한다는 말은, 시험을 쳐서 고득점을 받는 것으로 사용되는 경우가 많습니다. 하지만 시험과 관계없는 공부도 많이 있습니다. 보통은 공부를 잘하는 사람이 시험을 잘 보는 경우가 많지만, 반드시 비례하는 것은 아닙니다.

시험을 잘 보기 위해서는 어느 정도의 노하우가 필요합니다. 단순히 파고드는 공부를 하거나, 본인 공부를 하는 사람은 고득점과 거리가 멀 수 있습니다. 시험 일정이 나왔을 때 본인의 집중력이나 체력을 고려하여 언제부터 집중해서 공부할 것인가. 시험을 출제하는 사람의 스타일, 수업 시 무엇을 강조하였는가, 무엇을 공부해야 하고, 시험 범위에서 어떤 것이 중요한지, 어떤 부분을 반복하고 집중하며, 어떤 것들은 대충 보거나 버릴지 등의 선택과 집중, 캐치 하는 능력이 굉장히 중요합니다. 초중고 시절 수많은 시험들을 치르면서 공부와 시험에 대한 간극을 줄이고, 어떻게 하면 효율적으로 공부를 할 수 있을지 파악하는 그 테크닉의 역할이 큽니다. 그 테크닉에 있어서는 보편적으로 훌륭한 방식이 있을 것이며, 본인의 스타일에 맞는 다양성도 있을 것입니다.

뛰어난 학생들은 여러 시험들을 치러오면서 전략을 조금씩 수정하여 시험 고득점을 받는 달인이 되어 있습니다. 살면서 수많은 명문대생들을 보아오면서 느낀 점이 있습니다. 물론 머리도 어느 정도 좋은 편이긴 하지만, 머리가 굉장히 좋다거나 천재 같다는 느낌이 드는 사람은 10% 정도밖에 되지 않았던 것 같습니다. 90%의 사람들은 시험에 따라서 공부 전략이나 방법들이 굉장히 훌륭하다는 생각이 들었습니다. 아 저렇게 공부를 하면 점수가 안 나오려야 안 나올 수가 없겠구나 하는 생각이 들었습니다.

단순히 학습능력이나 IQ의 문제도 있긴 하겠지만, 공부 못하는 학생들은 공부 방법이 엉뚱한 경우가 많습니다. 공부가 막연하고 점수도 안 나오니 흥미도 못 느끼고, 나름 열심히 해봤는데도 성과가 안 나오니 열심히 하기도 싫은 것입니다. 반대로 공부를 잘하는 학생들은, 먼저 공부 계획을 머릿속에 그립니다. 내가 시험기간에 이 정도의 노력을 하면 돌아오는 고득점과 보상이 예상이 되기 때문에 그나마 하기 싫은 공부를 인내할 수 있는 인내력이 적게 드는 것입니다.

따라서 시험을 잘 보기 위한 전략이나 계획에 많은 투자를 해야 합니다. 요즘은 좋은 강의도 많고, 공부법에 대한 것도 많이 나와 있습니다. 어떤 사람들은 진정한 공부를 논하며, 그렇게 시험 고득점 받는 스킬이나 익히는 것에 대해서 부정적으로 생각할 수도 있습니다. 하지만 그렇지 않습니다. 시험에서 고득점을 받아야 공부 자체에 흥미를 느끼고 더 열심히 할 수도 있는 것입니다. 그래야 나중에 본인만의 진정한 공부를 할 수 있는 단계까지 갈 가능성이 높습니다. 그리고 시험을 잘 보는 것이 중요한 공부일 수도 있습니다. 왜냐하면 출제자들이 시험을 출제할 때는, 그 범위에서 중요하고 꼭 알고 넘어가야 할 것들 위주로 내기 때문입니다. 따라서 시험에서 고득점을 받는 학생들은, 무엇이 중요한 내용인지 캐치하는 능력이 뛰어나다는 뜻도 됩니다. 모든 텍스트의 중요도가 다 같은 것이 아닙니다. 핵심 키워드와 중요 개념을 골라내야 합니다.

또한 시험을 보고 나면 다 망각하고 기억에 남는 게 없다고 말하는 사람도 많습니다. 하지만 아예 공부를 하지 않은 것과 시험을 보기 위해서 한 번이라도 머릿속에 고도로 집어넣었던 기억이 있는 것은 차원이 다릅니다. 처음에 새롭게 공부할 때는 굉장히 시간이 많이 걸리지만, 시험을 본 적이 있는 부분은 다시 공부할 때 시간이 훨씬 적게 걸립니다. 그리고 살면서 어떤 내용이나 개념을 배웠던 적이 있었다는 것 정도는 기억이 납니다. 따라서 망각을 하면 찾아볼 수가 있지만, 아예 공부를 하지 않았다면 그런 것이 있는지조차 모르기 때문에 정보를 활용할 수가 없습니다. 장기기억으로 저장될 수 있는 공부를 하면 좋겠지만, 일반적으로 시험을 보고 나면 내용을 망각해가는 것은 당연합니다. 하지만 그것 자체로 충분한 의미가 있습니다.

PART 6

기타

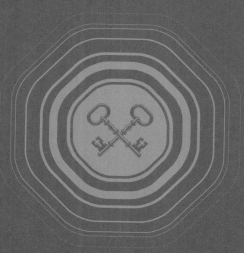

공부의 시대,
인생을 일으키는 하루 1시간 공부법

경청을 해야 하는 이유

경청은 의사소통을 하면서 상대의 말을 정확하게 이해하여, 곡해하지 않고, 요지를 정확하게 파악하기 위함입니다. 의외로 정말 많은 사람들이 의사소통에 어려움을 겪거나, 대화를 하다가 서로 감정이 상하는 경우가 매우 많습니다.

만약에 영어 듣기를 하고 있거나 어려운 강의를 듣는다면 굉장히 집중할 것입니다. 경청을 하지 않고 대충 듣는 이유는, 모국어인 한국어로 대화하고 일상어가 대부분이라 특별히 모르는 단어가 없으니 다 이해했다고 착각하기 때문입니다. 하지만 상대방이 정확히 무슨 의미로 이야기하는지 파악하기는 생각보다 쉽지 않습니다.

첫 번째 오류는, 화자의 오류입니다. 말하는 사람이 완벽하게 이야기를 하는 것이 아니기 때문입니다. 본인이 생각하고 의도하는 바를 말로 하는 과정에서 그 차이가 생기게 됩니다. 원래 글과 말이라는 것은 생각이나 느낌 등등 세상을 표현하기에 완벽하지가 않습니다. 부족하지만 언어라는 도구를 통해 최대한 비슷하게 구현하는 것입니다. 그런 언어라도 없다면 표현이 거의 불가능하기 때문입니다. 아주 좋은 글이나, 토론에서 말 잘하는 사람들은 자신의 생각과 의도를 표현하는 데 능숙합니다. 따라서 청자가 약간의 지적 수준만 있어도 그 뜻을 쉽게 알 수 있습니다. 하지만 일반인들의 대화는 그렇지가 않습니다. 말을 잘하는 사람은 소수이며, 대화할 때 많은 생각을 하거나 준비해서 이야기하는 것이 아니기 때문입니다. 따라서 청자는 화자가 말하는 내용뿐만 아니라 화자가 어떤 사람인지, 말투나 어조, 비언어적인 부분, 말을 하고 있는 상황, 지금까지 진행되어 오고 있는 대화 내용 등등을 종합적으로 잘 판단해야 합니다. 당연히 집중해서 들어야겠죠.

두 번째 오류는, 청자의 오류입니다. 화자가 꽤 말을 잘 전달했는데도, 곡해해서 듣거나 자기 뜻대로 해석하는 경우입니다. 지적 수준이 부족한 사람들과 대화하면, 크게 이상한 말이 아닌데도 꼭 이상하게 듣고 짜증이나 화를 내는 경우가 많습니다. 화자의 지적 수준에 비해 청자의 지적 수준이 많이 부족할 때 이런 일이 발생하고, 화자는 청자의 수준을 고려해야 합니다. 또는 어느 정도 배경지식이나 개념을 알아야 이해를 할 수 있는 게 많은데, 그런 것들이 없다면 대화 중간에 설명하는 시간도 많이 걸리고 잘 설명하기가 힘듭니다. 지적 수준의 문제가 아니라면, 청자는 정확히 이해하고 있는지 한 번씩 확인하는 과정이 필요합니다. 가끔 헷갈려서 A, B, C 뜻 중에 화자가 정확히 무슨 뜻으로 이야기하고 있는 건지 말을 끊지 않는 선에서 되묻는 것이 좋습니다. "혹시 네가 지금 이야기하는 게 A야 B야 C야~?" 그러면 화자가 잘 설명해줄 것입니다. 왜냐하면 본인의 말을 열심히 듣고 있고, 성의가 있다고 느끼기 때문입니다. 최고의 리액션이라 할 수 있습니다.

따라서 상대방의 말을 경청하며, 집중하고, 중간에 궁금한 게 있으면 질문하고, 나아가 화자의 말에 좋은 비유나 내용을 추가한다면 대화가 매우 즐거울 것입니다. 그렇게 대화가 잘 통한다고 느끼는 사람이 되는 것이 정말 중요합니다. 연인이나 친구관계에서 취미생활이 비슷한 것도 좋지만, 기본적으로 대화가 아주 중요합니다. 대화가 잘 통하지 않는 배우자라면 평생 고통스러울 것입니다. 따라서 대화를 위한 노력이 필요합니다. 꾸준히 공부해서 지식의 원을 넓히고, 이해력을 늘리고, 대화를 위한 마음가짐까지 갖추면 좋겠죠. 여러 사람들이 본인과 대화하면서 답답해하는 경우가 많다면 경각심을 가지고 노력할 필요가 있습니다. 그렇지 않다면, 그 사람들과 점점 멀어지게 되고, 본인의 수준에 맞는 사람과 끼리끼리 어울리게 될 것입니다.

사실, '다른 사람을 이해한다.'는 말 자체가 애매합니다. 인간은 다른 사람을 이해하기 힘듭니다. 인간의 의식보단 무의식의 영역이 훨씬 큽니다. 타인의 무의식을 볼 수가 없습니다. 심지어 본인도 본인의 무의식을 알기 힘듭니다. 타인과 마주하고 소통할 때는, 그 빙산의 일각인 의식의 영역끼리 만나는 것입니다. 나도 상대방을 이해하기 힘들고, 상대방도 나를 이해하기 힘듭니다. 물론 노력하면 점점 나아질 수도 있겠죠. 상대방을 이해한다기보다는 인정하는 게 좋습니다. 상대방이 나를 알아주지 않는다고 해서 슬퍼할 필요도 없습니다. 이런 관점에서 바라본다면, 인간관계에서 오는 수많은 불행들을 줄일 수 있을 것입니다.

인성

———————— 공부와 인성은 서로 상관관계가 있을까요? 인성이란 선천적으로 타고나는 부분이 크다고 생각합니다. 태어날 때부터 결정되어지는 인간의 특성이나 기질과 같은 것입니다. 좋은 인성을 가지고 태어나는 것은 정말 복 받은 일입니다. 가끔 연기할 수 없거나, 순간적으로 보여지는 인성이나 인간미는 그 사람에게 엄청난 호감도를 만들어낼 수 있습니다. 이런 인성은 공부와는 크게 상관관계가 없어 보입니다.

그러나 공부를 열심히 해서 좋은 대학교나 선호되는 직업군에 들어가거나, 아니면 좋은 환경에서 자라왔다면 어느 정도 좋은 인성을 가진 사람처럼 보일 수 있습니다. 다른 사람들이 봤을 때는 그 사람의 실제 인성이 어떤지 잘 파악하기가 힘듭니다. 사람은 다른 사람과 잘 살아갈 수 있는 행동 양식을 배웁니다. 거기서 사람과 잘 융화될 수 있는 방법까지 배운다면, 타고난 인성이 잘 티 나지 않습니다.

이런 것은 후천적인 요소일 수도 있습니다. 예를 들어 본인이 성소수자임에도 불구하고, 평생 모르고 살아가는 경우도 꽤 있다고 합니다. 하물며 어렸을 때부터 좋은 교육을 잘 받고 자라왔다면, 그 교육대로 살아가게 되고, 본인의 인성이 어떠한지 평생 모르고 살아갈 수도 있습니다. 반대로 좋은 인성을 가지고 태어났더라도, 어렸을 때부터 너무 불우한 환경에서 자라오고, 주위 사람들이 좋지 않았다면 거기에 쉽게 융화되는 것이 또 인간입니다.

결국 교육과 사회화는, 인간의 나쁜 본성을 억누르고 사람들이 사회에서 조화롭게 살아가기 위해서 필요한 것입니다. 여기에서는 인간의 인성이 좋든 나쁘든 간에 어느 정도 수준 이상의 인성으로 보여지게끔 살아갈 수 있게 만들어줍니다.

따라서 선천적인 인성은 어떻게 할 수가 없고, 공부를 열심히 한다고 해서 인성이 좋아지는 것도 아닙니다. 하지만 공부 중에서도 인문학과 같이 후천적인 인성을 길러줄 수 있는 학문도 있고, 열심히 공부해서 주위 사람들을 좋은 사람들로 채워 그 사람들의 말과 행동 양식, 분위기 등을 습득한다면(즉, 아비투스를 가진다면) 좋은 인성처럼 보여지는 삶을 살아갈 수 있습니다.

똑똑한 사람들이
별거 없어 보이는 이유

——————— 흔히 똑똑하거나 배운 사람들이 별거 없어 보인다고 말합니다. 대단한 줄 알았는데 막상 실제로 보거나 대화해보면 배운 사람이나 그렇지 않은 사람이나 큰 차이 없다고 주장하는 사람들이 많습니다. 물론 공부만 잘하고 별거 없는 사람도 아주 간혹 있기도 합니다. 하지만 이는 여러 가지 착각에서 기인하는 경우가 많습니다.

첫 번째로는, 지적 수준이 낮은 사람은 더 높은 사람의 수준을 가늠할 수가 없습니다. 사고의 넓이와 깊이는 그 이상이 되어야지만 어느 정도인지 판단할 수가 있습니다. 뛰어난 사람은 태어나서부터 많은 것들을 배우고 생각하며, 여러 단계를 거쳐서 그 단계까지 가게 되었을 것입니다. 따라서 부족한 사람과 몇 마디만 대화해보면, 어디까지 알고 어디까지 생각하는지 어느 정도 파악을 할 수가 있습니다. 부족한 사람은 본인 이상의 단계를 밟아보지 못했으며, 어느 정도까지 갔는지 그것이 어떤 단계인지 알 수가 없습니다.

두 번째로는, 지적 수준이 높은 사람은 말을 아끼기 때문입니다. 비슷한 수준의 사람끼리는 대화하는 것이 재미있고 여러 가지 이야기를 하지만, 낮은 사람 앞에서는 말을 아낄 수밖에 없습니다. 무슨 이야기를 하면 자랑을 한다고 하든가, 이해력이 낮아서 곡해해서 듣기가 일쑤입니다. 그리고 배운 사람들은 보통 말을 아끼고, 침묵의 가치를 알며 겸손하고 자랑을 잘 하지 않는 경우가 많습니다. 본인이 틀릴 수도 있다는 가능성을 염두에 두고 있기 때문에 신중하게 말하는 경향이 있습니다. 반대로 부족한 사람들은 본인이 대단하다는 착각에 빠져 있고, 자기객관화가 안 되는 사람이 많습니다. 본인이 아는 것이 전부인 것처럼 많은 말들을 합니다. 일단 지식 자체가 틀린 것들도 많고, 사고의 전개나 논리가 부실한 경우가 많습니다. 지적 수준이 높은 사람이 그런 말을 듣고 있으면, 스트레스를 많이 받게 됩니다. 본인은 그것에 대해 여러 번 듣고 책에서 보았으며 어느 정도 레퍼런스가 있어 확실히 알고 있는데, 틀린 이야기를 당당하게 맞는다고 이야기하는 사람을 보면 숨이 턱턱 막힙니다. 이것은 굉장히 스트레스입니다. 최대한 말을 아끼다가 그 자리가 빨리 끝나기만을 기다릴 것입니다.

세 번째는 관심사가 다르기 때문입니다. 사람이 머물러 있는 수준에 따라 관심사도 당연히 다릅니다. 지적 수준이 높은 사람들은, 부족한 사람들의 관심사나 주제에 대해서 잘 모르는 경우도 있습니다. 그런 것에 대해 부족한 사람들은 이것도 모르나? 라고 생각을 하고, 지적 수준이 높은 사람들은 그런 의미 없는 것에 대해 알 필요가 있나 생각을 하는 경우가 많습니다. 반대로 지적 수준이 높은 사람들은 본인의 전공 외에도 철학, 역사, 문학, 예술, 문화 등등 인문학이나 여러 주제에 관심도가 높은 편인데, 부족한 사람들은 끼리끼리 어울리다 보니 그런 주제를 전혀 말할 기회가 없고 사람들이 그런 주제로 대화한다는 것에 대해 상상도 못 하는 경우가 많습니다. 이들은 보통 1차원적인 것에 관심이 많습니다.

네 번째로는 열등감 때문입니다. 똑똑한 사람이나 서울대를 나온 사람이라면 모든 것을 다 잘할 거라고 기대합니다. 똑똑한 사람이 고깃집에서 고기를 잘못 굽거나, 군대에서 작업을 좀 못하면 그런 것으로 별거 없다고 생각합니다. 그리고 본인이 못 배운 자격지심으로, 똑똑한 사람들을 깎아내리려고 혈안이 되어 있습니다. 그래서 사소한 것들을 잘 못하면 그것으로 그 사람은 대단한 사람이 아니라고 결론을 내어버립니다. 그렇게 생각해야 본인의 초라함에서 오는 열등감을 잠재울 수 있기 때문입니다.

다섯 번째는, 언더도그마입니다. TV나 뉴스 기사를 보면, 각종 배운 사람들이 비리를 저지르거나 나쁜 일을 했다는 보도가 끊이지 않습니다. 그런 것들을 보면 배운 사람이 더 나쁘다는 인식을 하게 됩니다. 하지만 실제로는 그렇지 않습니다. 배운 사람들의 범죄율이나 비리 등 나쁜 행동을 하는 비율은 매우 낮으며, 그런 것들을 보도해야 사람들이 좋아하고 기삿거리가 됩니다. 못 배운 사람들이 일으키는 사회적 악들은 무슨 연쇄살인이 아니고서는 너무나 빈번한 일이라 기삿거리가 되지 않습니다. 그리고 다른 챕터에서도 설명했지만, 드라마, 영화 등등의 대중매체를 보면서 살아오다 보면 부자나 배운 사람들이 '더' 나쁘다는 착각을 하기 쉽습니다. 보통은 성인이 되어 일이나 사회생활을 해보거나 아르바이트만 간단히 해봐도 그런 환상을 바로 깰 수 있지만, 그렇지 못한 사람들이 많아 보입니다.

천재란 무엇인가

가끔 사람에게 천재라는 단어를 쓰고는 하는데, 저는 사람의 어떠한 특정 측면에서 붙이는 것이 맞다고 생각합니다. 공부의 어떤 과목에 대해서도 붙일 수 있고, 운동이나 예술 등등 혹은 사소한 분야에서도 붙일 수 있습니다. 천재의 기준은 다르고, 굉장한 수준에 이르러야 천재라는 단어를 쓰는 사람도 있지만, 사소한 분야에서도 쓸 수 있다고 생각합니다.

꼭 좋은 대학을 가거나, 머리가 좋거나, 공부를 잘하거나 한다면 매우 훌륭한 것이지만 천재라는 단어를 쓰기에는 뭔가 부족합니다. 어떠한 분야에서 남들과 다른 흥미를 느끼고, 끊임없이 노력하여 깊은 조예를 갖춘다면 그것으로 천재라고 불릴만합니다. 다소 엉뚱한 분야라고 하더라도 그것으로 세상을 발전시키거나 돈을 많이 벌 수도 있는 것입니다. 예를 들어, 과거에는 게임에 대해서 굉장히 부정적으로 생각했었습니다. 하지만, 요즘은 프로게이머라는 직업이 있으며, 고연봉에 많은 사람들에게 행복을 주는 직업이 되었습니다.

세상 사람들은 보통 각각의 측면에서 차이는 있지만 어느 정도의 범위 안에 있는 경우가 많습니다. 물론 세상에는 대다수의 무난 평범하면서도 좋은 팔로워가 필요합니다. 하지만 세상을 진보시키는 것은 소수의 천재 혹은 특이하거나 이상한 사람들입니다. 이들은 위험을 감수하면서도 다소 이해가 가지 않는 행동으로, 보통의 사람들이 잘 가지 않는 길을 가기도 합니다. 잘 가지 않는 길을 가면 대부분은 안 좋은 결과를 만들어내는 경우가 많습니다. 하지만 그런 수많은 실패 중에, 아주 가끔 좋은 발견이나 발명 혹은 새로운 방식을 만들어내서 세상을 조금씩 발전시켜나갑니다.

함정이 있다면, 세상 사람들은 천재에 대해서 그다지 긍정적이지 않다는 사실입니다. 왜냐하면 일반인의 상식으로는 그들의 생각이 잘 이해가 가지 않기 때문입니다. 그래서 천재들도 일반인과 성격적으로 잘 어울리지 못하는 경우가 많습니다. 보통은 무난무난한 취미를 가지고, 관심사도 비슷하며 대화도 잘 맞아야 하는데, 혼자서 특이한 관심사를 가지거나 무언가에 빠져 있기 때문입니다.

요즘은 세상이 많이 바뀌어서 노는 것으로도 돈을 벌 수 있는 시대라고 합니다. 논다는 것의 의미는 다양하겠지만, 본인이 특이한 특기를 가지고 있고, 세상에 그것에 관심 있는 사람이 몇 퍼센트라도 존재한다면 차별화되는 콘텐츠가 되는 것입니다. 그것으로 유튜버나 다양한 방법으로 돈을 벌 수도 있습니다.

과거에는 다양성을 인정하지 않았기 때문에, 뭔가 특이하거나 세상의 주류에 어긋나는 사람들은 평탄한 삶을 살기 힘들었을 것입니다. 하지만 요즘은 개성이 중요한 시대이고, 다양한 취미활동도 많아졌습니다. 과거에는 축구·야구·농구·배구, 바둑·장기 등등밖에 없었지만, 요즘은 워낙 재미있는 것도 많아졌기에 과거에 인기 많았던 것들은 팬들이 많이 감소한 경향도 보입니다. 그만큼 팬들이 분산된 것이기도 합니다.

생각보다 많은 사람들이 천재가 될 수 있습니다. 본인이 좋아하고 잘하는 것이 하나 정도는 있을 것입니다. 그것에 대해 끊임없이 빠져들어서 어느 순간 누구도 범접하기 힘들 정도의 실력과 깊이를 갖춘다면, 어떻게 될지 모릅니다. 또한 그렇게 몰입하는 삶에서 충분히 행복을 느낄 수도 있으며, 이제는 그런 것들에 대해 긍정적인 시각과 더불어 다양한 것이 구현될 수 있는 사회이기도 합니다.

정책에 대한 관점

——————— 흔히 찬반토론의 단골주제이기도 하며, 나라마다 갈리기도 하는 정책들이 있습니다. 성매매, 낙태죄, 사형제도, 난민수용, 동성결혼, 존엄사 등등입니다. 물론 각각 좋은 주장들도 있지만, 가끔 보면 잘 모르고 하는 말들도 많은 것 같습니다. 개인이나 학문

(철학, 도덕, 윤리)적 관점은 그럴 수 있지만, 정책은 이상적이고 감정적으로 하면 안 됩니다. 현실적이고 실용적 관점에서 접근해야 한다고 생각합니다. 그리고 각 정책에 대해서 정확한 과학적 사실이나 이론이 바탕이 되어야 합니다.

저는 성매매를 합법화해야 한다고 생각합니다. 매춘은 가장 오래된 직업 중 하나입니다. 인간의 본능에 대한 최소한의 통찰력이 있다면 이건 절대로 근절될 수가 없습니다. 몇만 년 전부터 남자들이 주로 사냥을 했고, 여자들은 사냥을 잘하거나 많은 음식을 제공할 수 있는 남자와 성관계를 하고 자손을 퍼트렸습니다. 요즘은 사랑이라는 아름다운 말로 설명하지만, 실제로는 여자는 남자의 경제력을 주로 보고 남자는 여자의 외모와 나이를 보는 것은 당연한 인간의 본능입니다. 어린 나이에는 몰라도, 어느 정도 나이가 들면 이런 연애와 결혼의 요소에는 성을 주고 사는 요소가 포함되어 있습니다. 물론 그런 관점에서의 비율이 어느 정도냐 차이겠지만, 아주 순수한 사랑이 0%고 성매매가 100%라고 한다면 결혼은 0~100% 사이의 어딘가일 것입니다. 물론 각 케이스마다 다르겠죠. 저는 이것을 나쁘다고 생각하지도 않고, 순수한 사랑만이 좋은 것이라고 생각하지도 않습니다. 그냥 인간의 당연한 본능이라고 생각합니다. 빨리 양지로 끌어내어 세금이라도 걷고 성병검사나 여러 측면에서 관리하는 게 훨씬 더 건전한 결과를 만들어낼 것입니다.

낙태죄는 폐지되어야 한다고 생각합니다. 태아를 어디까지 생명으로 인정할 것이냐는 정답이 있을 수가 없습니다. 있다고 해도 원하지 않는 임신이었다면 낙태를 하는 것이 맞는다고 생각합니다. 낙태를 하지 않게 되면, 그 부모와 자식들의 인생은 평생 고통스러울 가능성이 매우 높으며, 그것으로부터 엄청난 사회적 문제들이 야기될 수 있습니다. 물론 낙태문제를 폐지하면 예상되는 문제들도 있겠지만, 훨씬 장점이 많다고 생각합니다. 낙태 폐지 반대론자도 그렇게 생각하는 사람이 많습니다. 결국 낙태죄를 폐지하지 못하는 가장 큰 이유는 태아도 생명이기 때문에 낙태가 살인이라는 주장 때문인데, 그런 철학적이고 이상적인 접근보단, 현실적으로 생각해야 합니다.

사형제도도 찬성합니다. 사형제도는 굉장히 신중해야 하는데, 1명이라도 억울한 사람이 있어서는 절대로 안 됩니다. 정말 확실한 연쇄살인범이나 100% 확률인 경우에는 사형해야 한다고 생각합니다. 이역시도 인간이 다른 인간의 목숨을 빼앗을 수 없다는 낙태와 비슷한 논리를 가지고 있지만, 비슷한 관점으로, 역시 현실적으로 접근해야 한다고 생각합니다. 1명의 사형수(사형 집행은 없고 실질적으로는 무기징역)에게 들어가는 세금도 문제지만, 교도소에서 난리를 치면서 교도관들이 다치거나 유가족들에게 엄청난 고통을 주고 있기 때문입니다.

난민수용도 반대합니다. 인류애적으로만 접근하면 안 됩니다. 예상될 수 있는 문제점들이 너무 많으며, 생각지도 못한 문제점도 많습니다. TV에 나와서 난민을 수용해야 한다며 마치 본인이 매우 정의로운 척하는 사람들이 많습니다. 위의 정책들도 그렇지만 이때다 싶어 이미지 관리를 하며 위선을 부리는 것입니다. 아니면 생각이 단순하거나 본인도 본인의 생각을 모르고 그냥 '맞는 말 좋은 말'일 것 같은 말을 하고 있는 경우일 수도 있습니다. 막상 야기되는 문제점에 대해서는 전혀 책임지지 않습니다. 본인이 난민들을 위해 많은 돈이라도 기부했다면, 그 사람의 진정성을 믿고 존경받을 수 있다고 생각하지만, 대부분은 그렇지 않습니다. 정의의 사도인 척하는 사람 따로 있고, 책임지거나 세금 내는 사람은 따로 있는 법입니다.

동성결혼도 합법화해야 한다고 생각합니다. 동성애는 나쁜 것이 아닙니다. 사람에 따라서 약간의 편견이나 좋지 않은 기분을 느낄 수는 있겠지만, 동성애를 악으로 규정해서는 안 됩니다. 선천적으로나 불의의 사고로 몸이 불편한 사람들을 악으로 규정하지는 않습니다. 어쩔 수 없이 정신건강의학과에서 치료를 받거나 약을 먹는 사람들을 악으로 규정하지 않습니다. 동성애도 마찬가지입니다(동성애가 정신병이라는 말이 아닙니다). 여러 이유가 있지만, 의학적으로 볼 때 성적 지향성은 선택의 문제가 아니라 생리학적인 요인과 환경적 요인이 복합되어 나타나는 어쩔 수 없는 필연적 결과로 이해됩니다. 동성애의 원인에 관한 연구는 계속되어 오면서 호르몬 부조화, 자궁 내 영향, 성정체성에 영향을 미치는 유전자 등 생물학적 요인, 정신분석학적 심리발달단계 과정에서 일어난 갈등상황의 고착, 환경적 요인 등이 원인으로 밝혀지고 있는 단계입니다. 이런 과학적·의학적인 이유를 안다면 전혀 악으로 규정할 이유가 없으며, 성별 표시에서도 M, F 외에 X나 다른 표기를 하려는 움직임도 바람직합니다. 동성결혼을 합법화해서 그들의 인권이나 행복도 증진시키며, 아이를 입양하거나 사회적으로 하나의 가정을 이루고 긍정적인 영향을 미칠 수 있게 하는 것이 좋다고 생각합니다.

마지막으로 존엄사 합법화도 찬성합니다. 이것은 심지어 사형처럼 타인이 결정하는 것도 아닙니다. 눈치가 보일 수는 있겠지만 본인이 선택하는 것입니다. 정말 육체적으로 고통스럽고, 가족들도 금전적으로 너무 힘들어한다면 충분히 할 수 있는 선택이라고 생각합니다. 나라에서 합법화해서 연구를 적극적으로 할 수 있게 하면, 좀 더 저렴하고 좋은 방법으로 마지막을 행복하게 갈 수 있다면 그것도 당사자에게 축복이 될 수도 있습니다. 그리고 저는 자살하는 사람을 나쁘게 생각하지 않습니다. 의지가 약하다는 둥, 자살할 의지로 더 열심히 살지 하는 사람들은 전혀 그 사람에 대해 이해하지 못한 것입니다. 함부로 그 사람을 이상하고 한심한 사람으로 치부해버리는 것은 오만한 생각입니다. 저도 정확히 공감하긴 힘들지만, 우울증을 앓고 있거나 정말 어려운 상황으로 인해 충분히 고민한 선택이라고 생각하는 것이 그 사람을 존중하는 태도라고 생각합니다.

호주제를 폐지한 것은 잘했다고 생각합니다. 그리고 지극히 가까운 촌수를 제외하고는 동성동본 결혼 역시 허용해야 한다고 생각합니다. 성씨라는 것이 역사적으로 봤을 때, 조선 말에 임의로 양반댁 머슴들에게 같은 성을 주기도 하였고, 양반의 성을 주고 팔거나 등등의 여러 가지 이유로 정확한 성을 가지고 내려온 것이 아닙니다. 불편한 진실이지만, 사실 아버지가 누군지 정확하지가(?) 않습니다. 엄마 배에서 나왔으면 엄마는 확실하기 때문에 모계혈통은 100%입니다. 그리고 과학적으로 미토콘드리아에 있는 mRNA를 통해 모계 쪽은 추적이 가능하기도 합니다. 따라서 굳이 성을 따르자면, 엄마의 성을 따르는 쪽이 좀 더 근거가 있다고 생각합니다.

공자와 지천명

——————— 공자의 《논어》 〈위정〉 편에 나오는 말입니다.

"15세에 학문에 뜻을 두었고 (志于學, 지우학)

30세에 자립하였으며 (而立, 이립)

40세에 유혹에 흔들리지 않았고 (不惑, 불혹)

50세에 하늘의 뜻을 알았고 (知天命, 지천명)

60세에 귀가 순해졌으며 (耳順, 이순)

70세에는 마음 가는 대로 하여도 법도를 어긋남이 없었다 (不踰矩, 불유구)"

"吾十有五而志于學, 三十而立, 四十而不惑, 五十而知天命, 六十而耳順, 七十而從心所欲, 不踰矩."

———————————————————————————————————

너무나도 유명해서, 자주 쓰는 말입니다. 특히 40세를 불혹의 나이라고 많이 표현합니다. 물론 훌륭한 말씀이지만, 저는 여기서 이견을 제시하고 싶습니다. 공자는 2500년 전 사람입니다. 그 당시에는 나이 대별로 저 순서가 크게 틀리지 않았다고 생각합니다. 하지만 지금은 순서 하나를 바꾸고 싶습니다. 고대가 아닌 현대에는 불혹이 지천명보다 더 어렵다고 생각합니다.

과거에는 우주만물의 이치를 깨닫고, 하늘의 뜻을 안다는 것이 쉽지가 않았습니다. 왜냐하면 그 시대 때는 학문이 발전하지 않았기 때문입니다. 약 2500년 동안 수많은 천재들이 학문을 발전시켰고, 그 결과 우리는 어떤 면에서는 공자보다 훨씬 많이 알고 있습니다. 공자도 그 천재 중의 1명이며, 사람마다 이견이 있겠지만 인류 역사에 끼친 영향력은 TOP 10 정도 안에 든다는 것을 부정하는 사람은 별로 없을 것입니다.

한국 사람이 《논어》를 읽어보면 너무나도 당연하고 뻔한 소리라고 느끼게 됩니다. 그것은 바로 우리가 공자의 영향을 받았기 때문입니다. 공자 이전에는 《논어》가 전혀 뻔한 소리가 아니었고, 어쩌면 혁명적이었을 겁니다. 하지만 그 후로 중국과 동아시아에 퍼져나가 유교는 상식이 되었습니다. 유교와 《논어》 말고도, 당시에는 수많은 혁명적인 이론과 학문 책들이 이전보다 진보하여 인류의 상식을 바꿔놓았고, 우리에겐 상식이 되었습니다. 뉴턴과 라이프니츠 같은 천재가 미적분을 발견하기 전에는 어떤 천재들도 몰랐지만, 지금은 정말 똑똑하면 초등학생도 미적분을 알고 있습니다.

즉, 우리는 세상에 이름을 남긴 수많은 천재들보다 전혀 대단하지 않지만, 단지 더 늦게 태어났다는 이유만으로도 천재들의 이론을 상식으로 알고 있습니다. 공자가 살던 시절에는 학문이랄 것도 별로 없었고, 심지어 책도 구하기 힘들어 공부와 학문을 하기가 쉽지 않은 환경이었습니다. 그 학문의 불모지에서 정말 맨땅에 헤딩하듯 그 정도의 사상을 만들고 글을 썼다는 것은 정말 믿기 힘듭니다. 우리는 별다른 공부를 하지 않고 초중고 의무교과과정만 성실히 수행해도 과거의 수많은 천재들의 이론과 발견을 상식으로 많은 것을 알게 됩니다. 물론 그들의 천재성과 이성, 사고력, 통찰력은 비교도 안 된다 할지라도 말입니다.

그리고 의무교과과정에서 더 나아가 10년만 꾸준히 공부하면 세상이 돌아가는 이치를 깨닫고 통찰력이 생깁니다. 꼭 두껍고 어려운 책을 읽을 필요도 없습니다. 수많은 강의들과 요약으로 방대하고 어려운 지식을 압축적으로 빠르게 습득하는 것도 가능합니다. 누군가는 일주일을 공부해도 알 수 없는 책을, 5~10분 만에 요약해주는 강의도 정말 많습니다. 검색만 하면 제발 공부하라고 학습자료가 넘쳐납니다. 누군가 다 요리를 해놓고, 우리는 그것을 입에 넣어 꼭꼭 씹어 삼키기만 하면 됩니다.

앞의 챕터에서 이야기했지만, 물리학, 양자역학, 생명과학과 진화, 인류문명사, 철학, 정신작용 다섯 가지 위주로 꾸준히 공부해도 어느 정도 이치를 깨닫고 통찰력이 생기며 세상 돌아가는 것이 보입니다. 자세히 들여다보면 불교와 양자역학은 굉장히 비슷한 점이 많습니다. 양자역학도 서양에서 발전한 학문이고, 불교와 접점은 별로 없었을 것으로 추정되지만 서양의 크리스트교보다 훨씬 유사합니다. 즉, 원자라는 미시적인 개념이 없는데도 석가모니는 2600년 전쯤에 이미 그것을 꿰뚫고 있었던 것입니다. 전공자도 아닌데 어렵게 공부할 필요도 없이, 양자역학의 아주 기본적인 개념만 알아도 충분합니다. 어차피 양자역학을 제대로 이해한 사람은 없다고 봐도 무방합니다.

이런저런 이유로 마치 치트키를 쓰듯이 우리는 빠르게 지천명에 이를 수 있습니다만, 오히려 불혹은 과거에 비해 훨씬 어려워졌습니다. 그 당시에는 딱히 할 것도 없고 재미있는 것도 없었지만, 지금은 과학기술과 문명이 발달하여 유혹거리가 너무 많습니다. 맛있는 음식의 종류도 많아 식욕을 자극하고, 과거처럼 소수의 귀족들만 누릴 수 있는 음식을 현재는 웬만한 사람들도 얼마든지 먹을 수 있어 오히려 다이어트를 걱정하는 시대입니다. 성욕을 충족시킬만한 음란물과 유흥 관련 산업도 많습니다. 음주와 흡연, 약물 같은 중독현상도 건강을 해치고 있습니다. 스마트폰과 게임, 각종 엔터테인먼트 타임킬링할 수 있는 것들이 너무 많습니다. 우리는 과거에 비해 훨씬 많은 장점과 문명의 이기를 누리고 있지만, 어떤 의미에서 중독되어 정신이 맑지 못한 상태로 살아가고 있습니다.

따라서 과거에 비해 불혹은 훨씬 어려워진 것 같고, 지천명은 더욱 당길 수 있을 것 같습니다.

꿈과 점

──────── 꿈, 점, 미신 같은 경우 뭔가 맞는 것 같아 믿는 사람도 있지만, 과학적이지 않아 믿지 않는 사람도 많습니다. 이런 비과학적인 것에 대한 맹신은 지양되어야 합니다. 과학적으로 맞는다고 증명된 것에 대해서는 믿고, 틀렸다고 증명된 것에 대해서는 믿지 않는 것이 좋다고 생각합니다. 물론 과학이라는 것이 절대적이지 않고 미래에 변화할 수도 있지만, 코페르니쿠스가 아닌 이상, 적어도 그 시대를 사는 사람들은 그것을 따라가는 것이 맞는 것 같습니다. 하지만 과학적으로 명확하게 맞다 틀리다로 증명되지 않은 것들이 더 많습니다. 대표적인 것이 꿈, 점, 미신 같은 것입니다. 이것에 대해서는 '나는 믿는다, 믿지 않는다, 잘 모르겠다.'로 나뉠 수 있으며, 다른 사람들이 나와 다른 의견을 취하더라도 존중하는 태도가 바람직합니다.

우선 꿈에 대한 저의 생각을 말해보려고 합니다. 프로이트의《꿈의 해석》에 따르면 꿈은 소망 충족이며, 무의식의 세계가 전의식을 거쳐 표면 위로 나오는 것입니다. 사람들의 관심사가 되는 것은 꿈이 예지몽으로써의 기능을 하는가, 안 하는가입니다. 좋은 꿈이나 나쁜 꿈을 꿨을 때 진짜 관련된 일이 일어났다면, 그냥 우연히 맞았다고 생각하는 경우가 많습니다. 수많은 꿈을 꾸고 그냥 우연히 들어맞은 것인데, 선택적 인식에 의해 꿈은 미래를 예측하는 기능이 있다고 믿는 것일 수도 있습니다. 그러나 저는 조금 다른 의견을 가지고 있습니다. 사람은 각성 시에 이성적이든 감정적이든 의식적으로 생각이란 것을 합니다. 그렇지만 우리의 무의식에서 처리하는 것들이 그것들보다 훨씬 방대하고 강력합니다. 흔히 '촉' '감' '왠지 모를 느낌' '직관' 같은 것들도 있겠습니다만, 과학적으로 표현할 수 없는 무의식은 상당히 강력합니다.

예를 들어 윗니가 빠지는 꿈은 윗사람이 돌아가시는 것을 의미합니다. 그런데 실제로 아버지가 폐암에 걸려 한 달 안에 돌아가신 경우를 생각해봅시다. 우연히 맞은 것일까요? 저는 아니라고 생각합니다. 본인은 어렸을 때부터 아버지를 봐왔습니다. 흡연을 자주 하시거나, 폐암에 걸렸을 때(병원에 가지 않아 진단받은 적은 없는 상태) 뭔가 호흡하는 양상이나 건강 상태가 안 좋다는 것을 자기도 모르게 느꼈을 것입니다. 본인은 의식적으로 아버지가 폐암에 걸렸을 것이다라고 추측한 것은 아니겠지만, 무의식에서는 그것을 느낀 것입니다. 물론 이 느낌이 100% 맞지는 않습니다만, 무시할 수 없는 꽤 높은 가능성으로 맞아떨어집니다. 그래서 그것을 상징하는 꿈을 꾸게 되었고 예지

몽으로써의 기능을 한 것입니다.

그 외에도 합격이나 불합격, 승진이나 해고, 배우자나 연인의 바람, 누군가 나를 좋아해서 연애를 하게 되는 경우, 여러 좋은 일과 안 좋은 일을 사람이 정확하게 예측할 수는 없지만, 자신이 지금까지 보고 경험해왔던, 혹은 지금 일이 흘러가는 양태를 보면 어느 정도 답이 나옵니다. 그것을 무의식에서 느껴 높은 확률로 맞아떨어지는 것입니다. 여기서 어떤 꿈은 무엇을 상징한다, 소는 조상꿈이며 좋은 꿈이고, 돼지꿈은 재물을 뜻한다든가 그런 상징적인 것은 문화권에서 어느 정도 정해져 있으며, 어렸을 때부터 살아오면서 듣기 때문에 그것과 매칭되어 꿈을 꾸게 됩니다. 따라서 꿈을 맹신해서는 안 되겠지만, 최소한 안 좋은 꿈을 꾸었다면 무의식을 믿고 조금은 조심하는 것이 좋다고 생각합니다.

그럼 '점'은 무엇일까요? 저는 태어난 날짜, 시간으로 미래를 예측할 수 있다는 것은 믿지 않습니다. 그 점 보는 사람의 통찰력을 믿는 것입니다. 꼭 점쟁이가 아니더라도 불특정 다수를 많이 상대하는 직업에 종사하는 사람들은 20년 정도 일하다 보면, 사람 생김새나 표정, 걸음걸이 등만 봐도 어느 정도 보인다고 합니다. 그것을 대화를 통해 검증하면 대부분 맞는다고 하는 경우가 많습니다. 점쟁이는 사람을 훨씬 통찰력 있게 보는 재능을 가진 사람들입니다. 그리고 수많은 케이스들을 접하면서, 일반 사람들이 상상도 하기 힘들 정도로 사람 보는 눈이 뛰어납니다.

그리고 세상사가 복잡하다면 복잡하지만, 사람 사는 게 다 거기서 거기일 수도 있습니다. 같은 성별에 비슷한 나이대면 고민거리나 생각하는 것도 크게 차이 나지 않습니다. 점쟁이들 입장에서는 고민거리 다 모아봐도 몇십 개 안 될 것입니다. 그리고 사람마다 어떤 유형인지 크게 보면 몇 개 안 될 수도 있습니다. 그리고 콜드리딩[1]이라는 기법도 있습니다. 재능이 없어도 한 6개월만 옆에서 보고 배운다면 '용하다'는 소리는 못 들어도 어느 정도 점을 봐줄 수는 있는 수준이 될 것입니다. 그래서 저는 큰 금액이 아니라면 점은 한번 보는 것도 나쁘지 않다고 생각합니다. 그 사람의 통찰력으로 미래에 지침을 제시해줘서 그것을 참고할 수 있다면 나쁘지 않은 기회입니다. 그리고 태어난 생년월일 시간, 혹은 손금, 타로카드 등등은 사실 중요하지 않습니다. 그 사람을 꿰뚫어 보는 것인데, 그냥 말하는 것보단, 뭔가 보면서 설명하면 좀 더 근거가 있어 보이고 믿음이 가기 때문에 퍼포먼스의 연장으로 하는 것이라고 생각합니다.

---

1 콜드리딩 : 영화·연극 그리고 커뮤니케이션 분야에서 쓰이는 용어이다. 영화·연극 분야에서는 주로 오디션 때 리허설이나 연습 없이 즉석에서 받은 대본을 큰 소리로 읽어보는 것을 뜻한다. 커뮤니케이션에 있어서의 콜드리딩이란 상대에 대해 아무것도 모르는 상태에서 상대의 마음을 읽어내는 기술이라는 의미이다. 후자의 의미에서 콜드리딩을 행하는 사람을 콜드리더라고 부르는데 콜드리더들은 신체 언어(보디랭귀지), 음색과 억양, 패션, 헤어스타일, 성별, 성적 취향, 종교, 인종, 민족성, 교육 수준, 말하는 방식 등등을 주의 깊게 분석하여 상대의 속마음을 간파한다. 또 상대의 과거와 현재를 파악하고, 미래를 예측하는 데 이 기술을 사용한다. 고도의 심리학적 기술인 콜드리딩은 전문적으로 심리를 다루는 점쟁이, 심리치료사 등이 사용하는데 이들은 이를 통해 상대의 비밀을 털어놓게 하거나 자신들의 말을 무조건 믿게 만들게 만든다. 점쟁이 등의 콜드리더는 상담자로 하여금 상담자 본인이 알고 있는 자신의 모습보다 그들이 자신을 더 잘 알고 있다고 믿게끔 만들어 신비한 능력을 갖춘 것처럼 포장하기도 하고, 상대를 조종하는 데 이용하기도 한다. (출처 : 두산백과)

이성의 함정

────────── 진리와 이성, 논리·합리적인 사고는 굉장히 중요합니다. 이것은 정답이나 최선의 선택을 하게 하는, 아주 강력한 도구이지만, 양날의 검과 같습니다. 아무리 똑똑한 사람이라도 잘못된 결과를 도출하곤 합니다. 심지어 이성을 통해 99개의 좋은 판단을 했다고 하더라도, 1개의 잘못된 판단으로 끔찍한 결과를 가져다주는 경우도 있습니다. 역사적으로 최악의 사건들도 보면, 똑똑하고 높은 자리에 있는 배운 사람들이 나름의 합리적인 사고를 한 결과지만, 그 사고과정에서 오류를 간과했거나 놓친 것이 있었을 수도 있습니다. 과학도 틀릴 수 있으며, 시대가 지나면 이론이 바뀔 수 있듯이 한 인간의 이성 또한 완벽하지 못합니다.

따라서 어떤 사람들은 본인의 이성과 논리를 앞세우지 않습니다. 그런 사고능력이 다소 부족해서 그럴 수도 있겠지만, 그렇게 생각하고 판단하기보다는, 주위 여러 좋은 사람들과 좋은 관계를 맺고 그 집단지성으로 나온 결과나 다수결의 의견을 따라가는 것도 좋은 방법입니다. 혹은 이성과 논리보다는, 미덕이론처럼 그 의도가 선하고 결과의 아름다움을 생각해서 판단을 내리는 사람도 많습니다. 이것은 좋은 선택처럼 보이지 않을 수도 있지만, 굉장히 안전한 선택이기도 합니다. 최선의 선택을 하지 못할 수는 있어도, 적어도 위험하거나 최악의 판단을 내리는 경우는 훨씬 줄어듭니다.

사람은 보통 두 가지를 다 생각합니다. 진리, 이성, 논리, 합리, 의도의 선함, 결과의 아름다움의 요소를 고려합니다. 어느 쪽에 좀 더 중점을 두느냐의 차이일 것입니다. 자신의 생각과 판단을 너무 믿고 맹신하는 사람들은 중간이 드뭅니다. 소수의 리더나 아웃라이어(평균치에서 크게 벗어나서 다른 대상들과 확연히 구분되는 표본)가 되는 경우가 많습니다. 남들이 하지 못한 생각으로 앞서나가는 소수가 있고, 아니면 혼자 엉터리길을 갑니다. 보통의 사람들은 자기의 능력을 제3자가 보는 것보다 더 높게 평가합니다. 더닝크루거 효과처럼 1단계에 머물러 있는 사람이 많습니다. 그런 사람들은 보통 아집으로 남의 말을 잘 듣지 않습니다. 이런 사람들은 굉장히 위태로운 상황에 놓여 있습니다. 이런 케이스의 사람들은 말할 것도 없지만, 실제로 본인이 남들보다 조금 더 똑똑하고 지금까지 결과물들이 더 좋았던 사람들도 예외는 아닙니다. 본인의 이성과 판단이 좋았던 경우가 많았기 때문에, 본인의 생각을 잘 의심해보려 하지 않습니다. 본인보다 낮게 평가했던 사람들의 조언을 잘 귀담아듣지 않습니다.

가끔 나름 성공한 인생을 살던 사람들이, 사기를 당하거나 사업이 망해서 한순간에 쪽박을 차는 인생을 많이 보았을 것입니다. 명문대를 나와서 대기업을 은퇴하고, 퇴직금으로 장사를 시작했다가 망하는 케이스, 성공한 연예인이나 운동선수가 떼돈을 벌었지만 사기를 당해서 몇억씩 잃는 경우 등입니다. 성공한 인생을 살았던 사람이라 하더라도 이런 이성의 함정에 빠지는 경우가 많습니다. 공부를 열심히 하되, 겸손하게 남의 이야기를 잘 들어보기도 하고, 본인의 생각과 판단에 의문을 가질 필요가 있습니다.

조금만 검색해봐도 사람들이 잘 모르는 논리적인 오류가 여러 가지 있습니다. 얼핏 들으면 맞는 말 같은데, 자세히 분석해보면 오류가 있는 경우가 많습니다. 보통의 일상생활에서는 그 오류가 잘못된 결과로 판명 나는 경우가 드뭅니다. 그걸 굳이 지적해주지도 않고, 그 논리적 오류를 정확히 잡아낸다는 것이 쉽지 않기 때문입니다. 토론을 하거나 글을 써보면 생각보다 많은 오류를 지적받을 수 있습니다. 오류를 줄이는 것이 중요하지만, 완벽하게 오류가 없기는 힘듭니다. 인간은 실수를 하는 것이 당연합니다. 이성의 함정이나 오류에도 쉽게 빠집니다. 다만 다른 실수에 비해서, 이성의 오류로 밝혀지는 경우가 적을 뿐입니다. 이성은 완벽한 도구가 아니며 항상 조심하고 겸손하게 본인의 생각을 의심해봐야 합니다.

미
주

1   표준국어대사전
2   고려대한국어대사전
3   서울대학교 교육연구소 저,《교육학용어사전》, 하우동설, 2011
4   두산백과
5   이상섭 저,《문학비평용어사전》, 민음사, 2009
6   하워드 가드너 저, 유경재·문용린 역, 다중지능, 웅진지식하우
    스, 2007, 41~42p
7   하워드 가드너 저, 유경재·문용린 역, 다중지능, 웅진지식하우
    스, 2007, 25p
8   위키백과
9   김춘경 저,《상담학 사전》, 학지사, 2016
10   위키백과
11   두산백과
12   두산백과
13   두산백과
14   구인환 저,《고사성어 따라잡기》, 신원문화사, 2002
15   원불교대사전 편찬위원회 저, 원불교대사전, 원불교100년기념
     성업회, 2013
16   원불교대사전 편찬위원회 저, 원불교대사전, 원불교100년기념
     성업회, 2013
17   두산백과
18   위키백과
19   pmg 지식엔진연구소 저, 〈시사상식사전〉, 박문각
20   위키백과
21   한국정보통신기술협회 저, 〈ICT 시사상식 2019〉, 2019
22   두산백과
23   표준국어대사전